Atlas der Kreuzfahrer

Angus Konstam

Atlas der Kreuzfahrer

Vom Krieg im Morgenland bis zum 13. Jahrhundert

tosa

Erstveröffentlichung unter dem Titel *Historical Atlas of the Crusades*

Aus dem Englischen von DIE TEXTWERKSTATT, WIEN/Mathias R. Hofter, Sabrina Masek

ABBILDUNGSNACHWEIS
Ann Ronan Picture Library: 76; Archivo Iconografico, S.A./CORBIS: 14, 16, 22, 25, 32, 33, 38, 40, 44, 45, 46, 54 (both), 69, 71, 78, 79, 86, 90, 97, 100, 101, 109, 119, 123, 124, 127, 133, 139, 145, 150, 156, 158, 172, 173, 175, 179 (oben); Arte & Immagini srl/CORBIS: 35 (links); Anne Griffiths Belt/CORBIS: 21; Yann Arthus-Bertrand/CORBIS: 112–3, 134–5; Dave Bartruff/CORBIS: 25; Bettman/CORBIS: 34, 62, 63, 107, 168, 176, 181; Bibliotheque Nationale, Paris: 1, 2–3, 5, 7, 8, 19 (beide), 20, 47, 51, 60, 61 (unten), 64, 65, 68, 74, 83, 85, 91, 102, 106, 118, 121, 126, 128, 129, 140, 177; Gary Braasch/CORBIS: 149;
The British Library: 28, 55, 59, 77, 115, 122, 143, 179 (unten); Elio Ciol/CORBIS: 42;
Geoffrey Clements/CORBIS: 162–3; Dean Conger/CORBIS: 31; CORBIS: 15;
Gianni Dagli Orti/CORBIS: 18, 23, 29, 35 (rechts), 52, 79, 104–5, 146, 155, 169, 174;
Leonard de Selva/CORBIS: 66; Kevin Fleming/CORBIS: 114; Christel Gerstenberg/CORBIS: 53, 136;
ShaiGinott/CORBIS: 13, 147; Chris Hellier/CORBIS: 24, 159, 161; Angelo Hornak/CORBIS: 17, 148;
Dave G. Houser/CORBIS: 75; Hana Isachar/CORBIS: 183; Steve Kaufman/CORBIS: 105;
Charles Lenars/CORBIS: 94, 96, 99, 108, 116–7; Philippa Lewis/CORBIS: 153;
Francis G. Mayer/CORBIS: 56–7; Michael Nicholson/CORBIS: 95; Richard T. Nowitz/CORBIS: 12, 13, 70, 73, 180, 185; David H. Patterson/CORBIS: 144; Ruggero Vanni/CORBIS: 36, 125, 164
David H. Wells/CORBIS: 84–5; Roger Wood/CORBIS: 61 (oben), 88, 98; Adam Woolfitt/CORBIS: 41, 67, 89, 154; Stapleton Collection/CORBIS: 165.

Vorherige Seiten:
Diese Abbildung aus einer Handschrift des 15. Jahrhunderts zeigt die Schlacht von Fons Muratus und den Tod Raymonds von Antiochia durch die Hand der Seldschuken. Sie stammt aus der *Histoire d'Outremer,* einem zeitgenössischen Werk von Guillaume de Tyre, Erzbischof Wilhelm von Tyrus und Chronist der Fürsten von Antiochia. Raymond geriet in einen Hinterhalt der Armee von Nur ed-Din, als er in seldschukisches Gebiet eindrang. Der Fürst kämpfte tapfer, aber seine Armee unterlag zahlenmäßig. Nur ed-Din schlug Raymonds Kopf und rechten Arm ab und schickte sie dem Kalifen von Bagdad als Trophäen. Dadurch verlieh er seinen Respekt vor Raymond als einem guten Kämpfer Ausdruck.

Inhalt

Ein bewegendes Vermächtnis

Vor den Ereignissen des 11. September 2001 hätten die meisten Amerikaner und Europäer kaum nach der Bedeutung der Kreuzzüge gefragt – sie waren seit 800 Jahren erledigte Weltgeschichte. Danach gewannen sie jedoch plötzlich wieder an Bedeutung und lang vergessene Ereignisse wurden lebendig.

Präsident Bush benutzte die Phrase von „dem Kreuzzug, dem Krieg gegen den Terrorismus". Er tat dies in demselben Sinn wie General Dwight D. Eisenhower im Zweiten Weltkrieg, der von einem „Kreuzzug in Europa" sprach. Für beide bezeichnete es eine große Sache, ein militärisches und politisches Unternehmen gegen einen als unmoralisch betrachteten Gegner. Auf der anderen Seite beschwor Usama Bin Laden bewusst das historische Andenken der Kreuzzüge, um die fundamentalistischen Moslems auf sich einzuschwören.

Die Kreuzzüge sind immer noch eine bewegende Streitfrage, fast tausend Jahre, nachdem im ersten Kreuzzug die Ritter die Mauern der Heiligen Stadt Jerusalem überstiegen. Für viele Moslems dagegen galten sie lange Zeit als Verbrechen wider den Islam und ihre Geschichte verband sich mit der politischen und religiösen Rhetorik religiöser Fanatiker.

In einer Videobotschaft aus seiner afghanischen Höhle bezog sich Bin Laden ausdrücklich auf die Zeit der Kreuzzüge. Er rief auf zu einer „neuen Schlacht, wie die großen Schlachten des Islam und des Eroberers von Jerusalem". Damit meinte er den großen Moslemherrscher Saladin (genauer Salah al-Din Yusûf) der 1187 den Kreuzfahrern die Stadt nach seinem Sieg bei Hattin wieder abnahm. Bin Laden versuchte die religiöse Unruhe anzustacheln, indem er die Vergangenheit aufrührte und sich in eine Linie mit den großen Kriegshelden des Islam setzte. Um dies zu unterstreichen, setzte er hinzu: „Mir erscheint Saladin, wie er von den Wolken herabsteigt mit dem Schwert, von dem das Blut der Ungläubigen tropft." Für ihn ritt Saladin bildlich an der Seite seiner eigenen Al-Kaida-Terroristen. Er appellierte an die Gefühle und fand auf den Straßen der islamischen Welt weit verbreitete Unterstützung. Wie konnte eine so althergebrachte Figur im 21. Jahrhundert solch emotionale Resonanz hervorrufen?

Der äußere Schein war den christlichen Kreuzfahrern im Kampf gegen die moslemischen „Ungläubigen" wichtig. Im Kampf für die Heilige Sache sollte auch die Größe und Barmherzigkeit Europas gesehen werden. Kein König verkörperte diesen Geist mehr als Ludwig IX. von Frankreich (1226–1270). Chronisten beschrieben ihn als frommen Mann. Sein Krieg gegen Ägypten war ein Desaster, in Akkon unterlag er und starb in Nordafrika, wo er von den Mauren besiegt wurde. Im Jahr 1296 wurde er heilig gesprochen.

Die Kreuzzüge

Die Angriffe auf das World Trade Center haben bewiesen, wie wirksam die Beschwörung historischer Bilder sein kann, um junge Moslems im Namen ihrer Religion zu Taten zu verführen, die der Rest der Welt für höchst abstoßend hält. Um den verheerenden Einfluss zu verstehen, den diese dunkle Epoche der Geschichte heute noch haben kann, und um nachzuvollziehen, wie die Spannungen zwischen Ost und West im späten 11. Jahrhundert bis heute von Bedeutung sein können, wollen wir die Kreuzzüge im Einzelnen untersuchen.

Dieses Buch bietet dazu Gelegenheit. Wenn wir den Ursprung des Dschihad, des heiligen Krieges, und die religiösen Differenzen, die den Islam für Jahrhunderte spalteten, verstehen, können wir auch ermessen, welche Bedeutung Begriffe der Kreuzfahrerzeit wie Munafiqun, (Heuchler oder prowestliche Moslems), Kufr (Ungläubiger) und Schahid (Märtyrer) heute noch für islamische Fundamentalisten haben. Zur gleichen Zeit standen den beiden Armen des Islam die beiden Hauptzweige der Christenheit gegenüber, die katholische Kirche des heiligen Petrus in Rom und die orthodoxe des heiligen Markus in Konstantinopel. Diese Spaltungen verschärften die religiöse Intoleranz jener Zeit und rechtfertigten fast jede Barbarei.

Glücklicherweise haben zahlreiche Dokumente die Ära der Kreuzzüge überlebt und zeugen von den Taten und Niederlagen der großen Ritter und ihrer Gefolgsleute. Ebenso bedeutend sind die erhaltenen moslemischen Texte und niedergeschriebenen Augenzeugenberichte, die uns ein ausgewogenes Bild der Geschehnisse liefern. Oft bestätigen die Texte der gegenerischen Seiten einander. Nur selten waren diese Schriftstücke illustriert. Wunderschöne Abbildungen wie jene links, die Kreuzfahrer zeigt, die ins Heilige Land aufbrechen, aus den *Statutes de l'Ordre du Grand Esprit au Droit-Desir*, stammen aus dem 14. und 15. Jahrhundert. Die Darstellungen sind stark von den Eindrücken der Chronisten, die das Heilige Land bereist hatten, geprägt. Die Hintergrundlandschaften ähneln jedoch der Umgebung der europäischen Klöster, in denen sie gemalt wurden. Trotzdem finden sich zahlreiche genaue und historisch bedeutende Details in den Bildern.

Saladin der Held

Uns im Westen sind viele im Orient wohl bekannte Aspekte der Kreuzzüge unbekannt, aber es gibt auch in der islamischen Welt Missverständnisse, von denen zwei oft von der Propaganda ausgebeutet werden.

Als einzige Figur der Kreuzzüge wird sowohl von den Christen wie von Moslems Saladin als Held betrachtet. Der islamische Kriegsherr, der Jerusalem wiedergewann, wird auch kritisiert, weil er die Kreuzfahrer nicht endgültig aus dem Land werfen konnte. Als schlauer und geschickter Heerführer verlor er doch zwei Schlachten gegen seinen härtesten Gegner Richard Löwenherz. Die Zeit meinte es aber gut mit ihm. Die Kritiker verstummten und Historiker in Ost und West priesen sein Geschick, seine Milde, seinen Großmut und seine Menschlichkeit. Diesen Saladin stellte Bin Laden als den rächenden islamischen Krieger dar, der die Ungläubigen aus der Heiligen Stadt warf. Wie kann dieselbe Figur ein Held der Christen und der Moslems sein und doch immer noch dazu dienen, religiösen Hass anzustacheln?

Ein Studium der Kreuzzüge wird erweisen, dass Bin Ladens Sicht der Geschichte des Islam verzerrt ist. Saladin wurde als großer Krieger gefeiert, aber auch wegen seiner Menschlichkeit. Nach dem Sieg bei Jaffa 1192 erkrankte König Richard ernsthaft. Saladin sandte ihm umgehend ein Geschenk von Früchten und Schnee. Inmitten eines Religionskrieges zeigte er einen Grad von Milde und Toleranz, den heutige Extremisten nur schwer verstehen können.

Natürlich beging Saladin Kriegsverbrechen und tötete Gefangene (oder ließ sie töten), aber er war immer bereit zu verhandeln, zu bestechen oder zu argumentieren, um seine Ziele zu erreichen. Obwohl in eine militärische Konfrontation verstrickt, blieben beide Seiten offen für gewaltlose Lösungen.

Islam gegen Christentum

1099 nahmen die Kreuzfahrer Jerusalem ein, entweihten den Felsendom und ließen ihren Zorn in Massakern und Verstümmelungen an Moslems wie Juden aus, bis die Straßen von deren Blut getränkt waren. Heute würde man diese Übergriffe gegen eine tolerante und kultivierte Bevölkerung als Kriegsverbrechen bezeichnen. In der islamischen Welt galten die Kreuzfahrer als brutal und ruchlos, die ganze Völkerschaften massakrierten. Zu ihrer Verteidigung lässt sich vorbringen, dass sie in einer brutalen Zeit lebten und eine zahlenmäßig unterlegene Armee in einem Feindesland waren. Die meisten Historiker verweisen darauf, dass auch die moslemischen Krieger ähnliche Untaten begingen. Zwar betonen die Bibel wie der Koran Liebe und Mitleid, aber Christen wie Moslems kämpften und töteten für ihren Glauben.

Es gibt noch einen faszinierenden Aspekt der Kreuzzüge. Seit dem Fall des Römischen Reiches im Westen gab es nie wieder eine solche Bewegung von Völkern (von der höchsten bis zur niedrigsten sozialen Rangstufe) über so große Entfernungen in Europa. Die Kreuzzüge hatten denselben Effekt auf die Massen wie der moderne Pauschaltourismus, der dem Kirchturmshorizont die Wunder fremder Länder nahe brachte. Neben den Vorurteilen des engen mittelalterlichen Geistes, der zu den Grausamkeiten beitrug, gab es eine Blüte der Kultur und ein Bewusstsein, dass außerhalb des eigenen feudalen Horizontes eine größere Welt wartete. Das führte schließlich zur soziokulturellen Wiedergeburt in der Renaissance. Wie alle historischen Epochen brachten die Kreuzzüge Terror, Tod und Zerstörung, aber auch Größe.

Zeitangaben

Die Zeitangeben in Klammern ohne weitere Angaben beziehen sich auf Lebensdaten. Regierungsdaten der Herrscher werden mit r. bezeichnet (r. 1745–1767), Amtszeiten der Päpste mit p. (p. 1590–1615).

KAPITEL I

Das Heilige Jerusalem: Der Hintergrund der Kreuzzüge

Für Jahrhunderte kontrollierten die Römer und dann ihre byzantinischen Nachfolger Palästina und Judäa, den Schauplatz der biblischen Ereignisse. Die Perser und dann die Araber wurden abgewehrt, Antiochia und Alexandria gehörten zu den reichsten und blühendsten Städten der bekannten Welt. All das änderte sich im siebenten Jahrhundert n. Chr. Während asiatische Invasoren drohten, das europäische Kernland des Byzantinischen Reiches zu überrennen, fand in Arabien eine religiöse und kulturelle Revolution statt.

Der Prophet Mohammed verkündete eine neue Religion: Der eine Gott ist Allah und das Heil liegt im Islam, der Unterwerfung unter seinen Willen. 628 n. Chr. nahmen Mohammed und seine Anhänger Mekka ein. Binnen zehn Jahren hatten die arabischen Nachfolger Allahs Palästina, Syrien und Ägypten erobert und zogen weiter nach Westen die Nordküste Afrikas entlang. Gleichzeitig eroberten die Moslems Persien und erreichten die Grenzen Indiens. Die Byzantiner verloren ihr gesamtes östliches Reich außer der Provinz Anatolien.

Für die Moslems war Jerusalem ebenso wie für Christen und Juden eine heilige Stadt. Sie tolerierten die anderen Religionen – für Jahrhunderte waren die Heiligtümer für Pilger aller Konfessionen geöffnet. Dies änderte sich erst, als die seldschukischen Türken Wächter der heiligen Stätten wurden. Nach der Niederlage der Byzantiner 1071 sahen sich die orthodoxen Christen gezwungen, in Westeuropa um Hilfe zu bitten, um ihr Land und das Heilige Land wiederzuerlangen. Der Brennpunkt der Streitigkeiten während der Kreuzzüge war Jerusalem, für Kreuzritter wie Sarazenen stellte es gleichermaßen den Siegespreis dar.

Kumanen Türken
Asowsches Meer
Cherson
Donau
Schwarzes Meer
Konstantinopel
Ankara
ARMENIEN
Manzikert 1071
Seldschukische Türken 1071–80
Van-See
Urmia-See
ANATOLIEN
Ephesus
Athen
Bodrum
Rhodos
Seldschuken von Rum
Edessa
Aleppo
Antiochia
Candia
Kreta
Zypern
Tripolis
Beirut
Sidon
Damaskus
Mittelmeer
Jerusalem
Gaza
Barka
LIBYEN
Alexandria
ÄGYPTEN
Kairo
Nil
Theben
Assuan
Rotes Meer
Medina
Mekka
Aral-see
Kaspisches Meer
Seldschuken (Ogusen) 1028–1036
Samarkand
Oxus
Buchara
Kabul
Balkh
Merv
Herat
Nischapur
SASSANIDISCHES REICH bis ca. 638
Rhagai
Mosul
Tigris
Nehavend
Samarra
MESOPOTAMIEN
Euphrat
Bagdad
Wasit
PERSIEN
Persepolis
Basra
Persischer Golf
SASSANIDISCHES REICH bis ca. 638
OMAN
ARABIEN
Sana
JEMEN
Aden
Axum
Grenzen des Byzantinischen Reiches, 565
Grenzen des Byzantinischen Reiches, 1100
moslemische Araber, 632
moslemische Eroberungen nach dem Fall der Omaijaden-Dynastie 750
Grenzen des Großen Seldschukenreiches, 1100
Türkische Wanderungen

Das Land der Juden und Christen

Als Rom im ersten Jahrhundert v. Chr. Judäa eroberte und zur Provinz machte, gewann es eines der reichsten Gebiete des Mittelmeerraums. Ab 70 n. Chr. hieß es Palästina. Die Religion behielt hier große Bedeutung. Hier entstand das Christentum – nach dem Tod Jesu wuchs die neue Religion. Zu Beginn des 4. Jahrhunderts n. Chr. war der römische Kaiser selbst Christ und Palästina galt unter den Anhängern der beiden großen Weltreligionen als das Heilige Land.

Oben: Judäa war kein Land, in dem Milch und Honig flossen, aber sorgfältiger Ackerbau brachte die natürliche Fruchtbarkeit des Bodens zur Geltung und belohnte die Juden – und ihre Herrscher. Zuerst begehrten die Römer, später die Araber den Wohlstand Palästinas. Diese modernen Weinstöcke zeugen von der Fruchtbarkeit von Judäa, die nach wie vor sogar in den Wüstenregionen besteht.

Der Zusammenbruch des hellenistischen Seleukidenreichs 64 v. Chr. schuf ein Machtvakuum und gestattete den Römern, ihr Territorium zu vergrößern. Syrien wurde annektiert, im Jahr darauf fiel auch die jüdische Dynastie der Makkabäer und die Römer besetzten Palästina. Die wachsende Bedrohung durch das Partherreich setzte einer weiteren Expansion Grenzen und so bauten die Römer ihre Kontrolle über ihre östlichen Besitzungen aus.

Judäa war ein scheinbar unabhängiger Staat und bildete mit den benachbarten Provinzen Galiläa und Peräa unter König Herodes die größere Provinz Palästina. In Wirklichkeit wurde Jesus in einem nur dem Namen nach unabhängigen Staat geboren, der von römischen Truppen besetzt war, die in den benachbarten Provinzen Syrien und Ägypten direkt die Macht ausübten. 6 n. Chr. wurde Palästina ebenfalls dem römischen Reich einverleibt.

Fast unser gesamtes Wissen über Jesus stammt aus den vier kanonischen Evangelien und wir kennen die historischen Umstände, in denen er lebte. Den Juden war ein gewisses Maß an Selbstverwaltung unter dem Sanhedrin gestattet. Die Predigten Jesu zogen Anhänger an und er kam nach Jerusalem, ins Zentrum des jüdischen Glaubens. Er forderte die führenden jüdischen Gruppen heraus und drang in den Bezirk des Tempels Salomons ein. Dadurch zog er sich die Feindschaft des Sanhedrin zu.

Mit römischer Unterstützung wurde er etwa 30 n. Chr. zum Tode verurteilt. Aber seine Anhänger ließen sich durch den Tod ihres Messias (Christos auf griechisch) nicht entmutigen und blieben ihrem Glauben treu. Nach Abfassung der Paulusbriefe blühte und wuchs der christliche Glaube.

Geburt der Heiligen Stadt

66 n. Chr. revoltierte die jüdische Bevölkerung Judäas gegen die Römer; vier Jahre später stürmten diese Jerusalem und zerstörten den Tempel. 73 n. Chr. war Palästina fest unter römischer Kontrolle und ein zweiter jüdischer Aufstand 132 führte zu einer Vertreibung der jüdischen Bevölkerung und ihrer Zerstreuung in der zweiten Diaspora. Jerusalem wurde für Juden und Christen die Heimstatt ihres Glaubens und Jahrhunderte später auch das geist-

liche Zentrum des Islam. Die Heilige Stadt wurde als Symbol des Glaubens zum Ziel von Wallfahrten und Verehrung.

Das Christentum erwies sich als erstaunlich zäh. Paulus, ein jüdischer Konvertit, der auf seinem Weg nach Damaskus das berühmte Licht sah, predigte seinen Glauben in Kleinasien, Griechenland und Italien. Die jüdischen Gemeinden waren das bevorzugte Ziel der Missionsarbeit für die neue Religion, aber die beiden Konfessionen waren nach der Zerstörung des Tempels unversöhnlich gespalten. Christliche Gemeinden wurden im ersten Jahrhundert von Anatolien bis nach Italien gegründet und im zweiten Jahrhundert hatte sich das Christentum ins römische Gallien, nach Nordafrika und Spanien verbreitet. Alexandrinische Theologen verschafften ihm ein intellektuelles Fundament und die Strukturen der Kirche begannen sich zu entwickeln.

Im frühen 4. Jahrhundert n. Chr. wurde Kaiser Konstantin I. der Große (r. 306–337) Christ und beendete die Verfolgung; nach dem Edikt von Mailand 313 wurde das Christentum Staatsreligion. Kirche und Staat wurden eng miteinander verflochten und die römische Provinzverwaltung diente der Kirche als Vorbild für ihre Organisation. Als Rom im 5. Jahrhundert zusammenbrach, überlebten Elemente dieser Verwaltungsstruktur, aber das Christentum war unfähig, die Verbreitung des Islam oder gar den Verlust des spirituellen Zentrums Jerusalem zu verhindern. Rom und Konstantinopel wurden die Hauptzentren der Christenheit, Jerusalem ein Bollwerk des islamischen Glaubens.

Oben: „Gib dem Cäsar, was des Cäsars ist...", sagte Jesus. Diese Münze des Augustus wurde in Jerusalem gefunden. Augustus (31 v. Chr bis 14 n. Chr.), Roms erster Kaiser, eroberte Judäa und herrschte durch seinen Vasallenkönig Herodes. Ein Esel grast in den Ruinen des Herodianums, **unten**, des Sommerpalastes von Herodes, der zwischen Jerusalem und Bethlehem liegt.

Der Prophet Mohammed

Am Beginn des siebten Jahrhunderts begründete der arabische Prophet Mohammed eine neue Religion. Islam bedeutet Unterwerfung unter den Willen Allahs, des einen Gottes, und seine Botschaft wurde durch Mohammed verbreitet, den Propheten und Apostel Allahs. Als er 632 starb, hatte sich der Islam durch die Wüsten Arabiens verbreitet und stand an der Schwelle zu einer der führenden Weltreligionen.

Mohammed war der Katalysator einer Reihe von Entwicklungen, die das Gesicht der Welt verändern sollten. Geboren um 570 in Mekka, einer westarabischen Handelsstadt des Stammes der Koraisch, wurde er mit sechs Jahren zum Waisen. Er wuchs bei Onkel und Großvater auf, wurde Händler und heiratete die Witwe seines ehemaligen Brotherrn, Chadija. Das Paar zog mehrere Kinder groß und führte ein ereignisloses Leben … bis Mohammed 40 Jahre alt war und sich sein Leben plötzlich änderte: Angeblich erschien ihm beim Besuch einer Höhle der Erzengel Gabriel, der ihn zum Botschafter des einen Gottes oder Allahs ernannte. Gabriel zwang Mohammed, von dem zu rezitieren, was dann der Koran werden sollte (qur'an bedeutet wörtlich „das Buch“). Sein ganzes restliches Leben enthüllte ihm Gabriel weitere Teile des heiligen Textes.

Rechts: Dieses islamische Gemälde aus dem 18. Jahrhundert zeigt die Offenbarung des Korans an Mohammed während einer Schlacht.

Mohammed begann seinen Freunden und seiner Familie und dann weiteren Kreisen zu predigen. Der Widerstand der Anhänger der polytheistischen Religion in Mekka zwang ihn am 22. Juli 622 zur Flucht – ein Datum, das später zum Beginn der islamischen Zeitrechnung wurde. Er ließ sich im nördlich von Mekka gelegenen Medina nieder.

Diese Flucht, die Hedschra, war eine Wende für den Propheten: Sie zwang die Moslems, sich eine eigene Organisation zu schaffen mit Mohammed als dem Ausleger der Worte Allahs. Die lokale Bevölkerung bestand vorwiegend aus Juden, die in Richtung Jerusalem gewandt beteten. Mohammed entschied daraufhin, mit dem Gesicht nach Mekka zu beten und gab dem Islam so ein religiöses Zentrum.

Respekt vor anderem Glauben

Nachdem die Moslems in Medina eine Reihe von Angriffen aus Mekka abgewehrt hatten, kehrten sie 628 nach Mekka zurück. Mohammed beseitigte die Symbole der alten Religion und bezog Mekka und die Kaa'ba in seinen neuen Glauben mit ein. Die Kaa'ba (Kubus) in Mekka beherbergt einen Würfel aus schwarzem Stein, den die vorislamischen Priester für heilig hielten. Als Mohammed 632 starb, hatte sich die islamische Religion über Westarabien ausgebreitet und einen Stützpunkt im Oman am Persischen Golf gewonnen.

Anfangs war der Islam nicht aggressiv und forderte nicht zur Bekehrung anderer auf. Im Gegenteil: Die Leser des Koran wurden zum Respektieren der anderen monotheistischen Religionen aufgefordert, insbesondere des jüdischen und christlichen Glaubens, die Glaubenssätze des Islam teilten und auf denselben Schriften beruhten. Der Koran sprach von Moses, Abraham und anderen Figuren des Alten Testaments und erklärte Christus zu einem früheren Propheten. Moslemische Forschungsergebnisse legen nahe, dass der Wechsel der Gebetsrichtung nach Mekka erst nach Mohammeds Tod erfolgte. Bis dahin war Jerusalem das gemeinsame Zentrum des islamischen und jüdischen Glaubens. So könnte Mohammed Jerusalem zum geistlichen Zentrum des Islam erklärt haben und Mekka nur als einen Übergangsposten. Mohammeds Monotheismus wurde als der ursprüngliche Glaube seines Volkes dargestellt. Im Unterschied zum Judentum ging er über politische und Stammesgrenzen hinaus. Für die Araber, die sich auf jahrtausendealte kulturelle Wurzeln beriefen, wurde der gemeinsame Glaube zu einer mächtigen Kraft und erklärt, warum die arabischen Eroberungen im Namen des Islam so erfolgreich wurden.

Dieses Ziel und die islamische Doktrin, dass alle als Diener Gottes vereinigt werden sollten, schufen eine gemeinsame Welt der Moslems und machten den neuen Glauben zum machtvollen Bekenntnis. Was immer die Wurzeln des Islam sein mögen, Mohammed diente als Katalysator für einen Glauben, der binnen weniger Generationen den Nahen Osten verwandelte und Jerusalem für sich beanspruchte.

Oben: Eine reich illustrierte Seite des Koran, vermutlich aus dem 16. Jahrhundert, die im Museum der Bildenden Künste in Teheran im Iran gezeigt wird.

Die arabischen Eroberungen

634 n. Chr. sandte Mohammeds Nachfolger, der Kalif Abu Bakr, arabische Heere nach Norden in Richtung Jerusalem. Innerhalb von zwei Jahrzehnten waren Persien, Syrien und große Teile Nordafrikas in der Hand der Moslems – eine einzigartige Ausbreitung in der Geschichte. Die Grenzen des Islam erstreckten sich vom Atlantik bis zu den Bergen Afghanistans.

Rechts: Seine Entschlossenheit, Jerusalem von den sassanidischen Persern zurückzuerobern, bescherte Kaiser Heraklios einen Platz in der christlichen Geschichte. Dieses Detail des Altars von Santa Cruz de Bleza aus dem 15. Jahrhundert zeigt die heilige Helena am Tor von Jerusalem und den Kaiser Heraklios, der das Kreuz Jesu von den Persern zurückerobert und wieder errichtet hatte. Der Besitz dieser Reliquie konnte nicht verhindern, dass die Armeen der moslemischen Araber schon einige Jahre später Jerusalem von den Byzantinern eroberten.

Gegenüber: Die Dynastie der Omaijaden baute zwischen 638 und 670 zahlreiche Städte und Paläste in ganz Judäa. Dieses Fresko-Fragment aus dem frühen 18. Jahrhundert stammt aus dem Palast in Qasr al Hair.

Als Nachfolger Mohammeds stand Kalif Abu Bakr (r. 632–634) vor einem möglichen Zusammenbruch des islamischen Elans. Verschiedene örtliche Propheten drohten die Einheit der moslemischen Sache aufzubrechen, aber der Kalif brachte sie mit militärischer Gewalt auf Linie. Er plante die arabische Einheit durch eine religiös inspirierte Invasion des Oströmischen Reiches abzusichern, das jetzt die

Bezeichnung Byzanz angenommen hatte. Nach Abu Bakrs Tod nach nur zweijähriger Amtszeit war es an seinem Nachfolger, Kalif Omar, den Dschihad, den heiligen Krieg gegen die byzantinische Provinz Syrien, zu entfesseln. Die Byzantiner hatten gerade einen verlustreichen Krieg gegen das Sassanidenreich in Persien beendet und ihre syrischen und palästinensischen Gebiete zurückgewonnen. Kaiser Heraklios hatte das Reich neu organisiert und eine asiatische Invasion der byzantinischen Länder auf dem Balkan und in Griechenland zurückgeschlagen.

Für Sassaniden und Byzantiner war die Armee unter Khaled Ibn al-Wadid, die 634 aus der Wüste hervorbrach, nur ein weiterer Haufen arabischer Räuber. Als diese jedoch Jerusalem einnahmen, war es offenkundig, dass es sich um eine tatsächliche Invasion handelte. Kaiser Heraklios (r. 610–641) warf dieser Bedrohung eine Armee entgegen. Sie wurde in der Schlacht bei Jarmuk 636 vernichtet wie auch eine sassanidische Armee bei Qadisiya im folgenden Jahr. Einmal im Besitz von Palästina, Syrien und Mesopotamien, trieben die Araber die byzantinischen und sassanidischen Heere nach Norden. Mit der Niederlage bei Nihawand 642 brach das Persische Reich zusammen und seine Gebiete fielen an den Kalifen. Persepolis wurde 650 besetzt und im Jahr darauf erreichten die Araber den Fluss Oxus. Die Byzantiner zogen sich nach Anatolien zurück und versuchten ihre Verteidigung neu zu organisieren.

Spaltungen der Moslems

Im Westen Arabiens fiel Ägypten 640 an den Islam und die Araber setzten ihren Zug entlang der Nordküste Afrikas fort. Innerhalb von zwei Jahrzehnten hatten die Nachfolger Mohammeds ein neues Weltreich errichtet. Obwohl die erste Welle der Eroberungen 651 endete, weiteten sich die Grenzen des Islam während des gesamten 7. Jahrhunderts aus, bedingt durch innere Spaltungen allerdings deutlich langsamer als zuvor. Mit dem Aufstieg Kalif Othmans (r. 644–655) an die Macht wurde der Islam von einer aristokratischen Dynastie, den Omaijaden, regiert.

Othman legte die Grundlagen für ein Erbkalifat. Nach seiner Ermordung wurde Ali, der Schwiegersohn des Propheten, Kalif. Die islamische Welt stand am Rande eines Bürgerkriegs, weil der omaijadische Gouverneur von Syrien sich weigerte, Ali anzuerkennen und sich zum Gegenkalifen erklärte. Nach Alis Ermordung fünf Jahre später gewannen die Omaijaden die Macht zurück, waren aber nicht in der Lage, ein religiöses Schisma zu verhindern. Die Anhänger Alis betrachteten sich als rechtmäßige Erben des Propheten. Sie wurden zu Schiiten, den Anhängern der Schia, während die Gefolgsleute der Omaijaden behaupteten, sie verträten die orthodoxe Position, die Sunna. Dieses Schisma existiert bis heute.

Unter dem Kalifat der Omaijaden, dem Kalifat von Damaskus, dehnten sich die Grenzen des Islam nach Osten bis zum Indus aus. Samarkand und Kabul wurden islamisch. Im Westen erreichten die Moslems Tanger und setzten nach Spanien über, das sie von den Westgoten eroberten. Zuerst widersetzte sich die Bevölkerung den Eindringlingen, nahm aber am Dschihad teil. Mit dem gesamten Osten in moslemischer Hand waren die Byzantiner das Bollwerk gegen den Islam. Ein moslemischer Vorstoß nach Anatolien kam erst an den Mauern Konstantinopels zum Stehen. Mitte des 8. Jahrhunderts setzte sich ein unsicherer Friede zwischen Moslems und Christen in Kleinasien durch, der drei Jahrhunderte anhielt.

Die moslemische Welt

Angesichts der Kreuzritter erschien den Moslems das Kalifat von Damaskus wie ein goldenes Zeitalter, in dem der gesamte Islam vereinigt war. Es war die Zeit von Tausendundeiner Nacht, eine halbmythische Zeit der Blüte und des Glücks. Die moslemische Welt verlor jedoch während dieser drei Jahrhunderte vor 1095 ihre Einigkeit und wurde so für einen entschlossenen Gegner verwundbar.

Die Omaijadendynastie (660–750) errichtete ein islamisches Reich von Spanien bis Afghanistan. Damaskus wurde neue Hauptstadt des Islam und arabisch die gemeinsame Sprache von Millionen islamischer Untertanen. In Jerusalem wurde der Felsendom 692 fertig gestellt – das erste größere Denkmal des islamischen Glaubens. Er wurde von Kalif Abd-al-Malik an der Stelle des jüdischen Tempels auf einem Felsen errichtet, der dann als Ort von Mohammeds Aufstieg zum Himmel galt. Historisch war es der Ort des gemeinsamen Erbes von Juden und Moslems, zu dem für die Moslems Abraham als vormohammedanischer Prophet gehörte. Die Moslems galten nicht länger als Besetzer und Eroberer, es gab zahlreiche Konvertiten unter den Einheimischen.

Die Omaijaden hatten unter schiitischen Angriffen zu leiden und 750 gelangte ein Kalif aus dem Geschlecht der Haschemiten, der Familie des Propheten, auf den Thron. Er gehörte eher zum abbasidischen Zweig der Familie als zu dem Alis. Die Omaijadendynastie brach zusammen und nur das Kalifat von Spanien verblieb in ihrer Hand.

Die Abbasiden verlegten die Hauptstadt nach Bagdad, das näher am schiitischen Machtzentrum lag. Mit Kalif al-Mansur (r. 754 bis 775) knüpften die Abbasiden an den Glanz des persischen Hofes an und begründeten ein kulturelles goldenes Zeitalter der Dichter, Künstler und Baumeister. Sie übertrugen die Zentralgewalt an die Provinzen.

Das arabische Reich wurde zu groß für eine einheitliche Verwaltung und eine Reihe regionaler Gouverneure zog ihren Vorteil aus dem Rückgang der Macht des Kalifats. 777 wurde die erste regionale Dynastie der Rustamiden in Afrika gegründet, andere sollten bald folgen. Die Abbasiden schafften es nie, ihre Kontrolle über die ganze islamische Welt auszudehnen. Im neunten Jahrhundert erfolgte eine weitere Spaltung in Afrika, Ägypten und den Ostprovinzen des islamischen Reiches.

Rechts: Unter den Arabern war das Schachspiel eine verbreitete Möglichkeit, mathematisches Denken und Entspannung zu kombinieren. Die Europäer waren sehr an den kniffeligen Regeln dieses Brettspieles interessiert. Diese Darstellung aus dem 1282 entstandenen *Buch der Spiele* von Alphonse Le Sage zeigt zwei Araber, die in einem Zelt Schach spielen.

Zersplitterung

969 ergriffen die Fatimiden, die Führer der schiitischen Sekte der Ismaeliten, die Macht in Ägypten und wählten Kairo als neue Hauptstadt. Gegen Ende des zehnten Jahrhunderts hatte die moslemische Welt alle imperialen Hoffnungen aufgegeben. Die abbasidische Herrschaft hatte die islamische Welt zersplittert und für äußere Angreifer geöffnet. Der asiatische Stamm der Ogusen, bekannter als seldschukische Türken, wanderte im dritten Jahrzehnt des Jahrhunderts vom Oxus in den Iran ein und besiegte alle, die sich ihm in den Weg stellten. Sie wurden glühende Anhänger des Islam.

1055 hatten die Seldschuken Bagdad eingenommen, dann setzten sie ihre Expansion bis zur Küste des Mittelmeers fort. Im Unterschied zu den Abbasiden waren sie orthodoxe Sunniten und nach der Verfestigung ihrer Herrschaft in Syrien und Persien wurde die moslemische Welt zwischen diesen beiden Konfession aufgeteilt. Das Fatimidenkalifat in Kairo war schiitisch, das Seldschukensultanat von Bagdad war sunnitisch. Dies schwächte die moslemische Welt in einer Zeit, als sie gegen die Kreuzfahrer bestehen musste. Diese Spaltung blieb noch weitere 200 Jahre bestehen und statt zusammenzuarbeiten, standen einander die beiden Moslemstaaten misstrauisch gegenüber. Dieses letzte Jahrhundert vor den Kreuzzügen war aber auch eine Periode des kulturellen Wachstums. Philosophen, Ärzte, Physiker, Mathematiker und Theologen sorgten für einen scharfen Kontrast zur kulturellen Situation der Christenheit. Die moslemische Welt am Vorabend der Kreuzzüge war zwar politisch geteilt, jedoch voller Vitalität und starker religiöser Gläubigkeit. Es war im wahrsten Sinne des Wortes eine völlig andere Welt als alles, was die Kreuzritter bis dahin gesehen hatten.

Die Abenteuer von Abu Zaid ist ein illustriertes Buch über einen Schelm, der den Reichen und Mächtigen Streiche spielt. Es wurde um 1237 in Bagdad von al-Wasiti geschrieben und vermittelt Einblicke ins arabische Gesellschaftsleben dieser Zeit. Im oberen Bild mimt Abu Zaid einen religiösen Gelehrten und predigt vor einer Versammlung. Im Bild links verwirrt Abu Zaid einen Schullehrer vor dessen Schülern. Im Hintergrund bewegt ein Diener einen Deckenfächer, um das Klassenzimmer zu kühlen.

Peregrini Christi

Für Jahrhunderte stand den „Peregrini Christi", den Pilgern Christi, der Zugang zu den heiligen Stätten Jerusalems und seines Hinterlandes offen. Die Zerstörung des Heiligen Grabes 1009 auf Befehl des Kalifen Al-Hakim war ein Affront gegen andere Religionen. Für den Papst war die Belästigung der Pilger der Hauptvorwand, die Kreuzzugsbewegung ins Leben zu rufen.

Von allen Religionen, die Jerusalem für eine heilige Stadt hielten, war wahrscheinlich der Islam am tolerantesten gegenüber anderen Überzeugungen. Nach seiner Übergabe an Kalif Omar 638 blieb Jerusalem unter islamischer Kontrolle. Die verbleibenden Juden und Christen erfreuten sich religiöser Freiheit, weil beide Religionen als „ahl al-kitab" (Volk des Buches) galten, die wie der Koran auf der schriftlichen Offenbarung beruhten. Die Nichtgläubigen hatten allein eine spezielle religiöse Steuer zu zahlen, die Dschizya. Diese Steuer ermutigte die weniger Glaubenseifrigen zum Übertritt zum Islam.

Die Wallfahrt war das höchste Zeugnis des Glaubens und wurde von denen unternommen, die über Zeit, Mittel und Freiheit dazu verfügten. Viele mussten sich mit Reisen nach Rom oder in weniger bedeutende Zentren der katholischen Kirche zufrieden geben, die Eifrigsten machten sich ins Heilige Land auf. Die soziale Skala der Pilger reichte vom Bürger über den einfachen Mönch bis zum Edelmann.

Der Graf von Anjou machte die Reise dreimal. Andere kamen nie an oder kehrten nicht zurück. Zahllose Kleriker reisten, darunter Bischöfe, Prälaten und Äbte; 1064, drei Jahrzehnte vor den Kreuzzügen, schloss sich eine

Rechts: Zeitgenössische Handschriften waren voll von anti-islamischer Propaganda, um den Zorn der Europäer zu schüren. Diese Seite aus einer reich bebildertern französischen Handschrift zeigt einen Christen, der vor einem moslemischen Emir kniet. Hinter dem Pilger steht sein Henker mit erhobenem Krummsäbel und holt zum Enthauptungsschlag aus.

Gruppe von „mehreren Tausend“ Pilgern – wahrscheinlich nur mehrere Hundert – vier Bischöfen in einem Massenexodus an.

Reisen war im frühmittelalterlichen Europa äußerst gefährlich, aber die Bekehrung der Ungarn und Bulgaren zum Christentum sorgte für mehr Sicherheit. Nach der Schlacht von Manzikert 1071 brach die byzantinische Herrschaft über Anatolien zusammen, aber die seldschukischen Türken brauchten mehrere Jahre, bis sie die gesamte Provinz kontrollierten. In der Zwischenzeit wurde sie von gesetzlosen Banden heimgesucht, die außerhalb der türkischen und byzantinischen Macht agierten. Da die Hauptroute der Christen, ob Katholiken oder Orthodoxe, durch Anatolien führte, wurden immer wieder Pilger überfallen. Im Heiligen Land suchten sie das Heilige Grab und andere Stätten auf, wo ihr Heiland seine Wunder vollbracht und gepredigt hatte und gestorben war.

Sicherheitssteuer

Die arabische Eroberung des frühen achten Jahrhunderts sorgte zunächst für einen Rückgang der Pilgerfahrten, doch die Toleranz der Moslems ermutigte die Reisenden bald wieder. In der Tat waren die Pilger für die arabischen Landesherren eine nützliche Einnahmequelle. Sie erhoben verbreitet Gebühren, Steuern für das sichere Geleit der christlichen Gläubigen. Der Patriarch von Jerusalem, der höchste christlich-orthodoxe Geistliche im Heiligen Land, überwachte die Sicherheit der Pilger und beschwerte sich über diese finanzielle Belastung.

Die Unterstützung der heiligen Stätten und der Pilger wurde ein verbreiteter Akt der Wohltätigkeit des Adels. Nach der Zerstörung des Heiligen Grabes 1009 durch Al-Hakim schickte Robert II. von der Normandie dem Patriarchen Geld für die Wiederherstellung. Die steigende Frömmigkeit weltlicher Adliger in Westeuropa ermöglichte die Kreuzzüge. Die Zerstörung des Heiligen Grabes und die byzantinische Bitte um Hilfe gaben dem Papst den Vorwand für den Heiligen Krieg. Es wurde behauptet, die Sarazenen würden die heiligen Stätten entweihen, Pilger foltern und töten und sie sogar zum Übertritt zum Islam zwingen. Diese Gerüchte entfachten in der Christenheit die Glut für die Kreuzzüge. Die Kreuzfahrer betrachteten sich als bewaffnete Pilger und das Stoffkreuz auf ihrem Mantel kennzeichnete sie als solche, als „Peregrini Christi“, die mit dem Glauben und dem Schwert bewaffnet sind.

Oben: Der Felsendom war das erste Monument der Omaijaden, das nach der Eroberung von Judäa fertig gestellt wurde. Es wurde vom Kalifen Abd al-Malik (r. 685–705) erbaut, der auch die Omaijaden-Moschee in Damaskus bauen ließ, die nach der Kaaba in Mekka die heiligste Stätte der Moslems wurde. Diese Luftaufnahme zeigt den Felsendom in einer Menschenmasse von hunderttausenden moslemischen Pilgern am letzten Freitag des heiligen Fastenmonats Ramadan.

Das Bollwerk Byzanz

Das Oströmische Reich wurde nach dem Fall Roms im 5. Jahrhundert n. Chr. zum Byzantinischen Reich mit Konstantinopel (Byzanz) als Hauptstadt. Nach der Sicherung seiner Grenzen gegen barbarische Gegner spielte es noch 100 Jahre lang eine politische Rolle im Mittelmeer und zeigte noch Spuren der früheren Größe.

Schon vor der Plünderung Roms 410 war das Oströmische Reich zumindest in administrativer Hinsicht unabhängig; Kaiser Diokletian hatte das Römische Reich 286 geteilt. Seit 330 galt Konstantinopel statt Rom als Hauptstadt und die Byzantiner im Ostreich sahen sich als wahre Erben des römischen Kaiserthrons.

In seiner neuen Gestalt als Byzanz überstand es die Angriffe der Barbaren und versuchte sogar unter Justinian (r. 527–565) einige der verlorenen Gebiete zurückzugewinnen. Unter Justinian erlebte das Byzantinische Reich sein Goldenes Zeitalter, und seine Rechts- und Verwaltungsreformen gelten als visionär. Er war der letzte wahre römische Kaiser. Seine griechischen Nachfolger beschieden sich damit, ihre bestehenden Grenzen gegen Schwärme äußerer Gegner zu verteidigen und ihren Thron in jenen Palastintrigen zu behaupten, die den Begriff „byzantinisch“ zum Synonym für die Verstrickung von Politik und Verrat werden ließen.

Das siebte Jahrhundert war eine Zeit immensen äußeren Drucks auf das Reich. Es wurde von Westen, Norden und Osten angegriffen. Innerhalb seiner Grenzen blühten Handel und Künste und eine eigene byzantinische Kunst entwickelte sich, die eher auf hellenistischen und östlichen als auf römischen Grundlagen beruhte. Während Westeuropa eine Zeit durchlief, die man später als die „dunklen Jahrhunderte“ bezeichnen sollte, blieb Byzanz eine lebendige politische und kulturelle Einheit.

Im frühen siebten Jahrhundert entwickelte sich der Islam in der arabischen Wüste und die Nachfolger Mohammeds riefen zum Dschihad gegen die Anhänger anderer Religionen auf. Diese militärische Expansion führte unvermeidlich zum Zusammenstoß mit den Byzantinern, die 634 bei der Schlacht von Jarmuk von den Moslems besiegt wurden. Sie verloren fast alle ihre Besitzungen im Nahen Osten. Vergleichbare Siege der Anhänger Mohammeds über die Perser erweiterten die islamische Herrschaft bis nach Indien.

Fatale Ignoranz

Obwohl sich die byzantinischen Heere dem islamischen Vormarsch nach Anatolien, in die heutige Türkei, entgegenstellten, hatte Byzanz am Beginn des achten Jahrhunderts seine

Unten: Die Schriften des Byzantiners Johannes Skylitzes bieten in zwei Büchern – *Die Chronik von Byzanz* und *Synopsis Historion* – einen guten zeitgenössischen Einblick in die Geschichte dieser Stadt. Sie wurden gegen Ende des 11. Jahrhunderts geschrieben. Die byzantinischen Siege werden darin verherrlicht, die Niederlagen abgeschwächt. Dieses Bild zeigt die Übernahme von Syrakus (Sizilien) durch die byzantinische Armee von den Arabern.

Links: Dieses Fresko aus dem späten 13. Jahrhundert zeigt einen Sarazenen, der auf dem Rücken seines Pferdes in Sizilien kämpft.

gesamten levantinischen Territorien verloren, die fruchtbarsten Gebiete des ehemaligen Römischen Reiches. Und obwohl Byzanz weiterhin als machtvolles mittelmeerisches Reich erschien, war es doch durch die Auseinandersetzungen geschwächt und verwundbar. Eine frische Welle von Feinden drohte von Norden. Russen (Wikinger, die die Ukraine besiedelt hatten), Bulgaren und Magyaren zwangen die byzantinischen Kaiser, den Großteil ihrer Energie der Verteidigung ihrer Nordwestgrenzen zu widmen.

Obwohl Kaiser Basilios II. (r. 975 bis 1025) die byzantinische Kontrolle über den Balkan wiederherstellte, ruinierte dieser Prozess das Reich beinahe und erschöpfte es militärisch – es war auf die erneute Bedrohung durch den Islam im 11. Jahrhundert nicht vorbereitet.

1015 wurde das abbasidische Kalifat von der fanatischeren Herrschaft der seldschukischen Türken abgelöst. Unter ihrer Führung wurde der Osten der islamischen Welt weitgehend geeint. Ihre Heere waren besser ausgebildet, ausgerüstet und geführt. Der seldschukische Stern ging über dem Orient auf und seine Truppen bildeten eine ernste Bedrohung für das byzantinische Reich. 1076 hatten seldschukische Heere ihren Weg an die Grenze Anatoliens freigekämpft, nachdem sie den christlichen Pufferstaat Armenien besetzt hatten. Da die Seldschuken mit dem Fatimidenkalifat im Krieg lagen, versäumten die Byzantiner, sich um ihre Verteidigung zu kümmern. Sie befassten sich mit Hofintrigen anstatt mit den Moslemarmeen, die an den Grenzen des Reiches aufzogen.

Der Mittelmeerhandel

Ungeachtet des Zusammenbruchs des römischen Reiches, des Aufstiegs von Byzanz und der arabischen Eroberungen blieb der Handel ein integraler Bestandteil des Lebens im östlichen Mittelmeerraum.

Unten: Antiochia lag nicht nur am nordöstlichen Ende des Mittelmeers, sondern auch am westlichen Ende der Seidenstraße. Viele Jahrhunderte lang florierte sein Reichtum und der seiner Händler. Dieses Mosaik stammt vom Grab einer Frau namens *Amerimnia*.

Im elften Jahrhundert waren Antiochia und Alexandria die beiden Haupthäfen der Levante. Konstantinopel und Venedig hielten enge Bindungen mit ihnen, egal wer hier herrschte. Die Seidenstraße führte über Samarkand nach Bagdad, und Karawanen brachten die wertvollen Waren aus dem Orient durch die Wüste nach Damaskus und dann zu den Häfen des östlichen Mittelmeeres. Gewürze wurden aus Indien über den Persischen Golf nach Basra und Bagdad verschifft, während ein kleinerer Seehandel die Häfen des indischen Ozeans mit Mekka und dem Roten Meer verband.

Antiochia und Alexandria wurden blühende Drehscheiben des Handels und ihre Hallen und Märkte füllten sich mit Sklaven und Gewürzen, Baumwolle, Seide, Parfüm, Zucker, Papier, Textilien und Korn. Den Händlern aus Venedig oder sogar aus Konstantinopel müssen sie als die reichsten Orte der Erde vorgekommen sein. Jüdische Kaufleute hielten die Verbindungen zwischen Babylonien und Spanien aufrecht, jüdische und moslemische Schiffe segelten entlang der nordafrikanischen Küste und sorgten für den Handel zwischen den beiden Enden der islamischen Welt.

Es gibt wenige Berichte über arabische Kaufleute, die die kleinen Häfen im Westen besuchten. Im Vergleich zum Reichtum der Levante hatten diese Häfen nur Rohstoffe aus dem unmittelbaren Hinterland zu bieten: Holz, Wolle und möglicherweise Sklaven. Große Teile von Unteritalien wurden zu Beginn des elften Jahrhunderts noch von den Byzantinern kontrolliert und Bari und Tarent unterhielten enge Verbindungen mit Antiochia, Alexandria und Konstantinopel.

Neid auf den Orient

Als normannische Abenteurer diese Häfen eroberten, ging der Handel weiter. Händler aus Amalfi hielten die Verbindung zum Heiligen Land aufrecht und gründeten ein Kloster in Jerusalem und ein Hospiz in Antiochia. Ein regelmäßiges Geschäft war der Transport von Pilgern, was auch die Spendenfreudigkeit der Amalfitaner erklärt. Palermo schloss Handelsverträge mit den Fatimiden in Ägypten und den Moslemstaaten Nordafrikas ab, insbesondere mit Kairouan in Tunesien.

Der umtriebigste italienische Hafen im Levantehandel war Venedig. Die Venezianer waren lange mit den Byzantinern im Geschäft, und als Papst Urban II. (p. 1088 bis 1099) 1095 zum Ersten Kreuzzug aufrief, unterstützte der Doge von Venedig Byzanz und verbot den Handel mit den arabischen Häfen, zumindest mit kriegswichtigen Waren.

In den italienischen Häfen lagen beachtliche Handelsflotten und diese wurden unter anderem von Graf Hugo von Vermandois gebeten, den Transport der Teilnehmer des ersten Kreuzzugs zu übernehmen. Was sie in dem Handel mit dem Abbasidenkalifat verloren, gewannen sie durch die verbesserten Handelsverbindungen mit den Kreuzfahrerstaaten und Byzanz. Die Venezianer unterstützten als Gegenleistung für einen 1082 unterzeichneten Handelsvertrag die Byzantiner auch in ihrem Krieg gegen normannische Abenteurer.

Byzanz hatte keine Bedenken, seine Handelsverbindungen mit den arabischen Häfen aufrechtzuerhalten, auch nach Manzikert (1071), und nach dem Beginn des ersten Kreuzzuges wurde Konstantinopel das Hauptverbindungsglied zwischen Ost und West. Im Vergleich zu diesen drei Haupthäfen in der Levante waren die fränkischen Häfen winzig. Seeleute und Pilger kehrten mit Erzählungen vom sagenhaften Reichtum Ägyptens, Syriens und des Heiligen Landes zurück und es verwundert nicht, dass die Feudalherrscher Europas begehrliche Blicke in den Nahen Osten warfen. Ohne Zweifel würde die Eroberung des Heiligen Landes den Kreuzrittern einen unerhörten Reichtum bescheren.

Oben: Dieses Bild aus dem frühen elften Jahrhundert zeigt Kaufleute und ihre Waren auf einem Boot.

Unten: Antiochia war ein bedeutendes Handelszentrum für das Römische Reich. Die Ruinen der ehemaligen Hauptstraße sind im Gebiet der Pisidia noch erkennbar.

KAPITEL 2

Alle Mächte der Christenheit:

Die Welt der Kreuzfahrer

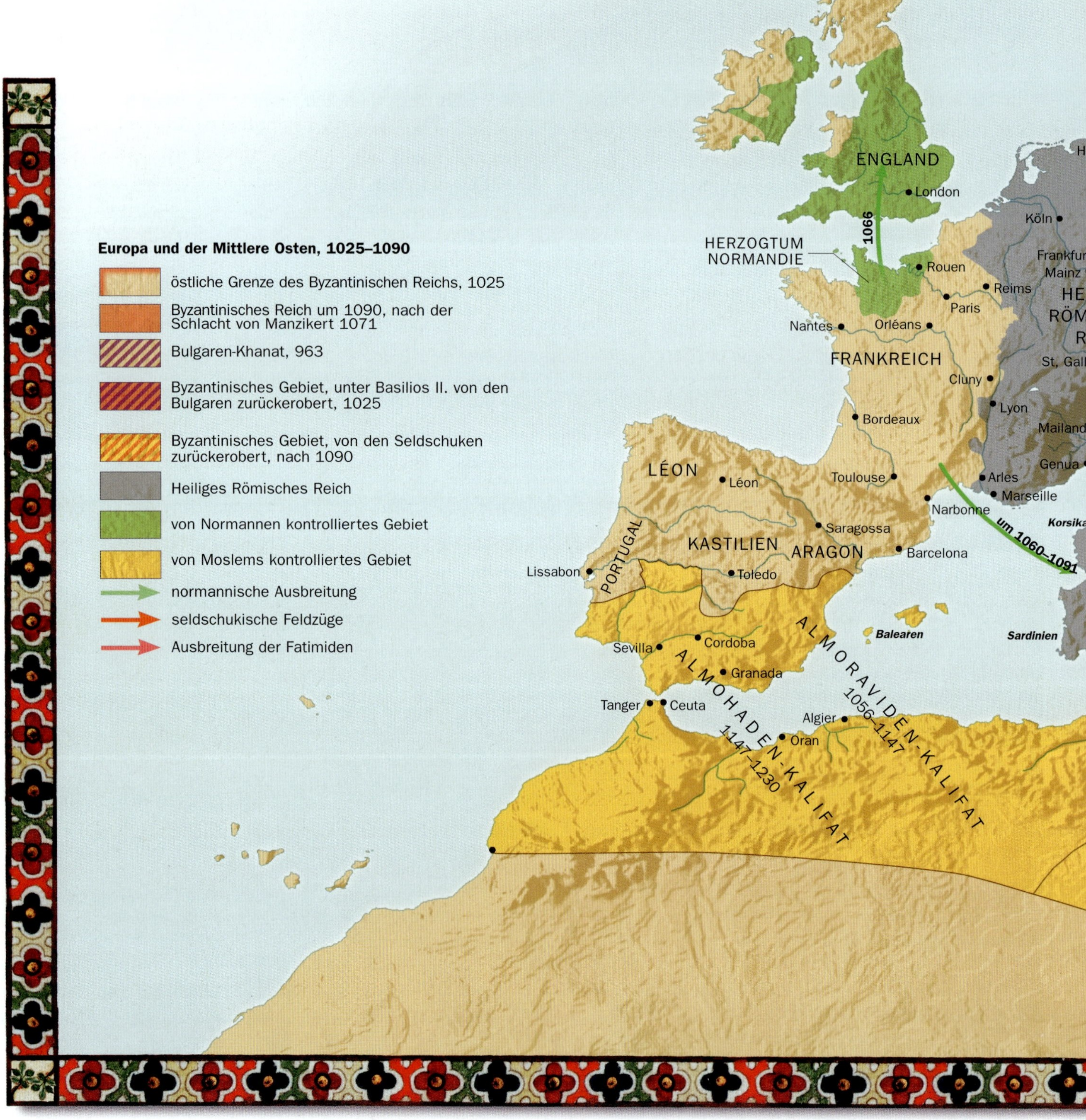

Westeuropa war im elften Jahrhundert eine gewalttätige und unsichere Region. Das Jahrhundert hatte Invasionen der Nordmänner, der Magyaren und der Mauren gebracht, einen Quasi-Dauerkriegszustand zwischen rivalisierenden Adligen und eine Bevölkerungsexplosion, in deren Gefolge Hungersnot und Seuchen drohten. In vielen Gebieten war die Sozialordnung fast ganz zusammengebrochen und durch die anarchische Willkür einzelner Kriegsherren oder Banditen ersetzt worden. Im Osten zerschlugen die Moslems die Verteidigungslinien des Byzantinischen Reiches, auf das sich der Westen als Schutzschild verließ, im Westen befanden sich Spanien und ein Großteil des Mittelmeers in maurischer Hand.

Die Kirche war möglicherweise der einzige Schutz vor dem drohenden sozialen Zusammenbruch, aber auch sie schwebte am Rand der Auflösung. Die Gemeindepriester waren schlecht ausgebildet und konnten die schlimmsten Exzesse der weltlichen Herrscher oder Kriegsherren nicht unterbinden. An der Spitze der religiösen Hierarchie kämpften der hohe Klerus und der Vatikan vergeblich darum, eine gewisse Form der sozialen oder politischen Kontrolle über Herrscher und Adel zu etablieren.

So bot für Papst Urban II. (p. 1088–1099) der Hilferuf des byzantinischen Kaisers einen Ausweg für die Gesellschaft kurz vor dem Zusammenbruch. Wenn er die Krieg führenden Mächte Europas in einem Kreuzzug vereinigen konnte, bot er damit nicht nur den Kriegsherren eine Abwechslung, sondern er hoffte auch die päpstliche Kontrolle über den Kontinent zu etablieren, der verzweifelt geistlicher Führung bedurfte. Es bot sich ebenso die Gelegenheit, die römisch-katholische und die griechisch-orthodoxe Hälfte der Christenheit wieder unter einem geistlichen Dach zu vereinigen, mit dem Papst an der Spitze. Für Urban musste der Kreuzzug wie ein Geschenk des Himmels erscheinen. Er konnte die destruktiven Energien des feudalen Europa gegen die Feinde des christlichen Glaubens wenden und so den Machthunger des europäischen Adels mit seiner Sehnsucht nach Heil und Erlösung verbinden. So setzte dieser Prozess eine Flut von Energie frei, die den Lauf der Geschichte verändern sollte.

Die Kirche im 11. Jahrhundert

Oben: Der europäische Klerus galt als lasch, bevor die Reform von Cluny im 11. Jahrhundert eine neue Strenge in den Klosteralltag brachte. Man dachte, dass die Mönche ein Leben voller Komfort und Luxus hätten, verglichen mit den Bauern, unter denen sie – sicher hinter ihren Klostermauern versteckt – lebten. Die Kreuzzüge sollten einen neuen Wind in viele Klöster tragen.

Nach dem Verfall des Karolingerreiches im 9. Jahrhundert endete bald die relative Stabilität, derer sich die Europäer erfreuten. Stattdessen ging die Zentralgewalt wieder in die Hände lokaler Anführer über, die eine durchaus effektive Gegenwehr gegen die skandinavischen, maurischen oder magyarischen Eindringlinge organisierten. Dieser Verfall der Zentralmacht beschnitt auch die Möglichkeiten des Papstes, die Kirche zu kontrollieren. Der Papst war gezwungen, eine Übereinkunft mit dem fränkischen Adel einzugehen und ihm als Gegenleistung für den Schutz kirchlichen Landes und Eigentums ein Mitspracherecht bei der Ernennung hoher Kleriker in seinem Herrschaftsbereich einzuräumen.

Die Mönchsbewegung, die in diesem Jahrhundert aufblühte, war die Ausnahme von der christlichen Gemeindestruktur. Die Abtei von Cluny wurde 910 gegründet und ihr Abt war statt einem regionalen Bischof oder Fürsten direkt dem Papst unterstellt. Während des späten 10. Jahrhunderts verbreiteten sich die Klöster über Frankreich und gaben den Anstoß für weitergehende kirchliche Reformen im 11. Jahrhundert. Sie schufen eine sichere Basis, von der aus der Papst versuchen konnte, die Kontrolle über Europa zurückzugewinnen.

In der ersten Hälfte des elften Jahrhunderts stand die Kirche in einem schlechten Ruf, weil ihre Amtsträger dazu neigten, die Anliegen ihrer weltlichen Gönner zu unterstützen, und die gesamte Organisation galt als durch und durch korrupt. Außer der Einrichtung von Klosterschulen wurde nichts getan, um die Ausbildung der Priester zu verbessern, die den Hauptkontakt darstellten zwischen Kirche und Bevölkerung. Dies änderte sich unter Papst Leo IX. (p. 1049–1054), der sich als ein begabter Administrator und eifriger Kirchenreformer erwies.

Er bildete einen Rat der Kardinäle, die ihn bei der Herrschaft über die Kirche unterstützen sollten, und er hielt eine Reihe von Konzilen ab, die darauf abzielten, die Reformen in Europa zu verbreiten und den päpstlichen Einfluss auszuweiten. Die Priesterehe wurde verboten und diejenigen Kleriker, die Leo nicht folgten, wurden unehrenhaft ohne Rücksicht auf ihre weltliche Protektion aus dem Amt entfernt. Diese Schritte stärkten zwar die Zetralgewalt der Kirche, brachten sie aber auch in Konflikt mit den weltlichen Fürsten.

Der Nervenkrieg

Ein Machtkampf zwischen dem Nachfolger Leos und Heinrich IV., dem Kaiser des Heiligen Römischen Reiches führte zu dessen Exkommunikation durch Papst Gregor VII. (p. 1073–1085). Die Herrscher Frankreichs und Englands ließen die Wiederherstellung der päpstlichen Macht in ihren Territorien zu, doch der deutsche Kaiser lehnte jeden Versuch des Papstes ab, seine Autorität zu unterminieren. Der Streit um die reichen Kirchenländer Deutschlands beherrschte die Beziehungen zwischen Papst und Kaiser.

Das Recht der Feudalherrscher, die höheren Geistlichen in ihren Ländern zu ernennen, stürzte Europa in eine jahrzehntelange Krise. Dies war keineswegs eine rein religiöse Angelegenheit: Bischöfe und Äbte kontrollierten ausgedehnte Ländereien in ganz Europa und Landbesitz und Macht waren im elften Jahrhundert eng miteinander verzahnt. Der „Investiturstreit“ führte zur Wahl eines Gegenpapstes, der Invasion des Kirchenstaates und einer Unterminierung der päpstlichen Autorität, die von Leo IX. gewonnen worden war. Als Papst Urban II. die Tiara erhielt, erbte er eine Kirche, die zwar ihre Autorität in den letzten Jahrzehnten deutlich gesteigert hatte, sich aber dennoch in einem Überlebenskampf befand.

Europa erlebte gegen Ende des Jahrhunderts durch die Mönchsbewegung ein Art geistliche Wiederbelebung. Urban erkannte, dass er seine Position verbessern konnte, wenn er diesen wiedererwachenden christlichen Geist nutzte. Wenn er die Unterstützung des Volkes und den Investiturstreit gewann, würde er auch die Kontrolle über die geistlichen Angelegenheiten der Christenheit wiedergewinnen. Dies würde auch die Einkünfte der Kirche ganz wesentlich verbessern. Viel stand auf dem Spiel und Urbans Aufruf zum Kreuzzug war weitgehend beeinflusst durch den Kampf zwischen Kirche und Staat.

Links: Für den Großteil der Bevölkerung war das Mittelalter eine Zeit von großen Entbehrungen. Schmähschriften über das luxuriöse und kostspielige Leben des Klerus provozierten Unruhe. Diese Abbildung für den Monat Februar aus dem *Breviaire d'Amour* (spätes 13. Jahrhundert) macht sich über einen Mönch lustig, der seine Zehen an einem schönen Feuer wärmt, während die Bauern in den angrenzenden Feldern frieren.

Der fränkische Staat

Im frühen elften Jahrhundert hatte sich das Frankenreich Karls des Großen (r. 768–814) in zwei Teile gespalten. Die westliche Hälfte, das fränkische Königreich Frankreich, wurde zu einer hierarchischen Feudalmacht, die ein gewisses Maß an Stabilität in Westeuropa garantierte. Dieses fränkische Reich bildete das Vorbild für die Organisation der Kreuzfahrerstaaten im Heiligen Land.

Im Unterschied zum Ostfränkischen Reich hatte der westfränkische Teil zum Römischen Reich gehört und mit Ausnahme der Bretagne hatten alle Provinzen denselben kulturellen Hintergrund. Beim Zusammenbruch der Ordnung des Karolingerreiches unter den normannischen und maurischen Invasionen organisierten die Könige ihr Selbstverteidigungssystem, das sich langsam zum Feudalsystem entwickelte. Es wurde nach England, Deutschland, Italien und schließlich auch ins Heilige Land exportiert. Der König stand an der Spitze der feudalen Lehnsordnung und jeder Herzog oder Kriegsherr in der Provinz war sein Untertan.

Nach dem Tod des letzten Karolingers Ludwig V. (r. 986–987) versammelten sich die Kirche und die führenden Edelleute Frankreichs, um einen Nachfolger zu wählen. Sie einigten sich auf Hugo Capet (r. 987–996), zu dessen beachtlicher Hausmacht Paris gehörte. Einer seiner führenden Unterstützer war der Erzbischof von Reims, der Primas des Landes. Obwohl keiner der Adligen wollte, dass einer der ihren eine Herrscherdynastie etablierte, behielten die Kapetinger bis ins 14. Jahrhundert die Kontrolle über Frankreich. Ein Teil dieses Erfolges beruhte auf der Fähigkeit der Kapetinger, unter ihren Nachkommen die Thronfolge zu sichern, solange sie noch am Leben waren, was für eine reibungslose Übergabe der Macht sorgte.

Die Kapetinger hatten drei Rollen: Sie regierten ihr eigenes Herzogtum, walteten als Feudalherren über ihre ausgedehnten Ländereien und als feudale Oberherren über die anderen führenden französischen Adligen. Obwohl die französische Krone nominell die Oberhoheit hatte, war sie dennoch nicht in der Lage, die Macht einiger großer Adelshäuser wie die der Grafen von Toulouse oder der Normandie zu begrenzen. Auch in dieser Hinsicht ähnelte die Struktur, die im Heiligen Land eingeführt wurde, jener Frankreichs: Der König von Jerusalem hatte keine oder nur wenig Macht über die Adligen, die Tripolis oder Antiochia beherrschen sollten.

Die Kirche und der Feudalismus

1066 setzte Wilhelm, der Herzog der Normandie, nach England über und eroberte das angelsächsische Königreich. König Wilhelm I. der Eroberer (r. 1066–1087) und seine Nachfolger schuldeten dem französischen König Philipp I. (r. 1060 bis 1108) Gefolgschaft, was später zu zunehmenden Konflikten führte. Papst Alexander II. (p. 1061 bis 1073) und Wilhelm hielten enge Verbindung, was ihm die päpstliche Anerkennung seines Anspruches auf den englischen Thron sicherte. Als Gegenleistung empfing die Kirche großzügige Legate an englischen und normannischen

Links: Eines der berühmten Kirchenfenster der Kathedrale von Chartres in Frankreich aus dem 13. Jahrhundert zeigt Karl den Großen, der mit Roland und Erzbischof Turpin von Reims zum spanischen Kreuzzug aufbricht. Historisch wird die Zeit der Kreuz-züge zwischen dem späten 11. und dem 13. Jahrhundert angesiedelt. Die Franken hatten Eroberungszüge der Mauren über die Pyrenäen schon seit dem Jahr 721 zurückgeschlagen. Unter Karl dem Großen fielen die Franken mehrmals in Gebiete der Omaijaden ein, erstmals 788 in der Schlacht von Roncavalles. Obwohl die Schlacht unentschieden endete, wurde sie zum Vorbild für Ritterlichkeit und im mittelalterlichen *Rolandslied* (1095) verherrlicht. Die Symbolik dieser Schlacht führte dazu, dass sich 300 Jahre später Papst Urban II. darauf bezog, als er die Kreuzritter zum Feldzug aufrief, und dass mittelalterliche Künstler dieses Ereignis in Liedern, Gedichten und – wie hier – in Glas verewigten.

Ländereien. Unter der Regierung Philipps I. war Frankreich auf etwa 15 größere Fürstentümer aufgeteilt. Eines von diesen war die Krondomäne in der Île de France. Außerhalb von Paris galt die Autorität des Königs nichts. Doch Philipp und seine Nachfolger vergrößerten die Krondomäne und ihren Einfluss.

Die Kirche war dabei ihr stärkster Verbündeter. Über die Lehnsordnung und ihre Gefolgschaftspflicht konnten Kirche und Staat eine gewisse Kontrolle über die französischen Fürsten ausüben. Während der geistlichen Erneuerung des elften Jahrhunderts erweiterten vom Papst ernannte Bischöfe und Prälate ihren Einfluss über ihre eigenen weltlichen Herrscher. Die päpstliche Rechtsprechung konnte hart sein und selbst Philipp wurde wegen Bigamie exkommuniziert (Seite 44). Zwischen der Kirche und dem Feudalsystem wurde das Frankreich des elften Jahrhunderts und nach 1066 auch England verhältnismäßig gut regiert und genoss eine Zeit der Stabilität und Blüte.

Die Kreuzfahrerstaaten in der Levante verwendeten das französische Modell für ihre eigene Organisation. Dennoch blieben sie ein Konglomerat von Staaten, allzuoft ohne gemeinsame Autorität, während die Zentralmacht in Frankreich ständig an Bedeutung gewann.

Das Feudalsystem

Entwickelt als Antwort auf die Bedrohung durch Nordmänner, Mauren und Magyaren, bildete das Feudalsystem eine hierarchische soziale und militärische Struktur, die auf Landbesitz und Rang beruhte und dabei Schutz und gesellschaftliche Stabilität garantierte. Diese Struktur wurde auch in den Orient verpflanzt.

Der Begriff Feudalismus (Lehnswesen) stammt von neuzeitlichen Historikern. Im elften Jahrhundert war das Feudalsystem schlicht die natürliche Ordnung der Dinge. Die Belehnung mit einem Stück Land als Gegenleistung für Verpflichtungen entsprach dem Benefizsystem des Besitzes im römischen Recht. Während der Völkerwanderung entwickelte sich dies unter Einbeziehung der germanischen Stammestraditionen, wo die Vasallen einen Treueeid auf ihre Stammesführer schworen. Unter den fränkischen Karolingern wurde dieses System verfeinert und eng mit dem Militärdienst verbunden: Das karolingische Heer, das auf der gepanzerten schweren Kavallerie beruhte, teilte seinen Reiterkriegern Land zu.

In der Zeit der Unsicherheit nach dem Zerfall des Karolingerreiches boten die regionalen Kriegsherren ihren Bauern militärischen Schutz gegen Bezahlung oder Sachleistungen. Könige gaben Land als Lehen für Kriegsdienste. Im elften Jahrhundert bestand der Großteil Westeuropas aus unterschiedlich organisierten Feudalstaaten.

Ein Bauer oder Dorfbewohner, dem es an Mitteln oder der Fähigkeit zur Selbstverteidigung fehlte, begab sich in den Schutz eines Ritters. Durch die Aufgabe seines Freibauernstatus wurde er zum Lehnsmann, fast zum Sklaven, am unteren Ende der Lehnspyramide. Sein Herr nahm seine landwirtschaftlichen Produkte als Bezahlung für den Schutz und gab ihm davon einen kleinen Teil zum Lebensunterhalt für ihn und seine Familie.

Oben: Harte Arbeit – wenn du sie bekommen kannst! Der Lehnsherr gibt seinen Bauern Anweisungen. Diese Handschrift aus dem 13. Jahrhundert zeigt das Prinzip des Feudalsystems auf der untersten Stufe der Lehnspyramide.

Rechte und Pflichten

Der kleinere Ritter, unfähig, sich gegen größere Angriffe zu wehren, übertrug seine Ländereien einem mächtigeren Edelmann. Diese wurden ihm wiederum als Lehen übereignet im Austausch für die Heeresfolge und einen Anteil an ihren Erzeugnissen. Dieses Schutzsystem wiederholte sich dann auf der nächsthöheren Stufe: Der mächtigere Adlige, normalerweise ein Baron, verpflichtete seine Gefolgschaft einem Herrscher der Provinz, etwa einem Grafen, und der war seinerseits Vasall eines Regionalfürsten, etwa eines Herzogs.

Theoretisch war dieser oberste Rang der Edelleute einem Monarchen zur Gefolgschaft

Oben: In diesem Bild aus einer Handschrift des 14. Jahrhunderts, die unterschiedliche Aspekte des Lehnswesens zeigt, empfängt ein kniender Ritter die Befehle seines Kaisers.

verpflichtet, aber im elften Jahrhundert war die königliche Autorität begrenzt. Viele mächtige Adlige, wie etwa Raymond von Toulouse oder Bohemond von Tarent, fühlten sich niemandem verpflichtet. Die vornehmsten Mitglieder des Feudaladels hatten das Recht, eigene Steuern zu erheben, eigene Gesetze zu erlassen oder gar eigene Münzen zu prägen. Manche waren sogar mächtiger als die Könige, deren Gefolgsleute sie waren. Insbesondere galt das für die Herzöge der Normandie, die Könige von England wurden und zugleich Vasallen der französischen Krone blieben.

Das Feudalsystem beruhte auf dem Land auf der Landwirtschaft. In den Städten dagegen ging es um die in der ländlichen Umgebung erwirtschaftete Mehrproduktion und deren Vermarktung, deren Abgaben den Lehnsherren zuflossen. Dafür förderten sie die Entwicklung von Städten und gewährten ihnen Schutz.

Andere städtische Zentren wurden von der Kirche verwaltet und bildeten den Gerichtsort des Bischofssitzes. Die Kirche agierte dabei als feudaler Landbesitzer und verwaltete die Stadt und die umliegende ländliche Region.

Im Königreich Jerusalem verfügten die feudalen Lehnssysteme oft über zu wenige Bauern, um das System zu unterstützen – die städtischen Zentren wurden in diese Domänen eingegliedert, in denen die Herren die städtische Wirtschaft besteuerten. In der Levante wurde zusätzlich jeder Vasall als direkter Vasall des Königs betrachtet, egal welchen Platz er in der sozialen Hierarchie einnahm; eine Ausnahme waren die Gebiete, die der Kirche oder einem religiösen Orden unterstanden.

Das Feudalsystem bildete angesichts der rudimentären Struktur der staatlichen Verwaltungen des Mittelalters das bestmögliche Regierungssystem in Europa wie im Orient.

Deutschland und Italien im 11. Jahrhundert

In den zwei Jahrhunderten vor den Kreuzzügen war das Heilige Römische Reich die bedeutendste politische Macht Europas. Seine Herrscher bestimmten die Geschicke Italiens und der umliegenden Regionen, Kaiser und Päpste waren in einem dauernden Kampf um die politische Vorherrschaft begriffen. Italien wurde zum Schlachtfeld zwischen Kirche und Staat und bot politischen Abenteurern günstige Gelegenheiten.

Nach dem Zerfall des Karolingerreiches bestand sein Ostteil aus lauter autonomen Staaten, die über keine effektive Zentralmacht verfügten. Um im zehnten Jahrhundert die Magyaren zu bekämpfen, verbanden sich diese Staaten unter einem gemeinsamen König. Obwohl er zunächst als „Erster unter Gleichen" von den ihn wählenden Herzögen betrachtet wurde, weiteten diese Könige nach und nach ihre Macht durch Gewalt und Patronage aus. Einige, aber nicht alle dieser Wahlkönige trugen den Titel eines Kaisers des Heiligen Römischen Reichs, eine Ehre, die zuerst Karl dem Großen von Papst Leo III. (p. 795–816) angetragen worden sein soll.

Der Kaisertitel wurde im zehnten Jahrhundert von Otto I. dem Großen (r. 936–973) wiederbelebt. Dennoch führte die päpstliche Einmischung in deutsche Angelegenheiten zum Eklat und Otto setzte einen Gegenpapst ein, um seinen Willen durchzusetzen. Dieser Bruch blieb bis ins zwölfte Jahrhundert bestehen.

Konrad II. (r. 1024–1039) setzte die deutsche Herrschaft in Norditalien durch und zwang den lombardischen Adel, die ewige Oberhoheit des Kaisers anzuerkennen. Dies wurde als direkte Bedrohung des Kirchenstaates in Mittelitalien betrachtet, insbesondere da Papst und Kaiser in den Investiturstreit gerieten.

Konrad betrachtete die Investitur der Bischöfe als sein Vorrecht, sein geistlicher Widersacher Papst Leo IX (p. 1049–1054) war dagegen ein führender Kirchenrefomer und entschiedener Gegner der weltlichen Einmischung in kirchliche Personalpolitik.

Eine Reihe von Konzilien wurde abgehalten, um die Verwaltung der Kirche zu reformieren und die päpstlichen Reformdekrete zu sichern. 1059 erließ ein Konzil neue Regeln für die Papstwahl, eine Maßnahme gegen kaiserliche Einflussnahme auf das neu gegründete Kardinalskollegium. Zugleich wurden von weltlichen Herren ernannte Bischöfe entlassen, wenn der Papst mit ihrer Wahl nicht einverstanden war.

Zentrales Mittelmeergebiet beim Tod Karls des Großen 814:
- fränkisches Gebiet
- Byzantinisches Reich
- fränkische Eroberungen von den Byzantinern
- arabisches Gebiet

Zentrales Mittelmeergebiet um 890
- Karolingerreich
- Byzantinisches Reich
- moslemische Staaten

Zentrales Mittelmeergebiet um 1100
- Hl. Römisches Reich
- Byzantinisches Reich
- moslemische Staaten
- normann. Eroberungen

Italien wird aufgeteilt

Während die Könige von Frankreich und England nur noch selten hohe kirchliche Würdenträger ernannten, versuchten die deutschen Kaiser hier eine Entscheidung zu erzwingen. Heinrich IV. (r. 1054–1106) benutzte seine Auswahl der deutschen Bischöfe, um den Einfluss seines Hochadels zurückzudrängen. 1075 exkommunizierte Papst Gregor VII. (p. 1073–1085) den Kaiser als Antwort auf seine Einmischung. Heinrich ließ daraufhin umgehend den Papst durch seine Bischöfe als illegitim absetzen. Die Krise dauerte ein Jahr, bis der Kaiser 1077 den Papst als Büßer in Canossa aufsuchte und um Vergebung bat. Mit seinem wiedergewonnenen Titel ging Heinrich zur Offensive über, ernannte einen Gegenpapst und besetzte Rom.

Zur gleichen Zeit führte eine Gruppe normannischer Abenteurer in Süditalien Krieg und vertrieb die Byzantiner aus der Region, um sich selbst eine Reihe feudaler Lehen einzuverleiben. 1060 fielen sie im maurischen Sizilien ein, dessen Eroberung 1091 abgeschlossen war. Unter den normannischen Kriegsherren war auch Bohemond von Tarent, einer der wichtigsten Protagonisten des ersten Kreuzzugs.

Die italienische Halbinsel war das Schlachtfeld der landhungrigen Normannen und des deutschen Kaisers – er wollte seinen Einfluss über die reichen lombardischen Provinzen in Norditalien und deren städtische Zentren ausdehnen. Papst Urbans Appell in Clermont war auch von dem Ziel motiviert, die politische Instabilität zu beenden, die das Italien des elften Jahrhunderts beherrschte. Zugleich wollte er seine eigene Autorität im Konflikt mit dem Heiligen Römischen Reich absichern. Die europäische Politik war gleichermaßen bestimmt von der Entscheidung, den Kreuzzug auszurufen, und den äußeren Problemen zwischen Christen und Moslems.

Gegenüber: Otto I. der Große. Ausschnitt der Statue im Magdeburger Dom.

Oben links: Byzantinisches Relief vom heiligen Georg auf seinem Pferd. Dieser Heilige wird als Schutzpatron von England verehrt, obwohl seine Geschichte mit dem byzantinischen Kappadokien in Anatolien verknüpft ist. Es ist unwahrscheinlich, dass das angelsächsische England ihn gekannt hat, aber einige Legenden berichten, dass er König Richard Löwenherz während des Dritten Kreuzzugs erschienen sei, und die Übernahme durch die Engländer mag darauf beruhen.

Oben rechts: Dieses Bild aus Alphonse Le Sage's *Las Cantigas,* einer Handschrift aus dem 13. Jahrhundert, zeigt einen Mann auf der Falkenjagd.

Die Reconquista

Ein Jahr bevor Urban II. die Christenheit zum Kreuzzug aufrief, nahm ein spanischer Ritter, der von seinen Feinden „El Cid“ (Der Herr) genannt wurde, den Moslems Valencia ab. Dies war der Beginn der christlichen Wiedereroberung Spaniens, die noch Jahrhunderte anhalten sollte.

Ein moslemisches Heer setzte 711 von Afrika nach Dschebel al Tarik (Gibraltar) in Südspanien über. Es bestand aus Arabern und Berbern aus Mauretanien, den Mauren, unter omaijadischer Führung. Die westgotischen Herren der Halbinsel wurden geschlagen und innerhalb eines Jahrzehnts besetzten die Mauren den Großteil Spaniens. Asturien, eine baskische Region an der Nordküste, blieb die einzige christliche Enklave. Die Mauren setzten ihre Invasion über die Pyrenäen in das fränkische Königreich fort, zogen sich aber nach der Niederlage bei Tours zurück.

Die Omaijadenherrschaft brachte Spanien Einheit und Frieden und der Handel zwischen Toledo, Sevilla und den Märkten Afrikas und des Orients begann zu gedeihen. Im folgenden Jahrhundert, als im Osten die Abbasiden die Macht ergriffen, behielten die Omaijaden die Kontrolle über Spanien, das Land Al-Andaluz (Andalusien). Sie überstanden auch die Ausbreitung des Fatimidenkalifats ein Jahrhundert später. Zu dieser Zeit war Spanien ein separater Moslemstaat geworden, auch wenn er mit dem Rest der islamischen Welt enge Handelsverbindungen hielt.

Am Beginn des elften Jahrhunderts war aus dem Königreich Galizien das nach seiner neuen Hauptstadt genannte León geworden und die Basken bildeten ihr eigenes Königreich Navarra. Zu dieser Zeit gab es wenig offene Feindschaft zwischen Christen- und Moslemstaaten in Spanien und jede Seite vermied einen Angriff in großem Stil auf die andere. Im Omaijadenreich wurde den Mozarabern genannten Christen wie auch der beachtlichen jüdischen Gemeinde Religionsfreiheit gewährt. Das maurische Spanien war bekannt für Toleranz, Wohlstand, Kunsthandwerk und Gelehrsamkeit. All das wurde von der religiösen Wiederbelebung des elften Jahrhunderts zunichte gemacht.

Nur wenige Bauwerke spiegeln den Übergang von der moslemischen zur christlichen Kultur während der Rückeroberung Spaniens so deutlich wider wie die berühmte *Mezquita* in Cordoba. 785 wurde die große Moschee am Ort einer früheren Kirche erbaut und 1236 nach der Rückeroberung von den Mauren wieder christianisiert. Die hohen Außenbauten blieben größtenteils unverändert, aber im Inneren erhebt sich nun das Hauptschiff der Kathedrale von Cordoba.

1035 trennte sich der Südteil des Baskenlandes ab und bildete das Königreich Aragón, während weiter östlich das katalanische Gebiet um Barcelona eine eigene autonome Region war. Zusammen bildete dieser Streifen kleiner unabhängiger christlicher Staaten eine durchgehende Front, von der aus die christliche Reconquista (Wiedereroberung) der Halbinsel erfolgte. Der Zusammenbruch des Omaijadenkalifats von Sevilla löste die christliche Expansion aus. Das Kalifat zerfiel in 20 kleine, von maurischen Adligen regierte Staaten, die unwillig waren, ihre Differenzen zurückzustellen, um die christlichen Eindringlinge abzuwehren.

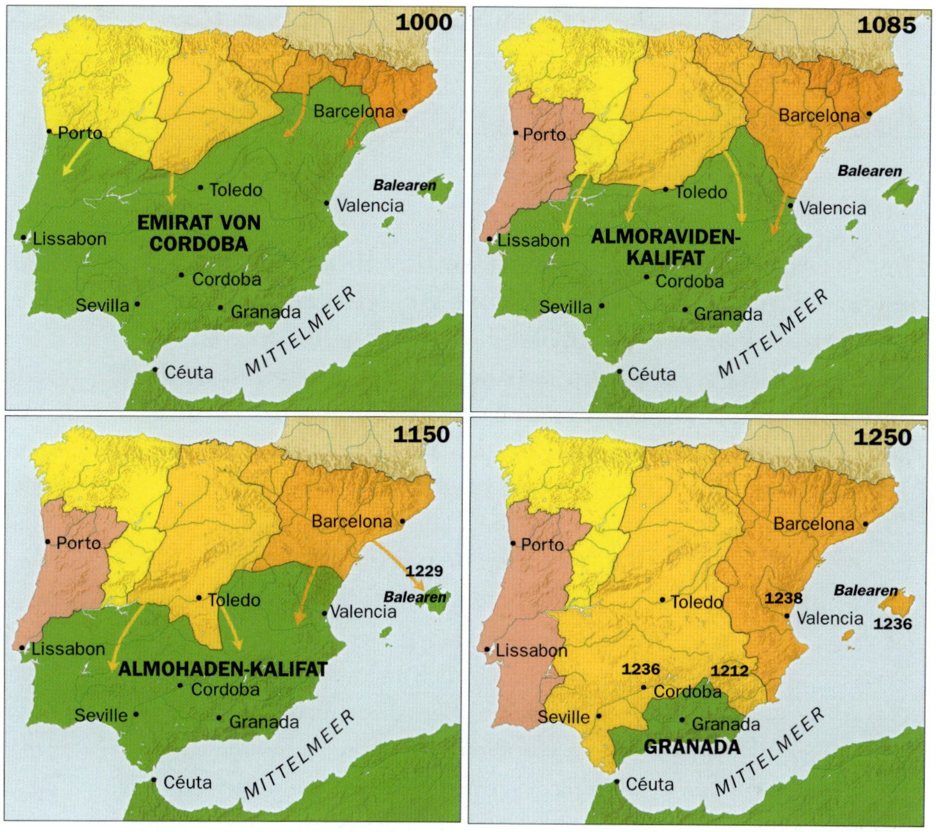

Die *Reconquista*, 1000–1250

- León
- Kastilien
- Navarra
- Aragón
- Grafschaft Barcelona
- Portugal
- Mauren

Der Beginn der Kreuzfahrerzeit

Die Reconquista wurde um 1070 ernst und die christlichen Könige verschoben ihre Grenzen nach Süden. Die Spanier wurden von französischen Kreuzfahrerexpeditionen unterstützt, die fast jedes Jahr die Pyrenäen überquerten, um ihren christlichen Brüdern zu helfen. Unter ihnen war auch Raymond von Toulouse, der eine führende Rolle im Ersten Kreuzzug spielte.

Unter den Königen Alfons VI. von León und Kastilien (r. 1065–1109) und Sancho von Aragón und Navarra (r. 1063–1094) vereinigten sich die christlichen Kräfte zu machtvollen einheitlichen Heeren. Während die Kastilier durch Zentralspanien nach Süden vordrangen, rückten die Aragonesen an der Mittemeerküste vor.

1085 wurde Toledo, die Hauptstadt der Mauren, eingenommen, die die Berberdynastie der Almoraviden aus Nordafrika zu Hilfe rief. Der christliche Schwung erlahmte, als die Afrikaner die Kastilier besiegten, und die Mauren eroberten jetzt unter almoravidischer Führung Andalusien zurück. Da tauchte ein christlicher Held auf: der aragonesische Edelmann Rodrigo Diaz de Vivar, bekannt unter dem Namen „El Cid" (der Herr), den ihm seine arabischen Gegner verliehen. 1094 nahm er Valencia, und obwohl er vier Jahre später bei der Verteidigung der Stadt starb, brach er die maurische Gegenoffensive. Die Grenzen blieben ein weiteres Jahrhundert lang stabil.

Die Reconquista ging noch 200 Jahre nach dem Ende der Kreuzzüge weiter. Die iberische Halbinsel war weit mehr als das Heilige Land das wirkliche und permanente Schlachtfeld zwischen Christen und Moslems im Mittelalter und die Schlacht war nicht eher entschieden, als bis der letzte Moslemstützpunkt 1492 gefallen war.

Zwei Kirchen

Das byzantinische Reich folgte dem orthodoxen christlichen Glauben, die Bevölkerung Westeuropas nahm dagegen die römisch-katholische Konfession an. Am Ende des elften Jahrhunderts schien es, als würden die beiden Kirchen angesichts der islamischen Bedrohung wieder zusammenfinden. Für das Papsttum war es die Gelegenheit, die Christenheit wieder zu vereinigen.

Nach dem Kollaps des Weströmischen Reiches im fünften Jahrhundert n. Chr. wurde Konstantinopel der Hauptsitz der Kirche. Fast ein Jahrhundert lang diente der Teil des Reiches, der dann als Byzanz bekannt wurde, das Bollwerk gegen heidnische Eindringlinge. Am Ende des Jahrhunderts gingen sowohl das Frankenreich als auch die christliche Kirche als eigene Einheiten aus dem Chaos der Völkerwanderung hervor. Das ökumenische Patriarchat in Konstantinopel hatte eine rivalisierende christliche Institution in Rom.

Im Byzantinischen Reich war der Kaiser das Oberhaupt von Staat und Kirche. Im Gegensatz dazu sah der Papst sich als der Nachfolger von Petrus und daher aus der säkularen Welt der Kaiser und Fürsten herausgehoben. Im siebenten Jahrhundert etablierte die römische Kirche ihr eigenes System regionaler Bistümer im Frankenreich. Unter Karl dem Großen wurde die lateinische Version des christlichen Glaubens die akzeptierte Religion in Italien, Spanien, Frankreich und Deutschland.

Frühe Versuche, die beiden Kirchen zu vereinigen, scheiterten, und die byzantinischen Kaiser waren zu beschäftigt, ihre Grenzen gegen eine Welle arabischer Eroberer zu verteidigen, um sich um unpassende theologische Debatten zu kümmern. Im achten Jahrhundert unter der isaurischen Dynastie beruhigte sich die Situation. Leo III. (r. 717–741) beendete die Mosleminvasion, was ihm und seinen Nachfolgern erlaubte, sich mit den religiösen Problemen auseinander zu setzen, die die Christenheit gespalten hatten.

Im Laufe der Jahrhunderte hatte die byzantinische Kirche eine Version des Monophysitismus angenommen, eine Sicht, die mit der lateinischen Kirche über Kreuz war. Die Monophysiten behaupteten eine einheitliche Natur Christi, ihre Gegner dagegen die Koexistenz einer göttlichen und einer menschlichen Natur. Die Byzantiner bewegten sich später weg vom Monophysitismus. Zu dieser Zeit führten die unterschiedlichen theologischen Sichtweisen zum Bilderstreit, der zum ersten Mal um 730 aufbrach, als Leo III. versuchte, die seiner Meinung nach zu exzessive Bilderverehrung zu begrenzen. Die Orthodoxen spalteten sich in Ikonodulen und Ikonoklasten (Bilderverehrer und Bilderzerstörer), der Kaiser begünstigte die Letzteren.

Die Kontroverse wurde in der Bevölkerung mit großer Emotion aufgenommen und die Römische Kirche griff auf Seite der Ikonodulen

Gegenüber:
Die römische Kirche begann nach 1000, sich von Ikonenbildern zu distanzieren, aber für die orthodoxe Kirche unterstrichen Ikonen die Bedeutung des Kaisers als Oberhaupt sowohl des Staates als auch der Kirche. Johannes II. Komnenos (1118–1143), der zweite aus der Komnenen-Dynastie, wird auf diesem zeitgenössischen Mosaik mit seiner Frau, der Kaiserin Irene, neben der Jungfrau Maria und dem Jesuskind dargestellt.

ein. Als 730 ein Konzil der Orthodoxen die Verehrung der Ikonen formell verdammte, nahm Rom die Gegenposition ein.

Das Christentum in der Schlachtordnung

Eine ähnliche Auseinandersetzung über die Natur des heiligen Geistes trennte die Kirchen voneinander, aber das endgültige und unüberwindliche Schisma erfolgte 1054, als sich Papst und Patriarch infolge eines Streits über die Eucharistie gegenseitig exkommunizierten.

Das Schisma von 1054 erwies sich als dauerhaft, aber Päpste, Patriarchen und Kaiser hielten weiter an der Hoffnung fest, dass die Christenheit immer noch vereinigt werden könne. Im elften Jahrhundert war der Bilderstreit beigelegt, was zu einem Abflauen der Feindseligkeiten führte.

Die Aufnahme diplomatischer Beziehungen zwischen den Kirchen 1094 und die byzantinische Bitte um Hilfe boten eine Gelegenheit zur Annäherung. Papst Urban II. sah eine Möglichkeit, die Christenheit wieder zu vereinigen. Dabei wollte der byzantinische Kaiser Alexios I. Komnenos (r. 1081–1118) wirklich nichts als militärische Hilfe.

Jedes Gespräch über eine religiöse Vereinigung wurde strikt vermieden. Als die Päpste und die Kreuzritter erkannten, dass die Byzantiner nicht die Absicht hatten, die Kontrolle über ihre Kirche abzugeben, kühlten sich die Beziehungen zwischen beiden Gruppen ab. In jedem Lager galt das andere als Abweichler. Am Ende des Ersten Kreuzzugs betrachteten römische und griechische Christen einander als Feinde des Glaubens und hassten einander fast mehr als die Moslems.

Das Desaster von Manzikert

Im elften Jahrhundert war das Byzantinische Reich von Feinden umgeben. Die an der Donau aufmarschierten Bulgaren waren ein ernstes Problem aber die größte Bedrohung des Reiches bildeten im Osten die seldschukischen Türken. 1071 verschob ein entscheidender Sieg das Gleichgewicht zu Gunsten der Moslems.

Im elften Jahrhundert hatten sich Russen, Bulgaren und Magyaren an der Nordgrenze des Reiches zu dem Bulgarenkhanat zusammengeschlossen, das einen Großteil des Balkans einnahm. Kaiser Basilios II. (r. 976–1025) aus der makedonischen Dynastie zog so erfolgreich gegen die Bulgaren zu Felde, dass er sie von seinen Grenzen vertrieb und „Bulgarentöter" genannt wurde. Es war der Höhepunkt byzantinischer militärischer Tapferkeit.

Das Reich blieb ziemlich stabil bis zum Tod Konstantins IX. (r. 1042–1055). Dann führten Probleme der Thronfolge zu Unsicherheit, Staatsstreichen und vorzeitigen Todesfällen. In zwei Jahren kamen und gingen vier Herrscher, bis der byzantinische Hof Konstantin X. Dukas ernannte (r. 1059–1066). Er war ein Intellektueller, der höfische Vergnügungen der Kriegführung vorzog. Als die seldschukischen Türken ihre Kontrolle über Persien und Syrien ausbauten, tat der byzantinische Hof nichts, um sich auf den Zusammenstoß vorzubereiten, den klügere Köpfe als unvermeidlich ansahen.

Jahrzehntelang hatte Armenien, eine christliche Provinz in der Bergregion östlich des byzantinischen Anatoliens, als Pufferzone zwischen Byzantinern und Moslems gedient. Alp Arslan wurde 1063 seldschukischer Sultan. Im folgenden Jahr fiel er in Armenien ein und nahm dessen Hauptstadt Ani ein. 1067 hatte er das ganze Land erobert und stand an der byzantinischen Grenze.

Nach dem Tod Konstantins X. heiratete seine Witwe den ansehnlichen jungen Offizier Romanos Diogenes, der als Romanos IV. Kaiser

Rechts: Seldschukisches Flachrelief zweier türkischer Krieger. Manzikert war ein Sieg über die byzantinischen Herrscher von Anatolien und vervollständigte die türkische Kontrolle über den Großteil des islamischen Mittleren Ostens. Die Fatimiden Ägyptens waren durch ihre guten Beziehungen zu Byzanz und Europa eine Ausnahme. Im türkischen Syrien war Bewaffnung durch den nahen ersten Kreuzzug etwas Alltägliches, wie Ibn Abu Tayyi schrieb: „Es gab keine Person in Aleppo, die in ihrem Haus keine Waffen hatte und bei Kriegsausbruch nicht sofort voll bewaffnet herausstürmen würde."

wurde. Er versuchte Militärreformen durchzusetzen und arbeitete an der Verstärkung der Ostgrenze, aber zu schwach und zu spät. Angesichts der logistischen Probleme hob er zusätzliche Truppen aus und bewaffnete die bestehenden neu. Im Mai 1071 hatte er 60.000 Mann an der armenischen Grenze und war bereit zum Krieg. Sein vielsprachiges Heer umfasste Byzantiner, Söldner, darunter einige fränkische Ritter, und Hilfstruppen vom Balkan und aus der Steppe. Romanos brauchte eine entscheidende Schlacht, um Zeit zu gewinnen, die Reformen auszuführen und die eigentlichen Verteidigungsanlagen zu organisieren.

Das Ende eines Kaisers

Weil die Seldschuken in einem Konflikt mit den ägyptischen Fatimiden beschäftigt waren, hoffte man, dass ihre Kräfte geteilt seien. Romanos überquerte die Grenze in zwei Kolonnen und nahm die armenische Grenzfestung Manzikert ein. Die von dem General Tarchaniotes kommandierte Kolonne nahm jedoch an der folgenden Schlacht aus politischen oder militärischen Gründen nicht teil. Der Kaiser war mit etwa 30.000 Mann in Manzikert und stand einer kleineren Truppe von Türken gegenüber, die von Alp Arslan selbst befehligt wurde.

Die beiden Heere trafen in der Ebene vor Manzikert aufeinander. Zuerst schien die Schlacht günstig für die Byzantiner. Die Türken zogen sich zurück und rissen die Truppen des Kaisers mit sich. Aus Furcht vor einer Falle befahl Romanos umzukehren, aber es war zu spät. Die seldschukische Kavallerie griff an und brach durch die byzantinischen Reihen. Verwirrt entkamen einige Byzantiner, während andere, auch der Kaiser, eingeschlossen wurden. Die Söldner flohen, die restlichen Truppen wurden aufge-rieben und der Kaiser gefangen genommen. Der Sultan entließ ihn, um Lösegeld als Teil eines auszuhandelnden Friedensvertrages aufzutreiben. Zu Hause wurde Romanos als Opfer eines Verrats von einem Militärputsch gestürzt und dann von seinen eigenen Soldaten ermordet.

Die Seldschuken dachten, die Byzantiner hätten den Vertrag gebrochen und besetzten Anatolien. In den Worten des Historikers Sir Steven Runciman „verloren die Byzantiner auf dem Schlachtfeld ihren Titel als Beschützer der Christenheit". Manzikert war eine der folgenreichsten Schlachten der Geschichte und endete mit der Besetzung der Hälfte des unverteidigten byzantinischen Reiches durch die Moslems. Dieser Triumph markierte den Beginn von zwei Jahrhunderten Religionskonflikt im Nahen Osten.

Oben: Alanya (die frühere römische Stadt *Coracesium*) an der Mittelmeerküste nördlich von Zypern wurde ein bedeutender Stützpunkt der Seldschuken, der durch zahlreiche Forts in seiner felsigen Umgebung gesichert war.

Das Gesuch des Kaisers

Das Desaster von Manzikert kostete die Byzantiner die Hälfte ihres Reiches. Das einstmals große Reich stürzte in Chaos und Bürgerkrieg. Der geschwächte Kaiser, der aus dieser Periode der Unsicherheit hervorging, hatte kaum eine andere Wahl, als Rom um Hilfe zu bitten. Dafür sollten die Byzantiner teuer bezahlen.

Der 19. August 1071 war ein schwarzer Tag für das Byzantinische Reich: Sein einziges schlagkräftiges Heer war aufgerieben worden und es hatte seinen Kaiser Romanos IV. verloren. Ohne Verteidigung fiel die reiche Provinz Anatolien in die Hände der seldschukischen Türken. In Konstantinopel ergriff Michael VII. Dukas (r. 1071–1078) in einem Staatsstreich die Macht und tötete den mit Lösegeld belegten Romanos.

Um seine Bezahlung betrogen, fühlte sich Alp Arslan nicht länger an seinen Friedensvertrag gebunden. Dennoch erfolgte die Besetzung Anatoliens anfangs eher langsam aus Sorge um den Krieg gegen die Fatimiden. Nach 1073 rückte eine Reihe nomadischer türkischer Siedler westwärts in die Provinz ein. Der seldschukische Anführer Suleiman Ibn Kutulmisch begann formell Teile von Anatolien zu annektieren und die Byzantiner waren zu geschwächt, um ihn daran zu hindern. Andere folgten und 1080 kontrollierte Alp Arslans Sohn Malik Schah den Großteil der Provinz. Weil es einmal ein Teil des Römischen Reiches war, wurde Anatolien das Sultanat von Rum genannt.

Den Byzantinern blieb ein schmaler Küstenstreifen am Bosporus. 1081 hatten sie die Hälfte ihres Reiches, ihrer Getreideproduktion und ihrer Bevölkerung verloren. Von diesem Schlag sollten sie sich niemals ganz erholen.

Die Regierung Michaels VII. war katastrophal. Er war unfähig, den Verlust Anatoliens und der Besitzungen in Süditalien zu verhindern oder normannische Abenteurer von Albanien und Griechenland fern zu halten. Der Balkan revoltierte, die Inflation galoppierte und die Palastrevolution war eine ständige Bedrohung. Seine Herrschaft endete in Rebellion, Massenunruhen und seiner Abdankung. Seine Rivalen kämpften um die Kaiserkrone, aber 1081 ergriff der junge aristokratische General Alexios Komnenos die Macht und beendete ein Jahrzehnt von Unordnung und Verfall.

Ein fataler Appell

Alexios Komnenos (r. 1081–1118) richtete seine ersten Unternehmungen gegen die Normannen, unter denen sich auch der spätere Kreuzritter Bohemond von Tarent befand. Trotz seiner Niederlage 1081 in der Schlacht von Durazzo war Alexios' Feldzug erfolgreich. Er behielt seinen gesunden Respekt vor der Kampfkraft der fränkischen Ritter. In den nächsten zehn Jahren erstickte er jeden Versuch einer Revolte, legte die Unruhen auf dem Balkan bei und vertrieb die Normannen aus seinen adriatischen Besitzungen. Seine beschränkten militärischen Ressourcen mögen für den Westen genügt haben, reichten aber nicht aus, um Anatolien wiederzugewinnen.

Ende 1094 empfing Alexios eine Gesandtschaft von Papst Urban II., der die Beziehungen zwischen den beiden Kirchen verbessern wollte. Alexios hatte kürzlich die lateinischen Kirchen in Konstantinopel als versöhnliche Geste wieder geöffnet und nach Jahren der Feindseligkeit war man willens, miteinander zu reden. Der päpstliche Legat lud Alexios ein, im nächsten März Vertreter auf das Konzil von Piacenza zu entsenden. Alexios akzeptierte und sah darin eine Gelegenheit, um Hilfe gegen die moslemischen Türken zu ersuchen.

Im Winter 1094–1095 entwarf Alexios mit seinen Beratern und Klerikern das Hilfeersuchen. Es handelte von den leidenden Christen im Osten, der Bedrohung des Christentums und der Möglichkeit einer Rückeroberung. Er erwähnte auch eine mögliche Union der Kirchen. Nachdem sie das Gesuch in Piacenza gehört hatten, hatten Urban II. und seine Kardinäle viel darüber nachzudenken. Alexios war sich wohl kaum bewusst, dass er damit die Büchse der Pandora geöffnet hatte.

Gegenüber:
Byzantinischer Altar mit der Jungfrau und dem Kind zwischen zwei Heiligen. Trotz der Differenzen zwischen den beiden Ästen der christlichen Kirche konnte der Kaiser den Papst um Hilfe bitten und sich auf die Gemeinsamkeiten berufen.

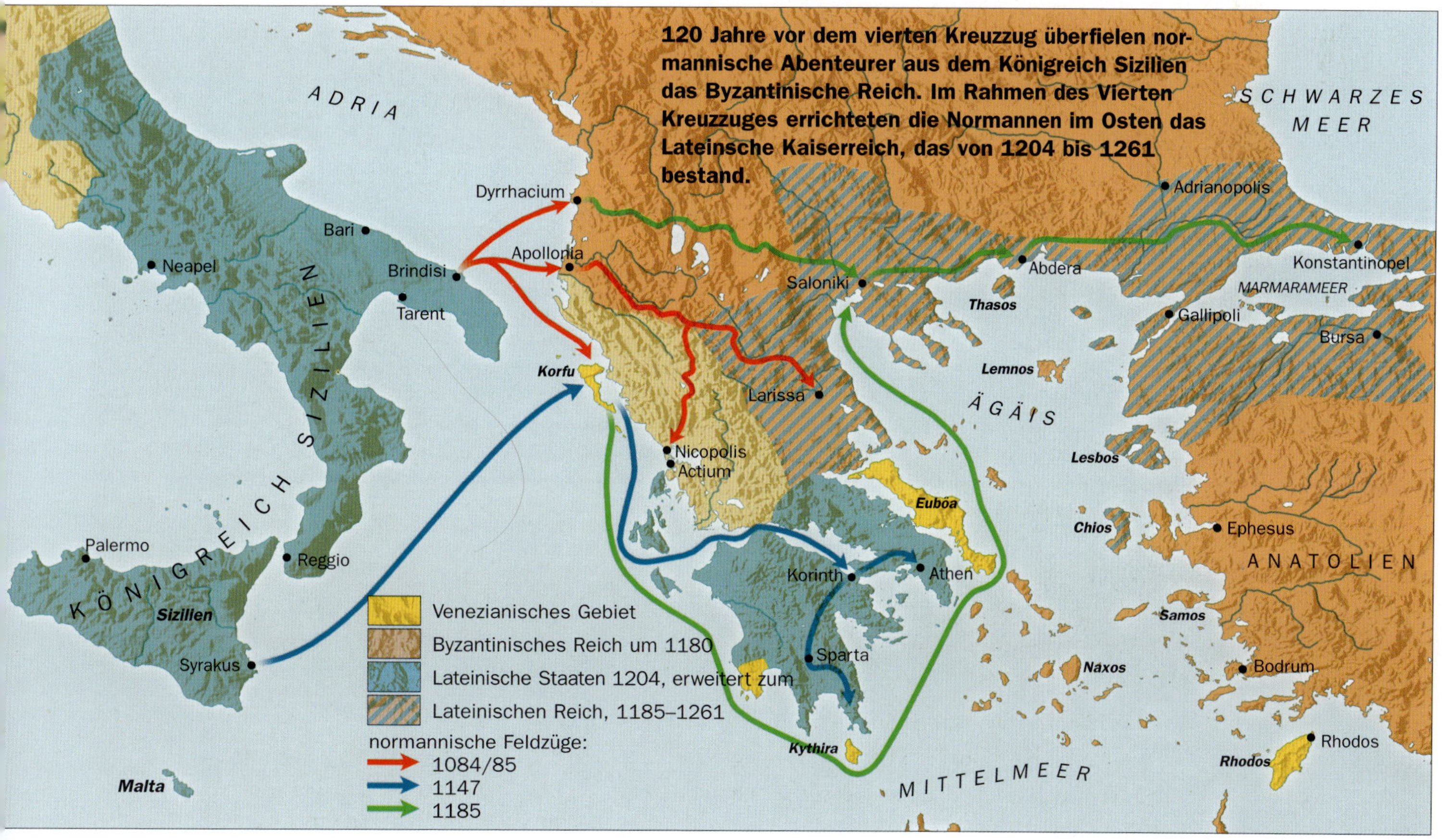

120 Jahre vor dem vierten Kreuzzug überfielen normannische Abenteurer aus dem Königreich Sizilien das Byzantinische Reich. Im Rahmen des Vierten Kreuzzuges errichteten die Normannen im Osten das Lateinsche Kaiserreich, das von 1204 bis 1261 bestand.

Das Dilemma des Papstes

Das byzantinische Hilfeersuchen kam für das Papsttum, das verzweifelt nach einem Weg suchte, Roms Einfluss über die Christenheit und die widerborstigen Könige Europas zu stärken, in einem günstigen Moment. Urban II. musste über seine Antwort entscheiden.

Unten: Dieses Bild aus dem 11. Jahrhundert zeigt verschiedene Landarbeiten (aus dem Manuskript *Cynegetica*). Die Bauern hatten am meisten unter den jahrzehntelangen Kriegen zwischen den zahlreichen Baronen und Fürsten in Europa zu leiden. Der Aufruf des Papstes zum Heiligen Krieg entlastete die Leibeigenen, da sich die Aufmerksamkeit ihrer Herren ernsthafteren Dingen im Ausland zuwandte.

Bevor er auf den Thron Petri gelangte, war Urban als Odo von Langery zum Prior der Abtei von Cluny aufgestiegen. Dieses 910 gegründete Kloster war der Mittelpunkt der monastischen Bewegung. Die Kluniazenser gründeten Zweigklöster in Frankreich, England und Deutschland, aber Cluny blieb das Zentrum der Kloster- und Kirchenreform. In der Mitte des elften Jahrhunderts vereinigte die Bewegung ihre Kräfte mit denen des Papstes, um eine Reihe von Reformen voranzubringen, die die Kontrolle der Kirche wiederherstellten, aber auch direkt zum Investiturstreit des späten elften Jahrhunderts zwischen Kaiser und Papst führten. Odo galt als ehrlich und nach seiner Wahl 1088 unterzog er seine eigene Position und die der Kirche einer kritischen Prüfung.

Die Kleriker seiner Zeit beschreiben Urban II. als „bewundernswert in seiner Lebensführung und seiner Haltung, stets bemüht, die Ehren der Kirche zu mehren“. Er war sich der Folgen des Investiturstreits für die päpstliche Autorität sehr wohl bewusst. 1088 gab es zwei Gegenpäpste, von denen der zweite eine Marionette des deutschen Kaisers Heinrich IV. (r. 1056–1106) war. Heinrich lag noch immer im Streit mit Rom um die Investitur der deutschen Bischöfe. Er beanspruchte das Recht dazu im Austausch gegen einen Teil der Einnahmen der Bischöfe. Für Urban war er nur ein Teil seiner Sorgen.

Ein verwüstetes Europa

König Philipp I. von Frankreich (r. 1060–1108) war kurz zuvor wegen Bigamie exkommuniziert worden und es bestand die Möglichkeit, dass er als Reaktion darauf in seinem Herrschaftsbereich gegen die kirchliche Ordnung aufbegehrte. Westeuropa war durch den jahrzehntelangen Krieg verwüstet. 1066 hatte Herzog

Links: Die guten Beziehungen Philipps I. zur Kirche schützten den französischen König nicht vor der Exkommunikation wegen Bigamie. Auf diesem Bild aus einer Handschrift aus dem 15. Jahrhundert spricht der Papst im Konzil zu Clermont Recht über Philipp I. von Frankreich und Bertrand de Montfort.

Wilhelm von der Normandie England erobert. Andere normannische Abenteurer sicherten sich ihre Territorien in Süditalien, Sizilien und Griechenland und spanische und fränkische Ritter beteiligten sich an dem erbitterten Religionskrieg um Spanien. In ganz Europa fochten Feudalherren und Söldner um die Macht. In allen Fällen waren die auf ihr Land angewiesenen Bauern die wahren Opfer. Ihre Produkte wurden von Kirche und Staat aufgebraucht, die ihnen selbst kaum etwas zum Überleben ließen.

Jahrelang hatte Urban II. nach einem Weg gesucht, die kriegerische Energie des Feudaladels zu Gunsten der Kirche einzuspannen. Alexios' Gesuch bot ihm dazu eine Möglichkeit. Zugleich sah er darin eine Chance, die geistliche Autorität des Papsttums über die Christenheit durch die Vereinigung des weltlichen Adels unter dem Banner der gemeinsamen Sache zu stärken.

Seit Jahren hatte Urban aber auch gepredigt, dass Gewalt unchristlich sei. Töten war eine schwere Sünde, auch wenn es im Kriege stattfand. Der Mörder riskierte sein Seelenheil, es sei denn, er bekundete vor Christus seine Reue. Durch die Einführung des „gerechten Krieges“ machte Urban nun die Tötung der „Feinde Christi“ zu einer Bußübung, einem Akt der Frömmigkeit. Diese theologische Verdrehung entsprach den Interessen vieler Ritter und Kriegsherren. Der Aufruf zum Kreuzzug musste an den Hunger nach Land und Macht appellieren, um attraktiv zu sein, doch die Kirche wollte andererseits jede Unternehmung des Kreuzzugs selbst steuern.

Urban beschloss, die Gelegenheit beim Schopf zu ergreifen. Mit dem Aufruf zum Feldzug gegen die heidnischen Moslems glaubte er gleichzeitig Europa und der Kirche zu dienen. Ebenso glaubte er in seiner Naivität, er könne die Kreuzritter fern von Europa kontrollieren.

Die Rede des Papstes in Clermont

Am 27. November 1095 bestellte Urban II. ein Konzil von Bischöfen und hohen Klerikern nach Clermont in Mittelfrankreich. Da eine größere Rede erwartet wurde, strömten Tausende von Laien und Priestern herbei und die Empore musste auf eine nahe liegende Wiese verlegt werden, damit alle Urbans Worten lauschen konnten. Diese Rede sollte den Lauf der Geschichte ändern.

Mit seinen 53 Jahren war Urban von robuster Statur und sprach mit der Leidenschaft eines sehr viel jüngeren Mannes. Seine Rede war gut vorbereitet und zuvor waren sogar Abschriften an die geistlichen und weltlichen Führer verteilt worden. Urban machte sogar eine Reise durch Frankreich, um die Rede zu wiederholen und einen anhaltenden Einfluss auf den Adel auszuüben.

Er begann: „Geliebte Brüder! Ich, Urban, der ich durch die Gnade Gottes als geistlicher Führer der Welt die päpstliche Tiara trage, komme in dieser schweren Krise zu Euch als ein Bote göttlicher Ermahnung." Seine Worte waren direkt an die Könige und Adligen gerichtet, auch an den deutschen Kaiser. Er fuhr fort: „Vor allem haltet die Kirche in allen Rängen frei von der weltlichen Macht der Fürsten."

Er unterstrich die Sünden derer, die „Mönche, Priester, Nonnen, Pilger oder Händler ergreifen, um sie zu berauben." Die meisten Adligen, die diese Rede hörten oder lasen, hatten sich in irgendeinem Grade dessen schuldig gemacht, aber seine Worte hatten ein anders Ziel. Er erinnerte seine vornehmen Hörer daran, dass sie versprochen hatten, „die Rechte der heiligen Kirche hochzuhalten" und dass „für Euch immer noch ein sehr wichtiges Werk zu tun bleibt: Denn Ihr müsst Euren Brüdern im Osten zu Hilfe eilen." Er führte die Angriffe der Moslems gegen die Christen an und sagte zum byzantinischen Verlust Anatoliens, dass die

Rechts: Auf dieser Miniatur aus dem 14. Jahrhundert ruft Papst Urban II. in Clermont vor dem versammelten Klerus und den Fürsten Europas zum Ersten Kreuzzug auf.

Gegenüber: Das Wort des Papstes war für die Ohren der Reichen und Mächtigen bestimmt, aber binnen weniger Wochen wurde die Botschaft von Peter dem Eremiten an die Massen verkündet. (*siehe Seite 54–55*)

Seldschuken „das Reich Gottes verwüstet“ hatten. Dann erfolgte der Fanfarenstoß.

„So fordere ich Euch mit ernstem Gebet auf, nicht ich, sondern Gott, dass Ihr als Herolde Gottes aufbrecht, Männer aller Ränge, reich wie arm, Ritter wie Fußknechte, und hinzueilt, um dieses nichtswürdige Geschlecht von dem Land Eurer Brüder im Osten zu vertilgen. Ich rufe die hier Anwesenden auf und sage es auch den Abwesenden. Christus wird Euch führen.“

Soldaten Christi

Er führte die Sünden der Türken im Detail auf: Folter, Entweihung, Menschenopfer, Raub und andere Gräuel. Sein Ziel war es, das Publikum anzustacheln, und dies gelang ihm prächtig. Die Heiden waren das Feindbild, Krieg gegen sie war nach Urban gerecht und wer einen Moslem tötete, war nicht nur schuldlos, sondern gesegnet! Zu kämpfen war ein Akt der Frömmigkeit.

Er forderte seine Hörer auf: „Begebt Euch auf den Weg zum Heiligen Grab, entreißt das Land diesem elenden Geschlecht und macht es Euch untertan. Jerusalem ist der Nabel der Welt.“ Er appellierte an die machthungrigen Adligen und ermutigte sie, sich neue Herrschaftsgebiete jenseits der Länder ihrer christlichen Glaubensbrüder zu erschließen. Er forderte die Ritter auf, ihre Sünden zu bekennen und ein „Soldat Christi“ zu werden. Der Tod in der Schlacht würde durch das Seelenheil vergolten und bei Erfolg „wird der Besitz des Feindes der Eure sein“. Er wusste genau, wie er sein Publikum anzureden hatte, das er mit einer überlegten Mischung aus Schätzen, Land, Kriegsruhm und unsterblichem Segen gewinnen musste.

Der Sieg war sicher, denn „Christus wird Euer untrennbarer Bannerträger sein“. Er erteilte allen die Absolution, die auf diese Weise ihre Sünden abbüßen würden. Er endete: „Alle an diesem Unternehmen Beteiligten sollen das Zeichen des Kreuzes auf ihrem Körper tragen, das sie als ‚Soldaten Christi‘ ausweise.“ Damit wurden sie zu Kreuzrittern.

Innerhalb einer Stunde hatte Urban sein Ziel erreicht. Die Christenheit war geeint; jede Gegnerschaft durch weltliche Mächte war undenkbar. Die gewalttätigen Adligen und ihre Gefolgsleute, die den Frieden in Europa bedrohten, wurden zu Soldaten Christi. Papst Urban II. hatte die Kreuzzüge ins Leben gerufen.

KAPITEL 3

Der Wille Gottes:

Der Erste Kreuzzug

Papst Urbans Appell, Jerusalem wiederzuerobern, brachte eine Bewegung hervor, die alle seine Erwartungen überstieg. Er versprach, dass der Dienst in der Heiligen Armee, „um die Kirche Gottes zu befreien, alle Bußübungen ersetzen kann". Die Anführer des Ersten Kreuzzugs waren der Adel Europas und seine Gefolgsleute. Die Türken sollten von den westeuropäisch-fränkischen schwer bewaffneten Rittern vertrieben werden.

Noch bevor sich die Hauptstreitmacht in Konstantinopel sammelte, brachte der Eifer des Papstes eine Welle inoffizieller Kreuzfahrer in Bewegung. Auf ihrem Marsch nach Osten hinterließen sie eine Spur der Verwüstung. Dieser „Bauernkreuzzug" endete in einer Katastrophe, spiegelte aber das ungeheure Echo wider, den der Appell des Papstes beim Volk hervorgerufen hatte.

Für Alexios I. schuf das nachfolgende Chaos ein Klima, in dem er Urbans II. Bestreben, die griechische an die römische Kirche zu binden, abwehren konnte. Stattdessen ließ er die Kreuzfahrer auf die Türken los, die sein Heer geschlagen hatten. Als sie durch Kleinasien gegen das Heilige Land marschierten, folgten ihnen die Byzantiner auf dem Fuß und nahmen ihr Reich wieder in Besitz. Jeder konnte von der Kreuzfahrerbewegung seinen Nutzen ziehen, außer diejenigen, die ihr im Wege standen oder anderen Glaubens waren. Als Instrument des Willens Gottes sollte sie den Lauf der Geschichte ändern.

Beduinenfrauen hüten auf dieser arabischen Buchillustration von al-Wasiti aus dem Jahr 1237 Kamele. Der Alltag vieler Moslems sollte bald durch die Ankunft fränkischer Ritter ins Chaos gestürzt werden. Doch die europäischen Invasoren benötigten gerade das einfache Volk, um auch im Heiligen Land ihr Feudalsystem aufrechterhalten zu können. Die anfängliche Spaltung der moslemischen Bauern durch den Ersten Kreuzzug machte dies zu einer schwierigen Aufgabe.

Der Bauernkreuzzug wurde am 1. Oktober 1096 bei Nikäa ausgelöscht

Ein Heer des Fatimidenkalifats marschierte nordwärts, um der Bedrohung durch die Kreuzritter zu begegnen. Die Truppen trafen am 12. August 1099 bei Askalon aufeinander, die Kreuzritter waren siegreich. Die Fatimiden überließen das Feld der Christenheit, aber nur für kurze Zeit.

Der Eifer der Kreuzfahrer

Nach seiner Rede in Clermont unternahm Urban II. eine Rundreise durch Frankreich. Auch andere Kleriker verbreiteten seine Botschaft in ganz Europa. Im ersten Halbjahr 1096 antworteten zahlreiche Fürsten, Ritter und deren Gefolgsleute auf seinen Ruf, ebenso Tausende einfacher Menschen, die Gott dienen und ihre Rolle in der kommenden Massenbewegung spielen wollten.

Gegenüber: Die Idee des Kreuzzuges rief im einfachen Volk eine Begeisterung hervor, die sich oft in zerstörerischer Weise ausdrückte. Die ersten Opfer waren nicht moslemische Feinde, sondern Juden und andere Christen. Diese mittelalterliche Darstellung zeigt die Ereignisse rund um Peter den Einsiedler und seinen Bauernkreuzzug, dessen Teilnehmer zum Beispiel Häuser in der Nähe der bulgarischen Stadt Nisch anzündeten. Als die Kreuzzügler am Flussufer entlangmarschierten, befahl der Kommandant von Nisch seiner Armee, die Nachhut anzugreifen und Geiseln zu nehmen. Diese wurden getötet, was den Zorn der anderen entflammte. Im folgenden Kampf wurden zehntausend von Peters Männern niedergemetzelt, bevor der byzantinische Kaiser die Situation durch seinen Kommandanten entspannen konnte.

Urbans Absicht war es, den europäischen Adel zu einer Bewegung unter der Autorität der Kirche zusammenzuschließen. Er ernannte den Bischof von Le Puy, Adhemar von Monteuil, zur religiösen Galionsfigur der Bewegung. Als sein persönlicher Vertreter sollte er die päpstliche Kontrolle über die Expedition sichern. Solange er lebte, hielt er unter den Kreuzfahrern einen vernünftigen Konsens aufrecht. Sein Hauptproblem war, dass die Motive der führenden Adligen nicht immer ausschließlich geistlicher Natur waren.

Zweifellos spielten Frömmigkeit und das Versprechen des Papstes auf Vergebung aller Sünden und einen sicheren Platz im Himmel eine große Rolle, aber die irdische Aussicht auf Abenteuer und auf neue Ländereien war eine weit einsichtigere Motivation. Zu einer Zeit, als Hunderte kleiner Adliger in der Heimat in einem permanenten Kampf um ihr Land standen, war ein weiterer Gesichtspunkt das päpstliche Versprechen, dass die heimatlichen Besitztümer der Teilnehmer am Kreuzzug unter Schutz ständen. Diese Zusagen von Heil und Schutz waren willkommen. Für viele war der Glaubenseifer mit dem Wunsch kombiniert, ihr Land nicht nur zu behalten, sondern mehr Land zu finden. In dieser Zeit tiefer Gläubigkeit war die Aussicht, neue Ländereien zu gewinnen und gleichzeitig der gerechten Sache zu dienen, eine vom Himmel gesandte Chance.

Päpstliche Boten verbreiteten Urbans Botschaft in ganz Europa, wo Priester und Bischöfe ihre lokalen Adligen zur Teilnahme drängten. In Süditalien hatten normannische Abenteurer erst kürzlich dem Byzantinischen Reich ihren Besitz entrissen. Obwohl die Kirche die Eroberung von Land von christlichen Glaubensbrüdern missbilligte, galt dieselbe Tat gegenüber Ungläubigen als ein Akt frommer Buße. Das heilige Gemetzel versprach also spirituellen wie territorialen Gewinn.

Die adligen Anführer des Ersten Kreuzzugs kamen aus vier Gegenden: Italien, der Normandie, Flandern und Südfrankreich. Diese hatte Urban auch bei seiner Rede in Clermont genau im Blick gehabt. Kampferprobte Haudegen wie Bohemond von Tarent und sein Neffe Tankred oder Herzog Robert von der Normandie sollten für ein professionelles militärisches Niveau der Unternehmung sorgen und sich angesichts der Türken, die die geschwächten Byzantiner besiegt hatten, als mehr als gewachsen erweisen. Es waren dieselben Normannen, die das angelsächsische England erobert hatten, oder dieselben französischen Adligen, die in Spanien die Mauren in Schach hielten. Jetzt würden sie nach päpstlicher Anweisung in einem Heer kämpfen, das von Gott beschützt war, und sie würden töten als Glaubensbekenntnis.

Außer Kontrolle

Es war nie Urbans Absicht, mit seinem Aufruf zum Kreuzzug auch Bauern, Frauen und sogar Kinder an diesem großen Unternehmen zu beteiligen. Die Wirtschaft des feudalen Europa beruhte auf einem System der Landwirtschaft, in dem hörige und freie Bauern das Mehrprodukt für Ritter und Adlige auf den oberen Sprossen der sozialen Leiter erarbeiteten. Als Zehntausende von Bauern plötzlich für die Kreuzzüge schwärmten, geriet die europäische Ökonomie zeitweise durcheinander, besonders in Deutschland und Nordostfrankreich.

Diese einfachen Leute wollten von denselben Versprechen ewigen Heils profitieren wie die höher Stehenden. Sie wurden von der Welle allgemeiner Begeisterung ergriffen, die Urbans Aufruf zu einer Massenbewegung machte. Die gesamte Christenheit war nun vereint in dem Geist der Kreuzfahrer, um das heilige Land oder „Outremer“ (Übersee) zu erwerben. Diese Reaktion überstieg Urbans kühnste Erwartungen.

Und diese Bewegung, die auf die Türken losgelassen wurde, konnte weder der Papst noch sonst jemand kontrollieren.

preschier des le mois de Novembre
mil. iiiixx. et xv. Toutesfois pour
les gens appareilz que pour par
fournir tant dangereuse et grant
besongne convenoit le general par
tement retarder grant temps et
aussi pour la predication dicelle.
Mais cestui Gaultier sans sca
voir et ses gens qui furent les
premiers Comme jay dit. se dep
tirent du lieu ou ilz avoient en
trepris eulx assembler le .viii.
jour du mois de mars avant
pasques. Lan mil iiiixx. xvi.
A commencer lan apres la bene
diction du Saint Cierge benist
ainsi quil se fait ou presement
de paris. Lesquelz passerent

Pogrom und Massaker

Die ersten Opfer des Eifers der Kreuzfahrer waren nicht die Türken im Heiligen Land, sondern die jüdischen Gemeinden in Deutschland. Judenverfolgungen waren nicht neu, aber die weit reichenden Massaker am Anfang des Ersten Kreuzzugs wuchsen sich zu Europas erstem Völkermord aus.

Unten: Im mittelalterlichen Europa war die Beziehung zu Juden unstabil. Die Toleranz wechselte von Land zu Land und von Zeit zu Zeit. Es war für die zum Großteil ungebildete Bevölkerung leicht zu vergessen, dass Jesus ein Jude gewesen war. Viele Male wurde das Bauernvolk durch den Hinweis darauf, dass es Juden gewesen waren, die Jesus ans Kreuz geschlagen hatten, zu antisemitischer Raserei getrieben. Das Bild *De Universo* vergleicht Juden mit Ketzern, die das Wort Gottes nicht hören können (1023).

Die jüdischen Gemeinden Deutschlands waren von der feudalen Welt getrennt und abhängig von dem Schutz, den ein feudaler oder meist kirchlicher Landbesitzer gegen Steuern gewährte. Die meisten lebten in den Städten am Rhein und an der Donau, wo ihr Anteil am örtlichen Handel das Einkommen der Bürger mehrte. Der Tausch von Schutz gegen Handel nützte beiden Teilen, bis Urban II. die religiösen Ressentiments aufgestachelt hatte.

1096 wurden die jüdischen Gemeinden entlang des Rheins niedergemetzelt, oft mit der Zustimmung ihrer Schutzherrn. Mainz, Speyer, Worms, Trier, Xanten, Metz und Köln verwandelten sich in Schlachthäuser, wie auch Dutzende kleinerer Gemeinden. Einige Kirchenmänner versuchten die Juden zu schützen, doch mit geringem Erfolg. Der Bischof von Speyer rettete Hunderte von Juden und versteckte sie in seiner Kirche, aber in Worms stürmten die Kreuzfahrer die Residenz des Bischofs und massakrierten die hier verborgenen Juden.

Diese Kreuzfahrer waren nicht die höfischen Anführer des Ersten Kreuzzugs. Viele waren Bauern, kleine Ritter oder Banditen, denen der Kreuzzug eine Aussicht auf Profit bot. Graf Emicho von Leiningen war bei weitem der übelste. Er ermutigte seine Gefolgsleute, Worms zu plündern und dann den Rhein hinaufzuziehen. Ein Chronist bemerkte: „Gerade jetzt erschien ein gewisser Soldat, Emicho, ein Graf von Ländern am Rhein, ein Mann von sehr üblem Ruf wegen seiner herrischen Art. Er riss den Befehl über 12.000 Kreuzträger an sich. Als er sie an den Städten am Rhein entlang führte, rotteten sie das verhasste Geschlecht der Juden aus, wo immer sie es fanden."

Alter Hass

Der Grund für dieses Blutbad wurde von einem jüdischen Autor vermutet, der den Kreuzfahrern folgende Worte in den Mund legte: „Seht, wir gehen in ein fernes Land, um gegen mächtige Könige Krieg zu führen. Unser Leben wird in Gefahr sein, wenn wir diese Länder erobern, die nicht an den Gekreuzigten glauben, aber in Wirklichkeit waren es doch die Juden, die ihn ermordeten und kreuzigten." Um die anderen auf dem Weg anzustacheln, schwor ein Mann namens Dithmar oder Volkmar, dass er „sein Königreich nicht verlassen würde, bis der letzte

Jude getötet sei.“ Er gilt als der Anstifter des Massakers von Prag.

Auch wenn einige Gemeinden es schafften, den Angreifern zu entgehen oder ein Schutzgeld zahlten, um in Ruhe gelassen zu werden, heizten Rädelsführer wie Graf Emicho die Gewalt an. Auch wenn Schutzgelder gezahlt wurden, ging das Pogrom weiter. In Bayern tötete der Kreuzzugführer Gottschalk die Juden in Regensburg. Nach einem Sommer der Gewalt verließen Emicho und seine Bande von „Kreuzfahrern“ Deutschland und erreichten Ungarn, wo die lokalen Oberherren ihnen weniger geneigt waren.

Nach Volkmars Massaker in Prag zerstreute die Armee des Königs von Ungarn Emichos Bande, die Gruppe Gottschalks wurde gefangen genommen und bis auf den letzten Mann hingerichtet. Die überlebenden Gruppen gingen in der Bewegung des „Bauernkreuzzugs“ auf. Der religiöse Fanatismus dieser Unterschichtkreuzfahrer war den charismatischen oder „Wiedergeburt“-Bewegungen der heutigen Zeit sehr viel ähnlicher als der damaligen religiösen Überzeugung. Ihr Fanatismus wurde nur von ihrer Ignoranz und ihrer blinden Bigotterie übertroffen, die sie zum Völkermord trieb.

Diese umherstreifenden Banden lieferten vor allem in Deutschland Munition für die Kritiker der Kreuzzugidee. Aber der religiöse Eifer übertönte ihre Argumente und die Kirche fuhr fort, Urbans Botschaft zu predigen. Trotz des hohen Blutzolls ging der Kreuzzug weiter.

Oben: Kreuzfahrer plündern ein jüdisches Getto: Illustration von Gustave Doré aus dem 19. Jahrhundert. Das Wort Getto kommt vom venezianischen *ghetto* und bedeutet Metallguss. Juden waren ursprünglich in der Republik Venedig willkommen gewesen, mussten aber in einer eigenen Gemeinschaft leben. Die ersten Juden wurden in einer stillgelegten Gießerei auf einer Insel angesiedelt – sie lebten im *ghetto*.

Der Bauernkreuzzug

Von den inoffiziellen Kreuzzügen, die ins Heilige Land aufbrachen, war der Peters des Eremiten der bedeutendste. Der kleine exzentrische Mönch verwandelte Urbans Appell in eine Massenbewegung. Seine Sympathisanten aus dem einfachen Volk folgten ihm durch ganz Europa und nahmen Härten auf sich, die nur die Allergläubigsten nicht abgeschreckt hätten.

Oben: Pflügende Bauern; aus der Handschrift *De Rerum Naturis* (1028).

Unten: Eine ähnliche Darstellung des Pflügens aus der *Cynegetica*.

Peter der Eremit oder „Cucu Pierre“ (Kapuzenpeter) war ein Pilger, dessen charismatische Persönlichkeit Tausende mit religiösem Fanatismus erfüllte. Sein Zeitgenosse Guibert von Nogent sagte von ihm: „Was immer er tat oder sagte, galt als irgendwie göttlich, dass ging so weit, dass seinem Esel Haare als Reliquien ausgerissen wurden.“ März 1096 brach er in Amiens in Nordfrankreich über Köln in Richtung Jerusalem auf.

Peter wurde von einer wachsenden Masse von Gläubigen aller Altersstufen und Herkunft und von beiderlei Geschlecht begleitet. Die Mehrzahl waren Franzosen, aber er zog Anhänger aus ganz Europa an. Die meisten waren Bauern, aber einige waren auch Ritter und einer von ihnen, Walter Sans-Avoir (Habenichts) wurde ihr militärischer Führer.

Der Bauernkreuzzug bestand aus mehreren Marschsäulen. Walter Sans-Avoir führt in der

ersten mit etwa 10.000 Mann, Peter folgte mit einem größeren Verbund nach mehreren Wochen. Sie zogen von Köln den Rhein und die Donau entlang nach Ungarn. Walter überzeugte König Koloman, dass von ihnen keine Bedrohung ausging und beiden Gruppen wurde erlaubt, das Königreich zu durchqueren. Walters Gruppe tat dies ohne weitere Zwischenfälle.

Peters Gruppe war weniger glücklich. Ihr Mangel an Disziplin führte zu einer Schlacht einer seiner Kolonnen mit ungarischen Truppen. Die Bauern gewannen und man ließ sie ziehen, doch nachkommende Bauern wurden von den Ungarn als Bedrohung betrachtet und getötet.

Christen gegen Christen

Walter überquerte die Grenze der byzantinischen Provinz Bulgarien im Frühsommer 1096, Peters Gruppe war ein paar Wochen im Rückstand. Als der Statthalter von Belgrad ihnen die Verpflegung verweigerte, lief die Lumpenarmee Amok. Der Statthalter schloss eine Gruppe von Plünderern in einer Kirche ein und verbrannte sie, bevor er die Kreuzfahrer weiterschickte. Als Peters Gruppe Belgrad erreichte, legte sie Brände und richtete erheblichen Schaden an, bevor die Ordnung wiederhergestellt werden konnte. Eine Horde von Nachzüglern aus Deutschland zündete bei Nisch Häuser an und wurde von der Garnison angegriffen. Fast 10.000 Kreuzfahrer wurden in einem dreitägigen Gemetzel getötet oder gefangen genommen, bevor Peter mit Hilfe des Kaisers die Situation beruhigen konnte. Alexios vergab den „Pilgern" ihre Ausschreitungen und eskortierte sie nach Konstantinopel. Die verschiedenen Gruppen trafen im August zusammen und wurden über den Bosporus nach Kleinasien übergesetzt, bevor sie weiteren Ärger machen konnten.

Etwa 30.000 Männer, Frauen und Kinder standen nun auf dem asiatischen Festland. Peter riet, auf die Hauptarmee der Kreuzfahrer zu warten. Man folgte ihm nicht. Seine Kreuzfahrer teilten sich in zwei Gruppen, eine französische und die andere bestehend aus Deutschen und Italienern unter einem gewissen Rainald als Anführer. Beide Gruppen marschierten auf die türkische Stadt Nikäa zu und plünderten und töteten alles, was auf dem Wege lag. Die türkische Garnison unter Sultan Kilidsch Arslan rieb die fränkische Kolonne auf.

Die Deutschen umgingen die Stadt und besetzten eine Festung namens Xerigordon, wo das türkische Heer sie einholte. Die Festung fiel Ende September und alle, die nicht zum Islam übertreten wollten, wurden getötet. Die Überlebenden formierten sich neu bei Civetot im byzantinischen Kleinasien und nahmen unter Gottfried Burel die Offensive wieder auf. Zwei Stunden später gerieten die Franken in einen Hinterhalt und wurden abgeschlachtet. Einige Frauen und Kinder behielt man als Sklaven, fast alle übrigen Kreuzfahrer wurden getötet. Nur eine Hand voll entrann der Katastrophe, darunter Peter der Eremit, der während des Massakers in Konstantinopel war.

Der Bauernkreuzzug endete in einer Katastrophe. Nur wenige Tage später erreichte ein professionelles Heer Konstantinopel. In diesen Kreuzfahrern fanden die Türken weitaus zähere Gegner.

Unten: Peter der Eremit führt den Ersten Kreuzzug an: Handschrift aus dem 14. Jahrhundert. Der Mann, der vielleicht ein Mönch war, war ein ungeeigneter Anführer, aber er wirkte inspirierend und wurde schon zu Lebzeiten eine Legende. Nach der Niederlage von 1096 führte Peter ein Bauernheer bis nach Jerusalem und war einer der Ersten, die die Heilige Stadt betraten.

Ein bunter Haufen von Fürsten

Papst Urban II. hatte keinen Befehlshaber ausgesucht und sich stattdessen darauf verlassen, dass die teilnehmenden Adligen für die gemeinsame Sache zusammenarbeiten würden. Aber keiner war gewillt, sich fremder Führung zu unterwerfen. Dieser Mangel sollte tief greifende Folgen für die Kreuzritter und die politische Entwicklung der eroberten Gebiete haben.

Der Bischof von Le Puy und Vertreter des Papstes, Adhemar von Monteuil, war mit der geistlichen Führung der Kreuzfahrer betraut. Als Mitglied des Adels erwies er sich als begabter militärischer Befehlshaber und fähiger Politiker und Diplomat. Er übte einen bemerkenswerten Einfluss auf die weltlichen Anführer aus und bis zu seinem Tod in Antiochia gelang es ihm, ihren allzu ausufernden politischen Ehrgeiz zu zügeln. Er hatte es immerhin mit den dickköpfigsten und temperamentvollsten jungen Fürsten Europas zu tun.

Robert, der älteste Sohn von Wilhelm dem Eroberer und Herzog der Normandie, war eng verbunden mit seinem Vetter Robert II. dem Grafen von Flandern und seinem Schwager Stephan von Blois. Robert mit dem Spitznamen „Kurzhose“ war angenehm und gesellig, aber ihm fehlten die natürlichen Führungsqualitäten einiger anderer seiner Mitkreuzfahrer.

Eine andere Gruppe wurde von drei Brüdern angeführt: Gottfried von Bouillon, Herzog von Niederlothringen, Eustachius, Graf von Boulogne und Balduin von Boulogne. Gottfried, der sich als direkten Nachkommen Karls des Großen bezeichnete, war groß, gut aussehend und der Inbegriff mittelalterlichen Adels, aber sein jüngerer Bruder war der fähigere Heerführer.

Raymond IV., der Graf von Toulouse und St. Gilles, hatte beim Kampf gegen die Mauren in Spanien ein Auge verloren. Für ihn war der Kreuzzug also nur eine Fortsetzung seines Kampfes. Sein Besitztum in Südfrankreich war die reichste Provinz des Königreichs und infolgedessen kommandierte er das größte Aufgebot der Expedition. Er war 56 Jahre alt und wollte Gott einen letzten Dienst erweisen, bevor er starb. Er teilte von allen Kreuzfahrern am ehesten Urbans religiöse Ziele. Er hatte ähnliche diplomatische Fähigkeiten wie Bischof Adhemar, den er auf seiner Reise nach Konstantinopel begleitet hatte.

Von allen Kreuzfahrern entwickelte Raymond die engsten Beziehungen zu den Byzantinern und konnte infolgedessen auch auf ihre politische Unterstützung zählen. Kaiser Alexios betrachtete ihn als den intelligentesten aller Anführer des Ersten Kreuzzugs.

Rechts: Gottfried von Bouillon bricht zum Kreuzzug auf: Diese eigenwillige Version der Abreise des Fürsten in das Heilige Land erschien in der *Chronik des Reiches Jerusalem*, welche 1467 für Philipp den Guten von Burgund verfasst worden war.

Oben: Die Kreuzzugsarmee von Raymond von Toulouse durchquert auf ihrem Weg nach Konstantinopel die fantastische Landschaft des Balkan. Raymond verkörperte am besten die Ideale des Ersten Kreuzzuges und war einer der verantwortungsvollsten unter den Fürsten.

Grausam und pompös

Fürst Bohemond von Tarent war ein normannischer Abenteurer aus Süditalien, der sich dort aus den ehemals byzantinischen Gebieten ein Fürstentum unter den Nagel gerissen hatte. Er belagerte gerade Amalfi, als ihn der Ruf des Papstes erreichte, und von allen Kreuzfahrern hatte er am meisten den vom Papst garantierten Schutz seiner Besitzungen nötig. Sein Neffe Tankred, der einer der führenden Köpfe der Expedition werden sollte, begleitete ihn mit einem Gefolge armer und landhungriger normannischer Ritter aus Italien. Wie ihr Anführer standen diese Männer im Ruf von Skrupellosigkeit und Grausamkeit und sollten auf die arglosen Türken losgelassen werden.

Hugo, der Graf von Vermandois, war der jüngere Sohn von König Heinrich I. von Frankreich. Anna Komnena, die Tochter des byzantinischen Kaisers, hielt ihn für einen Angeber und berichtet, dass er sich ihrem Vater gegenüber als „König der Könige und der größte von diesen unter der Sonne“ bezeichnet hatte. Seine Ankunft am byzantinischen Hof hielt mit seinem Selbstbild nicht Schritt: Er hatte Schiffbruch an der Ostküste der Adria erlitten und war halb nackt und gerade noch lebendig an die byzantinische Küste gespült worden. Schlimmer noch: er hatte fast alle Gefolgsleute in dem Wrack verloren. Alexios' Abgesandte kleideten ihn neu ein und brachten ihn nach Konstantinopel. So erreichte er als der erste Fürst der Kreuzfahrer den byzantinischen Hof. Obwohl der Chronist Wilhelm von Tyrus ihn als „Hugo den Großen“ bezeichnete, waren die meisten Zeitgenossen derselben Ansicht wie Anna Komnena.

An den Ufern des Bosporus

Konstantinopel wurde schnell der Brennpunkt des Kreuzzugsunternehmens und die Aufgebote trafen im Sommer 1096 über die verschiedensten Routen ein. Allein dass sie Konstantinopel erreichten, war schon ein Wunder in einer Zeit, wo die meisten Menschen nicht über das nächste Dorf hinauskamen.

Gegenüber: Eine mittelalterliche Karte von Konstantinopel zeigt die Ansicht der Stadt vom Süden her (vom Marmarameer) und den Bosporus, der nach Norden in das Schwarze Meer fließt. Rechts von der Stadt am Goldenen Horn steht die mächtige Kirche der heiligen (Hagia) Sofia. Auf der anderen Seite des Goldenen Hornes liegt die Vorstadt Galata, die europäische und andere ausländische Handelsplätze beherbergt. Das Land rechts gehört zu Anatolien (Asia Minor). Als die Armeen der Kreuzfahrer am westlichen Ufer ankamen, wurden sie rasch mit Fähren von der europäischen zur asiatischen Seite des Bosporus gebracht, wo eine kleine Landzunge in byzantinischer Hand verblieben war.

Hugo von Vermandois, der als Erster eintraf, wurde mit Geschenken überschüttet ... und schaute näher hin. Er schwor einen Treueeid gegenüber Alexios und versprach, alle früheren byzantinischen Länder zurückzuerstatten, die er wiedergewann, und wartet dann auf die anderen Kreuzfahrer.

ImAugust 1096 führte Gottfried von Bouillon sein Gefolge durch Nordfrankreich und Deutschland auf der Spur des Bauernkreuzzugs. Er folgte dem „Weg Karls des Großen“, den der Kaiser angeblich bei seiner Pilgerfahrt genommen hatte. Karl der Große war nachweislich nie in Jerusalem gewesen, aber der Name blieb. Im Oktober erreichte Gottfried Ungarn und schickte Gesandte mit der Botschaft zu König Koloman, dass er keine feindlichen Absichten hegte. Mit einer Eskorte ungarischer Truppen passierte er das Land ohne Zwischenfälle, ein Beweis für die Disziplin, die er seinen Männern auferlegte. Beim Eintritt in das byzantinische Reich wurden sie von einer anderen Eskorte empfangen und kamen schließlich zwei Tage vor Weihnachten unter den Mauern Konstantinopels an. Hier warteten sie insgesamt vier Monate auf die anderen Kontingente. Anders als Hugo weigerte sich Gottfried, dem Kaiser Gefolgschaft zu schwören und Alexios schnitt ihnen die Lebensmittellieferungen ab. Als Antwort verwüsteten sie die Gegend, bis die Lieferungen wieder aufgenommen wurden. Im März 1097 stellte Alexios die Lieferungen erneut ein, um Gottfried zur Gefolgschaft zu zwingen. Diesmal griff Gottfried die Stadt an, aber sie erwies sich als härterer Brocken als das Hinterland. Der Angriff wurde abgeschlagen und Gottfried sah sich gezwungen, den Eid zu leisten, um seine Männer zu verpflegen.

Im April, drei Monate nach Gottfrieds Aufgebot, erschien Bohemond von Tarent, nachdem er die Adria überquert hatte und dann durch das byzantinische Griechenland marschiert war. Als ehemaliger Feind der Byzantiner war er mit ihrem Protokoll vertraut und leistete ohne Widerrede den Eid, den zu halten er jedoch nicht die Absicht hatte. Dadurch vermied der verschlagene Fürst jeden Ärger, der ihn daran hindern konnte, ein Stück vom Heiligen Land in die Hände zu bekommen, das der Kaiser nie zu Gesicht bekommen sollte.

Kein reiner Segen

Ein paar Tage später kam Raymond von Toulouse mit dem größten Aufgebot von allen. Seine Männer waren von Lyon in Gesellschaft des Bischofs Adhemar marschiert und erreichten Konstantinopel über Italien und Serbien. Angesichts zweier geschickter Diplomaten sah sich der Kaiser gezwungen, seine Eidnahmepolitik zu ändern. Eine modifizierte Formel wurde vereinbart, nach der Raimund sich nur verpflichtete, byzantinischen Besitz zu sichern und die verlorenen Provinzen zurückzuerstatten. Das Verhältnis von Raymond und Alexios gründete auf gegenseitigem Respekt und beide profitierten von der sich entwickelten Freundschaft.

Als Letzte trafen die Normannen unter Führung von Herzog Robert ein. Sie waren durch Italien gereist und dann Bohemond gefolgt. Robert hatte keine Bedenken, den vollen Eid zu schwören und zusammen mit Raymond wurden die Normannen über den Bosporus gesetzt.

Für Kaiser Alexios waren diese Kreuzfahrerheere kein reiner Segen. Einerseits waren sie Verbündete im Kampf gegen die Türken, andererseits eine latente Bedrohung für die Sicherheit des Reiches. Duch die Eide ihrer Anführer hoffte er, dass die Medizin nicht schlimmer als die Krankheit werden würde. Wenn solche Streitkräfte bei Konstantinopel lagerten, war für dauernde Unruhe gesorgt. Indem er sie auf die asiatische Seite verfrachtete, blieben die landhungrigen Abenteurer auf Distanz zu seiner reichen Metropole. Ende April 1097 sammelte sich das Kreuzfahrerheer bei Pelekanon und bereitete seinen Vorstoß nach Kleinasien vor. Die kommende Schlacht würde zwei völlig unterschiedliche militärische Taktiken auf die Probe stellen und ihre Wirksamkeit erweisen.

PERA
CONSTAN=
TINOPOLIS
Porta del meso
vlanga
Portus sed destructus
precepto teucrorum
Calchidona
Turquia

Nikäa und Dorylaion

Die Kreuzfahrer, die sich im Sommer 1097 am Rand von Kleinasien versammelten, waren eine vielsprachige Truppe und kamen aus nahezu allen europäischen Ländern. Unterschiedlich in Sprache, Hintergrund und Beweggründen waren sie nur einig in dem Bestreben, die Ungläubigen zu schlagen.

Für Sultan Kilidsch Arslan schienen die Kreuzfahrer keine größere Bedrohung als die abgerissenen Teilnehmer des Bauernkreuzzuges zu sein. Dieser böse Irrtum beruhte auf der Annahme, dass die „Ifrandsch" (Franken; das Wort sollte dann auf alle westlichen Fremden ausgedehnt werden) immer noch jene Primitiven wären, die seit einiger Zeit als isolierte Söldnerhaufen die Gegend unsicher machten. Der Irrtum wurde bald nur allzu deutlich. Die Anführer wählten die Provinzhauptstadt Nikäa an der Ostseite des Iznik-Sees etwa 80 km südöstlich des Lagers als Ziel.

Die christliche Armee rückte vor und belagerte die Stadt. Arslan war jedoch nicht in der Stadt und kehrte mit seinem Heer zurück, um die Belagerer zu schlagen. Er griff den von Raymond befehligten Teil des Belagerungsrings an, der den Angriff mit Leichtigkeit abschlug.

Unten und rechts: Die Entsatztruppen Sultan Arslans wurden vor Nikäa von den Kreuzfahrern besiegt. Die türkischen Gefangenen wurden geköpft. Diese zwei Abbildungen aus der Handschrift *Les Histoires d'Outremer* (13. Jahrhundert) zeigen die Kreuzfahrer, die mit den aufgespießten Köpfen nach Nikäa marschieren und sie dann mit Katapulten über die Stadtmauern zu den Verteidigern zu schleudern.

Das seldschukische Heer hatten keine Truppen, die es mit den schwer bewaffneten Rittern im Kampf Mann gegen Mann aufnehmen konnte.

Alexios unterstützte die Belagerung mit Booten, die über Land zum See transportiert wurden, sodass die Stadt vollständig angeschnitten war. Der Kaiser ließ außerdem zu Wasser eine Gesandtschaft in die Stadt schmuggeln und am 19. Juni, kurz bevor die Kreuzfahrer zum Sturm ansetzten, ergab sich Nikäa. Derart um die Plünderung der Stadt betrogen, gerieten die Kreuzfahrer außer sich, aber üppige Geschenke an die Anführer konnten eine Konfrontation gerade noch abwenden.

Unerwartete Verstärkung

Mit einer sicheren Basis in Nikäa setzten die Kreuzfahrer ihren Marsch nach Südosten fort und verfolgten Sultan Kilidsch Arslan in die Berge. Stephan von Blois erwartete, sie würden in fünf Wochen in Jerusalem sein; stattdessen dauerte es ein ganzes Jahr, bis sie das Heilige Land erreichten, und ein weiteres Jahr bis nach Jerusalem.

Dies lag nicht nur am Feind. Zwischen den Kreuzfahrern und ihrem Ziel lag eines der unwirtlichsten Gebiete des Nahen Ostens. Die Kreuzfahrer teilten ihre Kräfte in zwei Kolonnen, um den Vormarsch zu beschleunigen; die erste befehligte Bohemond von Tarent, die zweite Raymond von Toulouse. Vier Tage nachdem sie Nikäa verlassen hatten, fiel Arslans Heer bei Dorylaion über Bohemond her. Die Ritter hielten den Feind auf Distanz, die Verteidigung wurde organisiert und Bohemond schickte Boten nach der zweiten Kolonne.

Die Normannen ließen die Trosswagen zu einem Kreis zusammenfahren und verteidigten die behelfsmäßige Deckung gegen Schwärme berittener moslemischer Bogenschützen, die sie umkreisten. Die Kreuzfahrer hatten nichts, um zurückzuschießen, und mit der Zeit begannen sich ihre Reihen zu lichten.

Gerade als die Niederlage unvermeidlich erschien, traf Raymond mit frischen

Truppen ein. In der Annahme, dass sie dem gesamten Kreuzfahrerheer gegenüberstanden, gerieten die Türken in Verwirrung. Ermutigt durch die Verstärkung und die Verwirrung des Feindes griffen Bohemonds Ritter an und warfen die Türken zurück. Den Sieg sicherte Adhemar mit Raymonds Nachhut, die hinter den zurückflutenden Türken auftauchte. Der Preis des Sieges war hoch – fast 4000 getötete oder verwundete Kreuzfahrer. Die türkischen Verluste waren bedeutend höher.

Die Schlacht von Dorylaion brach die türkische Moral und die Kreuzfahrer stießen in Anatolien auf keinen ernsten Widerstand mehr. Die erste Schlacht zwischen Kreuzfahrern und Moslems zeigte deutlich die unterschiedlichen Taktiken. Während die Christen auf die Kraft des kavalleristischen Schockangriffs vertrauten, suchten ihre Gegner den direkten Zusammenstoß zu vermeiden und setzten auf ihre Pfeile. Wie beim Spiel von Stein, Papier, Schere hatte jede Methode ihre Vor- und Nachteile.

Oben: Nikäa (die heutige Stadt Iznik) war ein herausforderndes Ziel: umgeben von massiven Ringmauern, die byzantinische Architekten erbaut hatten, die dann den Schutz der türkischen Seldschuken erbaten. Glücklicherweise musste die belagernde christliche Armee die Festung nie stürmen. Heute führt eine schmale Straße durch die drei Tore.

Durch Kleinasien

Der schnellste Weg ins Heilige Land führte durch Anatolien. Dies bedeutete die Durchquerung einer unwirtlichen Wüstenei im Hochsommer und die Überquerung des Antitaurus-Gebirges bei nahendem Winter. Die Reise, für die man einen Monat veranschlagt hatte, wurde zu einer einjährigen Prüfung, die den Glaubenseifer der Kreuzfahrer an den Extremen der Natur maß.

Rechts: Die meisten Kreuzfahrer wählten den Landweg durch Europa nach Konstantinopel, aber es wurden auch Segelboote eingesetzt. Guynemer de Boulogne segelte um Spanien und durch das Mittelmeer, um sich der Armee in Antiochia anzuschließen. Sobald die syrischen Häfen in den Händen der Kreuzfahrer waren, nahm der Verkehr auf den Wasserstraßen zu und brachte Vorräte, militärische Güter und neue Rekruten in den Nahen Osten. Das Bild zeigt ein Schiff mit Rittern unter dem geistlichen Schutz eines Priesters am Ruder.

Ermutigt von ihrem Sieg bei Dorylaion begruben die Kreuzfahrer ihre Toten und setzten ihren Marsch durch die Hügel Phrygiens nach Ikonion (heute Konya) fort, dann nach Osten durch die Wüste nach Herakleia (Erekli). Der Kleriker Fulcher von Chartres erinnert an den Albtraum dieser Reise: „Wir litten extremen Durst, sodass viele Männer und Frauen unter Qualen starben. Es fehlte oft an Brot und anderer Nahrung, weil die Türken das Land ausgeplündert und verwüstet hatten."

Die Hochsommersonne brannte den Kreuzfahrern auf die Köpfe. Die trockenen Wüsten Zentralanatoliens müssen ihnen endlos erschienen sein. An das mildere Klima West- und Südeuropas gewöhnt, gelangten die Kreuzfahrer an die Grenzen ihrer Ausdauer in einem Wettstreit zwischen physischer Qual und Glaubensmut.

Die Hitze nahm im August noch zu. Ein anderer Kleriker, Albert von Aix, erzählt, wie die Frauen am Straßenrand gebaren, um ihre dehydrierten Kinder dann zurückzulassen und wie Hunderte einfach umfielen vor Durst und Erschöpfung. Wenn die Kolonne einen Fluss erreichte, tranken viele zu viel Wasser und starben an den Folgen.

Nach einem Monat solcher Qualen war das Antitaurus-Gebirge erreicht. Der direkte Weg ins Heilige Land lag hinter einer Kette von Bergpässen, der Kilikischen Pforte, aber wachsender türkischer Widerstand zwang die Anführer, die Route zu ändern. Es schien zu gefährlich, sich den Weg durch die Pässe gegen einen zahlenmäßig überlegenen Feind freizukämpfen. Stattdessen zog das Heer nach Norden gegen Armenien, nominell eine christliche Provinz.

Zwietracht

Man wollte einen Weg durch die Berge in befreundetes Gebiet finden und dann von Osten nach Syrien und Antiochia vorstoßen. In diesem Punkt waren die Fürsten nicht einig. Die Haupt-

macht zog nach Armenien, aber zwei der Anführer beschlossen, sich auf eigene Faust nach Antiochia aufzumachen. Gottfrieds jüngerer Bruder Balduin von Boulogne schaffte es mit List, die Kilikische Pforte zu passieren und erschien vor Tarsus am Mittelmeer.

Bohemunds Neffe Tankred hatte sich bereits vorher von der Hauptmacht getrennt und ebenfalls Tarsus erreicht. Er wurde gezwungen, die Stadt an Balduin herauszugeben, weil dieser über die größere Streitmacht verfügte. Die beiden Gruppen zogen weiter nach Osten und lieferten sich dabei gegenseitig mehr Scharmützel als den Türken.

Die Hauptmacht der Kreuzfahrer marschierte durch Kappadokien nach Armenien, traf aber auf einen „teuflischen Berg, der so hoch und steil war, dass niemand von uns wagte, vor jemand anderem den Pass zu überqueren … Die Pferde fielen kopfüber und ein Packtier drängte über das andere." Der Marsch durch die Wüste und die Berge verursachte weit höhere Verluste als die Türken. Es war eine erschöpfte, abgerissene und dezimierte Kreuzfahrerarmee, die bei Marasch aus dem Antitaurus herabstieg.

Balduin stieß hier wieder dazu, um festzustellen, dass seine Frau im Sterben lag und damit seine Aussicht auf ein ererbtes Vermögen. Er beschloss, sein eigenes Glück zu machen und setzte sich mit hundert Rittern und ihren Gefolgsleuten nach Osten ab in Richtung auf die christliche armenische Stadt Edessa. Die von Tankred befehligten Normannen aus Italien vereinigten sich wieder mit dem Kreuzfahrerheer an der Syrischen Pforte, einem Pass durch ein niedriges Gebirge, der Anatolien von Syrien trennte. Jenseits davon lag 16 km südlich die reiche Hafenstadt Antiochia, das Tor ins Heilige Land. Nach fast einem Jahr in der anatolischen Wildnis näherten sich die Kreuzfahrer ihrem Bestimmungsort.

Oben: Moslemische Truppen werden von siegreichen Kreuzfahrern geschlagen. Stich aus dem 19. Jahrhundert von Gustave Doré.

Die Belagerung von Antiochia

Als drittgrößte Stadt des Römischen Reiches war Antiochia auch noch sechs Jahrhunderte später reich und blühend. Trotz ihrer starken Befestigung erlitt sie nun im Laufe eines Jahres zwei Belagerungen und das Massaker ihrer Bevölkerung. Als Tor zum Heiligen Land war sie der erste und teuerste Preis des Ersten Kreuzzugs.

„Als wir die verfluchten Berge überquert hatten, kamen wir zu einer Stadt namens Marasch. Von nun an ging es leichter voran und wir erreichten ein Tal, das die königliche Stadt Antiochia barg, die Hauptstadt von Syrien." So berichten die *Gesta Francorum* (Die Taten der Franken), die „offizielle Geschichte" des Ersten Kreuzzugs. Nach einjähriger Reise standen die Kreuzfahrer vor der Stadt, die die Nachfolger Christi zuerst als „Christen" bezeichnet hatte. Obwohl ihre Befestigungen ausgezeichnet waren, hofften die Kreuzfahrer, sie einzunehmen und dann vor dem Ende des Monats nach Jerusalem weiterzuziehen. Dies war im Oktober 1097. Sieben Monate später lagen sie immer noch vor der Stadt.

Vor der Belagerung hatte der türkische Statthalter Yaghi Siyan Vorräte gesammelt und nach Mossul um Hilfe geschickt. Lebensmittel waren für die Kreuzfahrer kein Problem, nachdem sie einen türkischen Konvoi auf dem Weg in die Stadt abgefangen hatten. Als sie Antiochia belagerten, berieten die christlichen Anführer, was als Nächstes zu tun wäre. Bohemond wollte es für sich behalten, Raymond dagegen wollte es, wie vereinbart, den Byzantinern zurückgeben.

Noch war es ihnen nicht gelungen, eine Bresche in die Mauern zu schlagen. Die Verpflegung wurde knapp. Eine Atempause kam im November, als der ehemalige Patriarch von Jerusalem, Simeon, mit dreizehn Schiffen Nachschub in Seleukia (heute Samandag), dem Hafen von Antiochia, eintraf. Der Hafen bildete die Verbindung des Heeres mit der Welt. Aber

Weihnachten waren die Vorräte aufgebraucht und die Moral sank.

Beide Seiten kämpften ständig um den Weg zum Hafen. Im Februar wurde ein türkischer Entsatzversuch durchkreuzt und ein Ausfall der Garnison zurückgeschlagen. Diese Erfolge hoben die Moral und als frischer Nachschub aus Konstantinopel eintraf, gewannen die Kreuzfahrer an Zuversicht. Das änderte sich bald, als Nachrichten von einem bedeutenden türkischen Entsatzheer unter Kerbogha Atabeg von Mossul eintrafen. Stephan von Blois desertierte mit seinen Männern nach einem Streit mit den anderen Befehlshabern. Die Zurückbleibenden liefen Gefahr, zwischen zwei feindliche Linien zu geraten. Es war entscheidend, Antiochia vor dem Eintreffen des Moslemheeres einzunehmen und so beschlossen die Anführer den Sturm auf die Stadt.

Die Einnahme von Antiochia

Bohemond hatte Spione innerhalb der Mauern. Ein gewisser Firuz, „ein Emir aus türkischem Geschlecht", der drei Türme befehligte, bot an, die Stadt zu verraten. In der Nacht des 3. Juni 1098 bestiegen 60 Kreuzritter ohne Widerstand die Mauern auf einer Leiter. Dann öffneten sie das nächste Tor und ihre christlichen Kollegen fluteten in die Stadt. Fulcher von Chartres berichtet, was dann geschah: „Als die Türken die Franken mit blankem Schwert in der Stadt umherlaufen und blindlings Leute töten sahen, begannen sie zu fliehen. Die Griechen und Armenier beteiligten sich an dem Blutbad und die Christen brachten jeden Türken innerhalb der Mauern um. Bei Einbruch der Nacht war alles zu Ende und die Straßen waren voller Leichen … sodass man nicht in den Straßen und Gassen laufen konnte, ohne über Leichen steigen zu müssen." Der Statthalter wurde von einem armenischen Hirten getötet, der Bohemond seinen Kopf präsentierte.

Bis auf die Zitadelle war die Stadt jetzt in christlicher Hand, doch wenige Tage darauf waren die Belagerer die Belagerten, als das Heer des Atabeg seinerseits die Stadt einschloss. Die Lebensmittel waren knapp und die Straßen voller verwesender Leichen; Seuchen drohten und der Hafen ging verloren. Ohne Lebensmittel und von jeder Hilfe abgeschnitten, waren sie ihrem Schicksal überlassen. Nachdem Kaiser Alexios den Bericht von Stephan von Blois gehört hatte, beschloss er, dass jede Unterstützung unnütz war. Wie die Gesta Francorum berichtet, „diese weltlichen Feinde Gottes hielten uns so eng eingeschlossen, dass viele des Hungers starben." Der Erste Kreuzzug schien in Antiochia zu Ende zu sein.

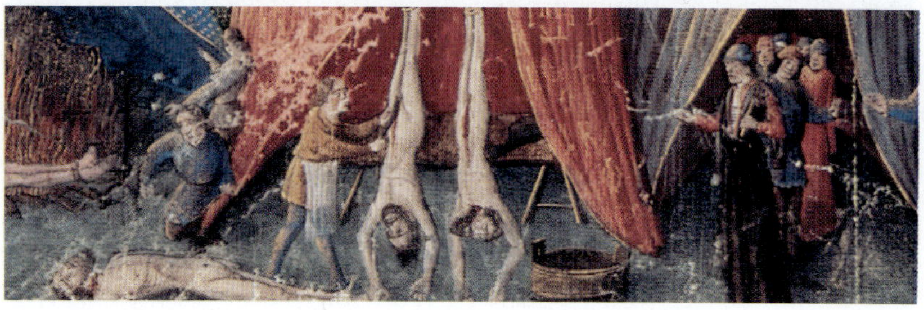

Beide Seiten: Die Belagerung und Einnahme von Antiochia durch christliche Truppen wird auf diesem französischen Manuskript neutral dargestellt. Die Kreuzfahrer umzingeln die Stadt, **gegenüber, oben**, und plündern sie dann aus, **links unten.** Die „Ungläubigen" wurden massakriert und ihre nackten Körper – für alle sichtbar – aufgehängt, **unten**. Dieses Massaker leitete eine moslemische Massenvergeltung ein.

Die Einnahme von Edessa

Während die Kreuzfahrer um Antiochia kämpften, fiel Balduin von Boulogne im christlichen Armenien ein. Mit einer Streitmacht von etwa 80 Rittern war sein Ziel die blühende Wüstenstadt Edessa. Die erste Eroberung der Kreuzritter in der Levante „in eigener Sache" ging jedoch auf Kosten christlicher Glaubensbrüder.

Unten: Vom Luxus des Orients überwältigte Kreuzfahrer, Stich von Gustave Doré aus dem 19. Jahrhundert. Für fränkische Augen, die einfachere Verhältnisse gewöhnt waren, war die moslemische Pracht oft überwältigend. Mit der Zeit übernahmen die Kreuzfahrer die beobachteten Gebräuche.

Edessa (heute Urfa) lag östlich des Euphrat in Mesopotamien. Die reichste und angesehenste Stadt Armeniens war erst kürzlich von einer armenischen Streitmacht den Türken wieder abgejagt worden. Sie galt als Geburtsort Abrahams und hatte einen großen christlichen Bevölkerungsanteil, der zuerst ihre armenischen Befreier und dann diejenigen, die sie für deren westliche Verstärkung hielten, willkommen hießen, nämlich Balduin und seine Ritter, die sich von der Hauptmacht der Kreuzfahrer bei Antiochia getrennt hatten.

Die armenische Garnison erwartete jeden

Augenblick den Angriff einer Moslemarmee und ihr Befehlshaber Fürst Toros brauchte Balduins Hilfe bei der Verteidigung. So waren die Kreuzritter als Befreier willkommen. Fulcher von Chartres berichtet. „Als wir durch die armenischen Dörfer kamen, war es erstaunlich zu sehen, wie die Leute zu uns kamen mit Kreuzen und Standarten, unsere Füße und Gewänder aus demütiger Liebe zu Gott küssten, weil sie hörten, das wir sie gegen die Türken verteidigen würden."

Toros war ein alter kinderloser orthodoxer Christ. Balduin bestand darauf, dass er ihn als Sohn annahm, als Sicherheit für beide Seiten. Toros war einverstanden. Zwei Wochen nach der Zeremonie wurde Toros während eines Massenauflaufs getötet und in Stücke gerissen, als er durch das Fenster seines Palastes fliehen wollte. Balduin unternahm nichts, um ihn zu retten.

Mit ziemlicher Sicherheit hatte Balduin den Mob angestiftet; Chronisten der Armenier und der Kreuzfahrer geben unterschiedliche Versionen der Geschehnisse. Fulcher von Chartres behauptet, die Unruhen wären ausgebrochen zwischen den griechisch-orthodoxen Teilen der Bevölkerung und denjenigen, die eine größere religiöse und politische Unabhängigkeit von Byzanz erstrebten. Die Armenier waren Monophysiten und daher im Streit sowohl mit der katholischen als auch der orthodoxen Kirche. Balduin wurde so der alleinige Herrscher von Edessa und seinem Hinterland.

Bund mit den Einheimischen

Theoretisch waren die Armenier Kaiser Alexios zum Bündnis verpflichtet, aber Balduin setzte über solche politischen Feinheiten hinweg und rief sich selbst zum Grafen von Edessa aus. In der Tat war er sein eigener Herr, sowohl von den anderen Kreuzfahrerfürsten wie von den Byzantinern unabhängig. Da Armenien in rivalisierende Kleinstaaten zerfallen war, hatte Balduin eine ähnliche Position wie die anderen christlichen Herrscher.

Seine Streitmacht bestand aus 80 Rittern und 200 Fußsoldaten, nicht viel, um eine große Stadt und einen Staat zu sichern. Daher heiratete Balduin eine armenische Prinzessin und

Links: Gang mit Balustrade in einer der Koranschulen, *medrasas*, in Urfa (Edessa). Unter Balduin, dem Grafen von Edessa, war den Menschen in einem ungewöhnlich toleranten Regime Glaubensfreiheit gestattet. So konnte der islamische Lebensstil unverändert die erste Periode der Kreuzfahrerära überstehen.

benutzte Toros Erbe, um den nächsten Moslemherrscher zu bestechen. Für den Augenblick waren Balduins Grenzen sicher.

Seine Truppen hatten ein Königreich gewonnen. Sie waren außerdem weiter nach Asien vorgedrungen als alle anderen Europäer seit Alexander dem Großen. Balduin von Boulogne war der erste Kreuzritter, der sich den Traum von einem eigenen Feudalreich verwirklicht hatte. Er war auch der Erste, der die Mission, Jerusalem einzunehmen, fahren ließ. In seiner reichen Stadt an den Karawanenwegen nach Persien herrschte er über eine Bevölkerung von Armeniern, Juden und Moslems mit einer religiösen Toleranz, die seine Mitkreuzritter vermissen ließen. Der neue Graf von Edessa war „einheimisch geworden“ und assimilierte sich in der lokalen Bevölkerung. Er unterstützte die armenische Kirche und mit seinem Gefolge nahm er östliche Lebensformen an. Strategisch spielten sowohl die Grafschaft Edessa wie die Armenier eine bedeutende Rolle in der Entwicklung der Kreuzfahrerstaaten. Für Byzantiner wie Kreuzfahrer waren sie ein sicheres Bollwerk gegen ihre moslemischen Feinde. So überlebte diese Grafschaft ein halbes Jahrhundert.

Die Heilige Lanze

Gefangen in Antiochia, hatten die Kreuzfahrer wenig Hoffnung zu überleben. Doch ein einfacher Soldat hatte eine Vision: Eine wichtige Reliquie sei in der Stadt versteckt. Als die Heilige Lanze wirklich gefunden wurde, war der Kampfesmut der Kreuzritter wiederhergestellt und sie schienen unbesiegbar.

Als die Christen Antiochia nahmen, waren die Lebensmittel bereits knapp und die Kreuzfahrer hatten kaum genug für sich selbst. Nach der Gesta Francorum „herrschte ein solcher Hunger in der Stadt, dass ein Pferdekopf ohne Zunge drei Solidi kostete, die Kutteln einer Ziege fünf, ein Huhn acht oder neun." Die 20.000 Kreuzfahrer und die ebenso große christliche Bevölkerung hungerten. Es galt als sicher, dass einer Kapitulation ein ebensolches Massaker folgen würde wie das gerade an den Moslems begangene. Die Belagerung hielt an.

Da hatte ein Bauer aus der Provence namens Peter Bartholomäus eine Vision. Er war Diener in dem südfranzösischen Aufgebot, bekannt für sein ungebärdiges Betragen, und hatte oft behauptet, Visionen zu haben. Diese war anders.

Der heilige Andreas war ihm im Traum erschienen und habe ihm die Heilige Lanze gezeigt, mit der Christi Seite geöffnet worden war, als er am Kreuz hing. Sie sollte in der Kirche St. Peter in Antiochia vergraben sein.

Bartholomäus ersuchte um eine Audienz bei seinem Herrn, Raymond von Toulouse und überzeugte ihn, dass er die Wahrheit sprach. Die anderen Fürsten bezweifelten den Wahrheitsgehalt und Bartholomäus' Integrität, doch dann hatte ein Priester eine ähnliche Vision. Antiochia fieberte in nervöser Erwartung und die Kirche wurde bis auf zwölf Männer geräumt, darunter Peter Bartholomäus und Raymond von Toulouse.

Links: Im Besitz der Heiligen Lanze schienen die Kreuzfahrer unbesiegbar und schlugen die Moslems in die Flucht. In dieser Darstellung aus dem 14. Jahrhundert tragen Christen und Moslems die gleichen Rüstungen und haben ähnliche Gesichtszüge.

Ein anderes Mitglied der Gruppe berichtete: „Nachdem wir von morgens bis abends gegraben und nichts gefunden hatten, begannen wir zu verzweifeln … Als der junge Peter Bartholomäus sah, dass wir erschöpft waren, zog er sich aus und sprang nur im Hemd in die Grube. Schließlich war der Herr in seiner Gnade geneigt, uns die Heilige Lanze zu zeigen. Ich kann kaum beschreiben, was für eine Freude und welch ein Jubel die Stadt erfüllte."

Eine falsche Reliquie?

Die moslemische Version der Geschichte klingt bei dem arabischen Historiker Ibn al-Athir etwas anders: „Da war eine heiliger Mann niedriger Gesinnung, der erklärte, der Messias habe eine Lanze vergraben. Aber in Wirklichkeit hatte er sie vorher selber heimlich vergraben." Wo immer die Lanze hergekommen sein mag – die Reliquie elektrisierte die Kreuzritter und verlieh ihnen neuen Glauben an ihre Mission.

Ein paar Tage später hatte Peter Bartholomäus eine weitere Vision: Dieses Mal forderte der hl. Andreas die Kreuzfahrer auf, fünf Tage zu fasten und dann auszureiten und die Türken anzugreifen. Jetzt war keine weitere Ermutigung mehr erforderlich. Mit der Heiligen Lanze wäre das Heer unbesiegbar. Am 28. Juni nach fünftägigem Fasten brach das Heer aus Antiochia hervor zur Schlacht.

Raymond von Toulouse lag krank im Bett und Bohemond befehligte die Kreuzritter. Er teilte sie in sechs Haufen, angespornt von Bischof Adhemar, der die Heilige Lanze trug. Nach der Gesta Francorum: „Als sich alle unsere Männer außerhalb der Stadt befanden … riefen wir den wahren und lebendigen Gott an und griffen an … und mit Gottes Hilfe schlugen wir sie. Die Türken rannten in Schrecken davon und wir verfolgten sie, mehr auf die Jagd als auf die Beute erpicht."

Die Kreuzfahrer waren nicht aufzuhalten und Kerbogha Atabegs Belagerungsarmee löste sich auf. Sie war bereits von inneren politischen Querelen geschwächt und viele der Moslem-Unterführer weigerten sich, weiter für den Atabeg zu kämpfen. Für die Kreuzfahrer war ihr Sieg alles andere als ein Wunder. Eine rostige Speerspitze hatte ihnen das Tor zum Heiligen Land geöffnet.

Gegenüber: Auf diesem Bild aus dem französischen Manuskript *Les Passage faîtes Outremer* schwingt Bischof Adhemar die Heilige Lanze. Antiochia war damals eine der prächtigsten Städte des Mittelmeerraumes, aber die Innengestaltung der Kirche entspringt der Fantasie des Künstlers: So früh während des Ersten Kreuzzuges konnte es noch keine gotische Einrichtung geben.

Auf nach Jerusalem

Eine Seuche wütete in Antiochia, als das christliche Heer aufbrach. Bischof Adhemar war eines ihrer Opfer. Mit seinem Tod wuchs die Uneinigkeit unter den Fürsten. Ihre schlechte Organisation verzögerte den Vormarsch auf Jerusalem um weitere sechs Monate.

Unten: Ruinen eines römischen Aquädukts an der Küste, nahe von Caesarea in Israel. Als die Kreuzfahrer entlang der Mittelmeerküste nach Süden zogen, wurden sie immer wieder an die römische Herrschaft in früheren Jahrhunderten erinnert.

Während das Heer in Antiochia blieb, berieten ihre Anführer die nächsten Schritte. Bohemond, der sie de facto eingenommen hatte, weigerte sich, sie aus der Hand zu geben und am 1. August starb Bischof Adhemar an der Seuche, wahrscheinlich Typhus. Die Epidemie ermutigte mehrere der Fürsten, Raubzüge in die umliegenden Moslemgebiete zu unternehmen auf der Suche nach einem gesünderen Klima und nach Beute. Dazu gehörte auch die reiche Stadt Marra (heute Ma'arrat), die am 11. Dezember fiel.

Adhemar war der Einzige gewesen, der eine gewisse Einheit unter den führenden Kreuzrittern aufrechterhalten konnte. Als die einzelnen Aufgebote zu Weihnachten nach Antiochia zurückkehrten, erschien jede weitere Einigkeit unmöglich. Raymond stritt mit Bohemond über die Kontrolle von Antiochia. Sie waren uneins über ihre Eidesverpflichtungen gegenüber dem byzantinischen Kaiser.

Während die Oberen stritten, waren sich die Mannschaften über den Zweck des Unternehmens einig. So berichtet Raymond von Aguilers: „Weil die Fürsten unwillig sind, uns nach Jerusalem zu führen, lasst uns einen tapferen Ritter auswählen, in dessen treuem Dienst wir uns sicher fühlen können und mit dem als Führer wir, wenn Gott es will, in Jerusalem ankommen werden. Wenn dieser Disput über Antiochia noch länger anhält, lasst uns seine Mauern einreißen."

Der Druck von unten hatte Wirkung und zwang Bohemond und Raymond, ihre Differenzen beizulegen und wieder eine gemeinsame Front mit den anderen Fürsten zu bilden. Im Januar 1099 führte Raymond den Kreuzzug nach Südosten nach Marra, während Bohemond als unumstrittener Herrscher von Antiochia und seiner Umgebung zurückblieb. Der zweite Kreuzfahrerstaat wurde aus dem Feuer gehoben. Bohemonds Hoheitsgebiete wurden zum Fürstentum Antiochia, aber die Kreuzfahrer waren Jerusalem seit einem Jahr nicht näher gekommen.

Die Heilige Stadt in Sicht

Am 13. Januar brannte Raymond Marra nieder, wonach es keine Umkehr mehr gab. „Er rief

Gottes Gnade und den Schutz der Heiligen an" und führte mit bloßen Füßen seine Männer nach Süden, da er als Pilger reiste. Es waren noch 480 km bis zur Heiligen Stadt. Die Kreuzfahrer schwenkten ins Landesinnere, um die Festung Hosn al-Akrad (Burg der Kurden) einzunehmen, die später das große Kreuzfahrerkastell Krak des Chevaliers werden sollte. Von hier aus marschierten sie zum Hafen Tripolis und vereinigten sich mit einem normannischen Kontingent, das von Antiochia aus die Küstenroute genommen hatte.

Vereint zogen sie weiter nach Beirut und dann nach Süden zu den Häfen von Akkon und Jaffa. Sie befanden sich jetzt auf dem Gebiet der

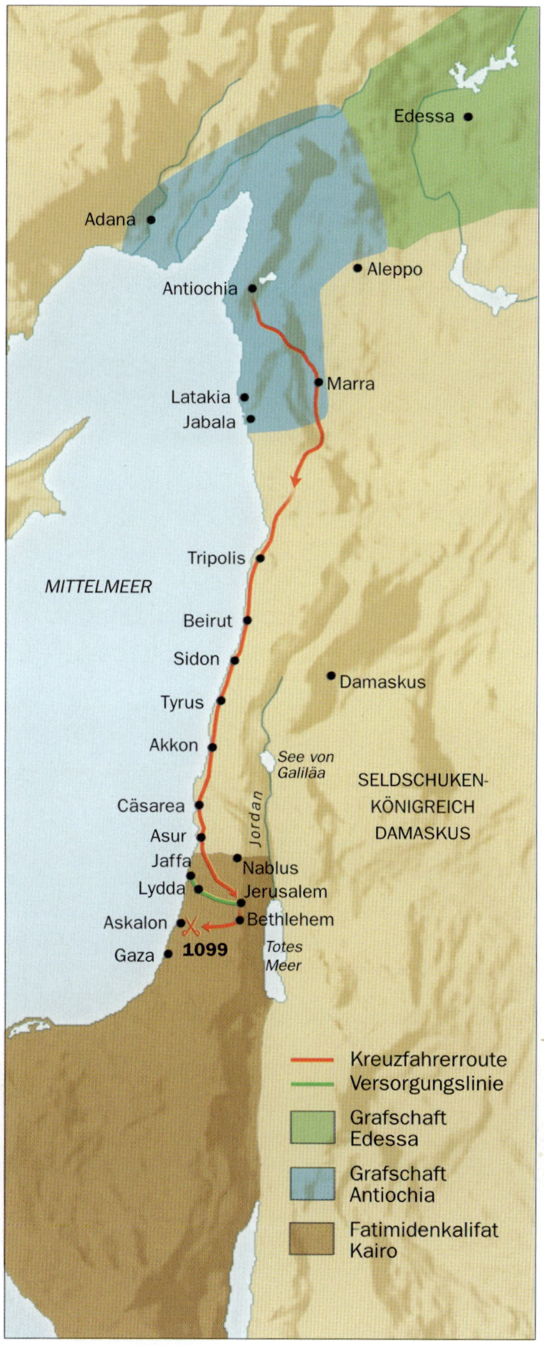

Oben: Eine mittelalterliche Karte von Palästina zeigt die wichtigsten Kreuzfahrerstädte und den Jordan, der Judäa von Norden nach Süden in zwei Hälften teilt.

ägyptischen Fatimiden. Jede Stadt begrüßte und feierte die vorbeiziehenden Kreuzfahrer. Die Fatimiden hatten freundschaftliche Beziehungen mit Konstantinopel und hofften auf ein Bündnis mit den Kreuzfahrern gegen die Türken. Doch dann wurde klar, dass die Kreuzfahrer den Fatimiden Jerusalem abnehmen wollten.

Man näherte sich endlich dem Ziel. Als sie ins Landesinnere Richtung Jerusalem abbogen, kamen christliche Boten aus Bethlehem und baten die Kreuzritter, Christi Geburtsort zu befreien. „Die Nacht darauf bestiegen hundert Ritter ihre Pferde ... und eilten nach Bethlehem". Am nächsten Tag wurde die Messe in der Stadt gelesen. Am 7. Juni erblickten die Kreuzfahrer von einem Hügel namens Montjoie (Freudenberg) die Heilige Stadt Jerusalem. Nach Jahren des Marsches hatten sie das von Papst Urban II. gewiesene Ziel erreicht. Sie mussten es nur noch erobern.

Die Belagerung Jerusalems

Von den Menschen, die den Marsch ins Heilige Land begonnen hatten, standen schließlich nur noch etwa 12.000 vor Jerusalem. Obwohl 1:5 unterlegen, legten sie einen Belagerungsring um die mächtigen Mauern. Mit geringer Verpflegung und von der Sommerhitze geplagt, schien diese Aufgabe unerfüllbar.

Der Statthalter der Fatimiden, Iftikar al-Daula (Stolz der Stadt), war gut vorbereitet. Er war vor den nahenden Kreuzfahrern gewarnt worden und hatte Vorräte in der Stadt gesammelt und die Zisternen gefüllt. Seine Garnison von arabischen und sudanesischen Infanteristen war alarmiert und bereit, jeden Angriff abzuschlagen. Getreide und Vieh war aus der Umgebung entfernt worden, die Bauernhöfe und Dörfer waren zerstört und Quellen, Teiche und Flüsse vergiftet oder verseucht worden.

Die Fatimiden hatten Jerusalem erst im Jahr zuvor den seldschukischen Türken wieder abgenommen. Die Mauern, die zuletzt der römische Kaiser Hadrian niedergerissen hatte, waren repariert und verstärkt. Diese Verteidigungsmaßnahmen beeindruckten die Kreuzfahrer auf dem Montjoie nicht sonderlich. Als sie die Heilige Stadt zum ersten Mal erblickten, „jubelten und frohlockten sie und begannen sofort mit der Belagerung".

Dach bald erkannten sie die gewaltige Dimension dieser Aufgabe. Raymond von Aguilers berichtet, dass „nach unseren und anderen Schätzungen 60.000 Bewaffnete in der Stadt waren … wir hatten nicht mehr als 12.000 Mann, die Waffen tragen konnten, davon viele Arme und

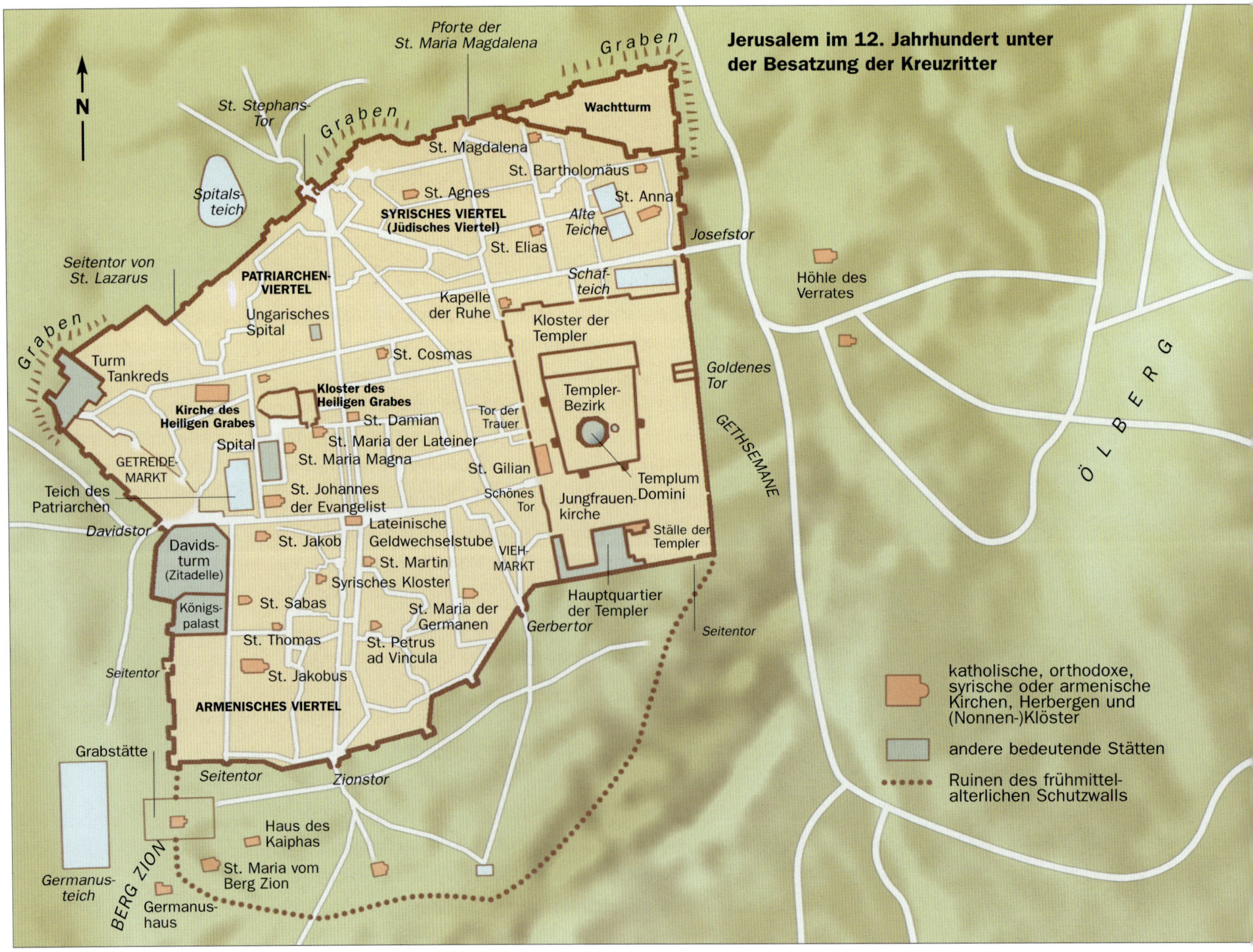

Kranke. Ich sage dies, damit euch klar wird, dass nichts, sei es groß oder klein, was im Namen des Herrn unternommen wird, fehlgehen kann." Sein blindes Vertrauen war typisch für die Sicht der Kreuzfahrer. Nachdem sie so weit gereist waren, schien es unbegreiflich, dass sie scheitern sollten. Diese Selbsteinschätzung sollte ihnen ein Königreich einbringen.

Ein provisorischer Angriff

Die Belagerung begann am 8. Juni 1099, am Tag, nachdem die Kreuzfahrer vor der Stadt eingetroffen waren. Antiochia hatte über sieben Monate Belagerung gekostet, Jerusalem fiel in fünf Wochen. Zuerst wurden die Stellungen bezogen. Gottfried und die Grafen von Flandern und der Normandie belagerten die Stadt von der Nordseite, Raymond von Westen. Mit dem verwüsteten Umland und überlangen Nachschublinien war es unmöglich, das Heer monatelang vor den Mauern liegen zu lassen. Die Fürsten waren sich einig, dass sie keine andere Wahl als einen Sturmangriff hatten.

Raymond von Aguilers erzählt: „Es begab sich, dass einige der Anführer einen Einsiedler auf dem Ölberg trafen, der sagte: ‚Wenn ihr die Stadt morgen zur neunten Stunde angreift, wird sie der Herr in Eure Hand geben'." Die Kreuzfahrer hatten keine Belagerungstürme oder Leitern, aber sie nahmen die Worte des Einsiedlers als ein Omen und bereiteten sich auf den Angriff vor. Leitern wurden in der Nacht hastig zusammengezimmert und in der Dämmerung am 13. Juni begann der Sturm. Gegen überlegenen Widerstand gewannen sie einen Halt auf der äußeren Mauer und die Verteidiger mussten zurückweichen. Die fatimidischen Streitkräfte sammelten sich wieder und schlugen den Angriff ab.

Demoralisiert zogen sich die Kreuzfahrer in ihr Lager zurück. Die Laune hob sich, als eine Flottille mit Nachschub und Belagerungsgerät im Hafen von Jaffa einlief. Zusammen mit dem Nachschub kamen die Seeleute mit Seilen und Werkzeugen nach Jerusalem. Holz wurde geschlagen und die Kreuzfahrer ließen richtige Sturmleitern, Belagerungstürme und Schleudergeschütze anfertigen, alles, was für einen ordentlichen Sturmangriff gebraucht wurde.

Dann erreichte die Nachricht von dem bevorstehenden Eintreffen einer fatimidischen Entsatztruppe die Kreuzfahrer. Raimund wusste, dass die Nachschublinie gefährdet war. Er war sich darüber im Klaren, dass es ihre letzte Chance war, die Stadt zu stürmen, bevor sie sich an die Küste zurückziehen mussten, um nicht im Rücken angegriffen zu werden. Dieser letzte Angriff sollte am 13. Juli stattfinden.

Oben: Der Davidturm steht in Jerusalems Altstadt an der westlichen Mauer. Seit römischen Zeiten stand hier eine Zitadelle. Die Kreuzfahrer trafen in Jerusalem auf beachtliche Verteidigungsanlagen; der schwächste Punkt war die Zitadelle, die in den friedlichen Perioden der arabischen Besetzung langsam verfiel. Sie wurde durch die Kreuzfahrer wieder aufgebaut und verstärkt und später von den Mameluken vergrößert.

Der Fall der Heiligen Stadt

Im Juli 1099 hatten die Kreuzfahrer kaum noch Männer und Vorräte und auch die Zeit wurde knapp. Ein großes ägyptisches Entsatzheer war im Anmarsch – man konnte die Stadt nur stürmen oder sich zurückziehen. Mit den letzten Reserven an Kraft und Gottvertrauen beteten und fasteten sie und stürmten die Mauern. Nach zwei Tagen Kampf fiel Jerusalem in ihre Hände.

Rechts: Die Belagerung von Jerusalem, dargestellt in der *Histoire* von Guillaume de Tyre (Erzbischof Wilhelm von Tyrus). Rechts vorne ist ein Katapult zu erkennen. Im Zentrum erklettern die Kreuzfahrer Leitern, während die Erscheinung Christi auf die Schlacht blickt.

Am 6. Juli hatte ein Kreuzfahrer eine Erscheinung des jüngst verstorbenen Bischofs Adhemar, der sie aufforderte, sich von ihrer Unreinheit zu befreien und „dass jeder von seinen Wegen des Bösen ablasse. Dann marschiert mit bloßen Füßen um Jerusalem und ruft Gott an und ihr müsst auch fasten. Wenn ihr das nicht tut, wird der Herr alle Übel, die ihr erlitten habt, vervielfachen." Die Kreuzfahrer waren immer willens, sich himmlischer Führung anzuvertrauen und begannen zu fasten.

Am 8. Juli konnten sich die Verteidiger am Anblick der barfüßigen Kreuzfahrerprozession ergötzen, die von Priestern und Bischöfen rings um die Stadtmauern geführt wurde. Der Spott der Garnison wurde mit Posaunen- und Trompetenschall beantwortet. Als die Bittflehenden den Ölberg erreichten, baten die Bischöfen einen jeden, seinem Nächsten zu vergeben. Nach Raymond von Aguilers „versöhnten sich alle miteinander und mit großzügigen Opfergaben erbat man die Gnade

Gottes, dass er nicht jetzt sein Volk verlasse, das er so wunderbar und glorreich ans Ziel geführt hatte." Die Kreuzfahrer warteten noch ein paar Tage und vollendeten ihre Belagerungstürme. Gottfried sollte die Nordmauer angreifen, Raymond die Südmauer.

In der Nacht vom 13. auf den 14. Juli wurden die Belagerungsmaschinen an ihren Platz gefahren und beide Seite ließen einen Hagel von Geschossen aufeinander los. In der Morgendämmerung des 15. Juli kam der erwählte Augenblick und obwohl die Belagerungstürme stark beschädigt und verbrannt wurden, hielten sie und erreichten an beiden Seiten die Stadtmauern.

Ein blutiger Sieg

„Als die Stunde kam … fochten unsere Ritter tapfer in einem der Türme, besonders die bei Herzog Gottfried und seinem Bruder Eustachius. Ein Ritter namens Lethold kletterte auf die Stadtmauer und die Verteidiger flohen von den Wällen durch die Stadt." Die Kreuzfahrer hatten einen Halt auf der Nordmauer.

Fast gleichzeitig erkletterten Raymond und seine Leute die Südmauer und trieben die Verteidiger zurück in die Zitadelle, den Davidsturm. Als Gottfrieds Leute das Damaskustor öffneten, suchte Iftikar Zuflucht in der Zitadelle und verhandelte um sein Leben. Raymond nahm das Lösegeld und eskortierte den General und seine Garnison aus der Stadt. Die anderen Nichtchristen hatten weniger Glück.

Die Moslems wurden ohne Rücksicht auf Alter und Geschlecht umgebracht. In der Al-Aksa-Moschee erschlugen die Kreuzfahrer jeden, den sie antrafen, darunter „eine große Anzahl Imams und Gelehrter … die ihre Heimat für ein Leben in frommer Zurückgezogenheit an diesem heiligen Ort verlassen hatten." Die jüdische Bevölkerung flüchtete sich in die Hauptsynagogen, aber die siegreichen Christen kümmerten sich nicht um religiöse Feinheiten. Die Synagogen wurden mit den eingeschlossenen Menschen niedergebrannt. Das Schlachten hielt an, bis nur noch Christen in Jerusalem am Leben waren. Bischof Dagobert von Pisa schrieb an den Papst: „Wenn Du wissen willst, was dem Feind geschah, so wisse, dass im Salomonstor und im Tempel unsere Männer bis zu den Kniegelenken ihrer Pferde im Blut der Sarazenen ritten." Und die *Gesta Francorum* berichtet: „Das Heer ergoss sich durch die Stadt und nahm Besitz von allem Gold und Silber … und den Häusern, die mit Reichtümern aller Art angefüllt waren." Die Kreuzfahrer hatten das Unmögliche vollbracht und dabei gleichzeitig das schlimmste Blutbad der Kreuzzüge angerichtet.

Oben: In den Augen der erschöpften Kreuzfahrer wirkten die großartigen Befestigungen um Jerusalem zunächst wohl unüberwindbar. Tatsächlich wurden sie in nur fünf Wochen erobert.

Das Ende der Reise?

Der Fall Jerusalems und das folgende Blutvergießen wurde von einem Konflikt weltlicher und geistlicher Interessen begleitet: Der Kreuzzug war ebenso Wallfahrt wie Eroberungszug. Während die Kreuzfahrer den geistlichen und weltlichen Genuss ihres Siegespreises auskosteten, mussten sie gleichzeitig entscheiden, was mit der von ihnen eingenommenen Stadt geschehen sollte.

Eine der reichsten Städte des Orients lag den Kreuzfahrern zu Füßen und „unsere Männer drangen in die Häuser der Bürger ein und nahmen, was sie tragen konnten. Der Erste, der ein Haus betrat, egal welchen Ranges, hatte das Recht zur Plünderung und dies war von allen Franken anerkannt.“ Wer mehr mit geistlichen Angelegenheiten beschäftigt war, besuchte die heiligen Stätten als Abschluss seiner vor so langer Zeit begonnenen bewaffneten Wallfahrt.

Oben: Gottfried von Bouillon hätte der erste König von Jerusalem werden können, bevorzugte aber einen bescheideneren Titel. Diese Abbildung zeigt ihn auf dem Rücken seines Pferdes, ausgerüstet mit den „Leidenswerkzeugen Christi“.

Gegenüber: Die Kirche des Heiligen Grabes in Jerusalem, dargestellt in einem französischen Buch aus dem 14. Jahrhundert.

Eine Woche, nachdem die Priester unter dem Hohn der Garnison barfuß um die Stadmauer gelaufen waren, am Abend ihres gewaltigen Sieges zogen die Fürsten in einer feierlichen Prozession durch die Straßen. Ihr Ziel war die Kirche des Heiligen Grabes, der heiligste Platz in der heiligsten Stadt. Die Kreuzfahrer glaubten, dass durch die Berührung des Steins, auf dem der Leichnam Christi einst aufgebahrt war, dessen Heiligkeit auf sie übergehe. Sie hörten die Messe und dankten am Ende ihrer Wallfahrt Gott für ihren Sieg.

Der Chronist Raymond von Aguilers schrieb: „Nun da die Stadt genommen war, war es unsere gesamten Mühen und Entbehrungen wert, die Frömmigkeit der Pilger am Heiligen Grab zu sehen. Wie sie jubelten und frohlockten und dem Herrn ein neues Lied sangen! Ein neuer Tag, neue Freude, neue und ewige Fröhlichkeit ... entlockte allen neue Worte und neue Gesänge. Dieser Tag wird für alle Zeiten berühmt sein. Er bedeute den Triumph der Christenheit, die Erniedrigung der Heiden und die Erneuerung unseres Glaubens. Diesen Tag hat uns der Herr beschert, lasst uns jauchzen und fröhlich sein!“

Die Wahl eines Anführers

Die Mehrheit der Kreuzfahrer hatte keinen Zweifel an dem Sinn ihrer Reise. Obwohl sie reiche Belohnung für ihren Sieg ernteten, überwog der spirituelle Sieg für sie die materiellen Vorteile der Einnahme von Jerusalem. In diesem frommen Zeitalter hatten die frömmsten Männer der Christenheit erreicht, wozu sie aufgebrochen waren. Die einzige wirkliche Frage war: Was tun wir als Nächstes?

Als die Leichen von den Straßen geschafft worden waren, schickte man Nachricht über Konstantinopel, Antiochia und Edessa nach Europa. Die Reaktionen waren unterschiedlich. Kaiser Alexios war enttäuscht, dass die Kreuzfahrer auf eigene Rechnung gearbeitet und ihre Eide an ihn vergessen hatten. Der Patriarch von Jerusalem, der ihnen vor Antiochia geholfen hatte, sah seine orthodoxen Priester von den heiligen Stätten in Jerusalem verbannt, die nun der lateinischen Kirche vorbehalten waren. Für die Moslems, die einen ihrer heiligsten Orte verloren hatten, war es undenkbar, dass die Ungläubigen ihren Preis behalten durften. Papst Urban II., der den Kreuzzug in Bewegung gesetzt hatte, starb, bevor die Nachricht von der Einnahme Jerusalems Rom erreichte.

Viele Kreuzfahrer zog es wieder nach Hause; andere meinten, ihre Zukunft läge im Orient und dass sie das eroberte Gebiet auch verteidigen müssten. Das bedeute die Errichtung eines feudalen Herrschaftssystems über das Heilige Land. Die Anführer entschieden, wer Jerusalem beherrschen und damit als Oberherr der anderen Kreuzfahrerfürsten gebieten sollte. Der erste Kandidat war Raymond von Toulouse, der jedoch erklärte, er wolle keine Königskrone tragen, wo Christus die Dornenkrone getragen habe. Der nächste Kandidat war Gottfried von Bouillon, der den Königsrang aber ablehnte. Stattdessen nahm er den Titel eines Verteidigers des Heiligen Grabes an. Die feudale Hierarchie war errichtet und die Kreuzfahrerstaaten wurden geschaffen. Die Hauptsorge war jetzt, ob sie überleben würden.

Die Schaffung eines Kreuzfahrerreichs

Die Eroberer von Jerusalem, Edessa und Antiochia vereinigten ihre Kräfte mit den Armeniern, um ein Kreuzfahrerreich zu schaffen, ein Bündnis von vier Staaten, das sich von Antiochia bis nach Jerusalem und weiter erstreckte. Doch zuerst mussten sie ihre Herrschaft über das Heilige Land festigen und die Moslemarmeen zurückschlagen, die sich um sie sammelten.

Die religiöse Begeisterung über die Einnahme von Jerusalem reicht nicht aus, die Anführer der Kreuzfahrer zu einen. Bohemond von Antiochia und Balduin von Edessa waren nicht geneigt, sich unter das feudale Banner Gottfrieds, des Verteidigers des Heiligen Grabes, zu begeben. Raymond führte einen Feldzug im Jordantal, Tankred belagerte Nablus und Gottfried blieb in seiner Hauptstadt, um seine Macht zu festigen.

Anfang August erreichte Gottfried die Nachricht, dass ein ägyptisches Heer drohte, Jerusalem von der Küste abzuschneiden. Er rief Raymond und Tankred zusammen und das Kreuzfahrerheer marschierte den Moslems entgegen. Jerusalem blieb in der Obhut der Priester, deren spirituelle Macht als ausreichend zur Verteidigung angesehen wurde.

Die Heere trafen auf der Ebene von Ashod aufeinander und die Schlacht von Askalon wurde zur weiteren Demonstration der militärischen Überlegenheit der Kreuzfahrer. Die *Gesta Francorum* berichtet: „Unsere Männer kamen in ein schönes Tal in der Nähe der Küste und bauten ihre Schlachtreihe auf … Die Heiden standen vor uns.“ Die fränkischen Ritter griffen an und „der Graf von der Normandie (Herzog Robert) ritt beim Anblick des goldenen Apfels auf der Standarte des Emirs direkt auf den Träger zu und verwundete ihn tödlich.

Unten: Das Wandfresko einer Kirche aus dem 12. Jahrhundert zeigt einen Kreuzritter auf seinem Streitross.

Der Graf von Flandern griff von der anderen Seite an und Tankred brach mitten in das Lager des Gegners ein.“

Der ägyptische Befehlshaber Wesir al-Afdal und sein Heer wurden völlig unvorbereitet von der Wucht des Angriffs getroffen. Sie wateten hinaus ins Meer, um von ihrer wartenden Flotte gerettet zu werden oder suchten Schutz hinter den Mauern von Askalon. Der Rest, etwa 10.000 Mann, wurden zusammengehauen oder ertranken in der Brandung. Die Standarte des Emirs wurde im Triumph heimgetragen und in der Kirche des Heiligen Grabes aufgestellt. Das noch unfertige Kreuzfahrerreich wurde von einer einzelnen Kavallerieattacke gerettet.

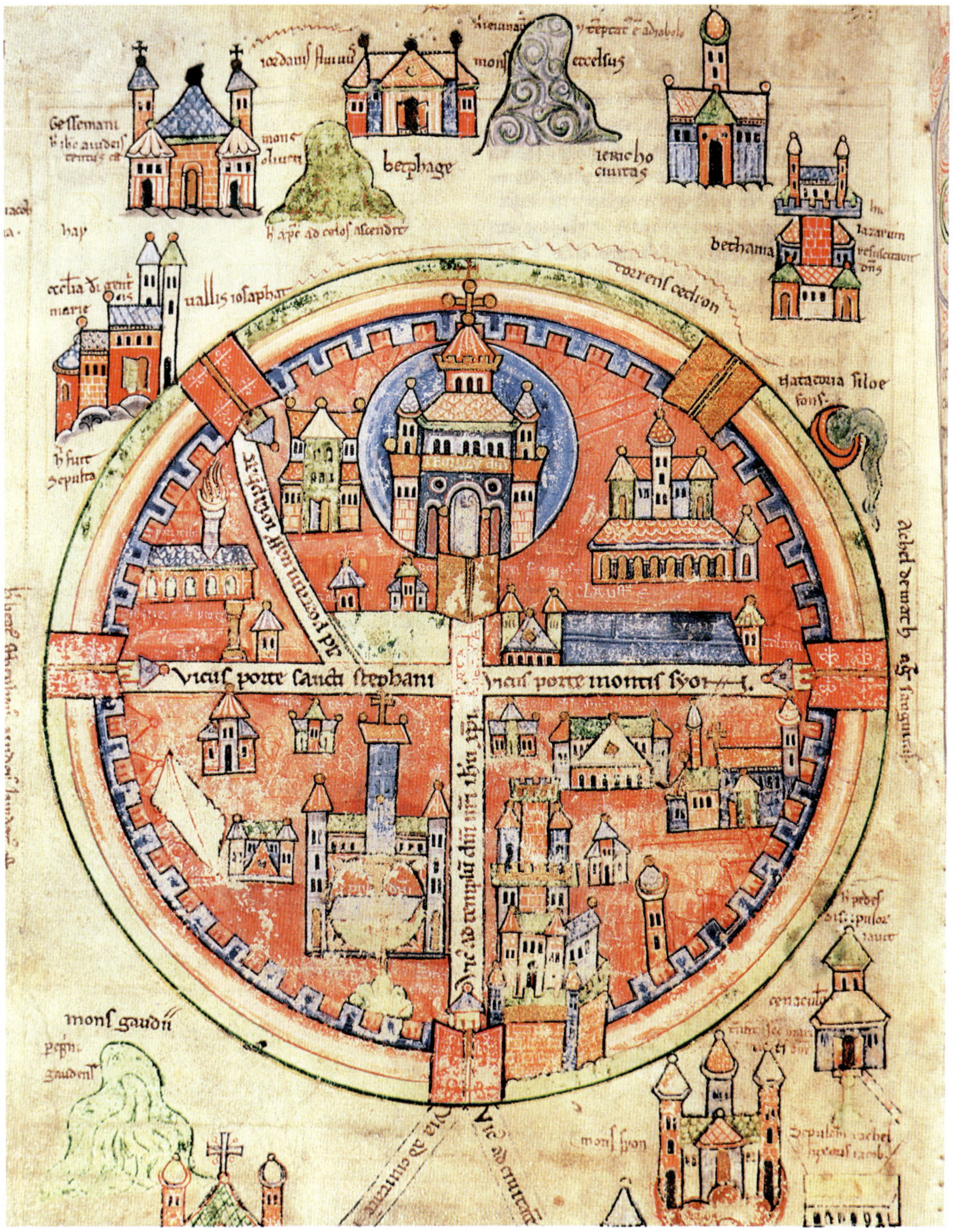

Der König von Jerusalem

Die einzig bleibende Bedrohung ging von dem Abbasidenkalifen al-Mustazhir von Bagdad aus. Flüchtlinge baten ihn, die Ungläubigen anzugreifen, aber ihm fehlten militärische Reserven. Der Kalif von Bagdad befand sich mit allen Truppen im Krieg mit seinem Bruder. Ein Gegenangriff zugleich mit dem ägyptischen Feldzug hätte eine hohe Erfolgschance gehabt, denn die Hand voll Kreuzfahrer wären einem synchronen Zangenmanöver zweier Feinde nicht gewachsen gewesen. Jetzt hätte ein entscheidender Schlag zwei Jahrhunderte christlicher Präsenz im Heiligen Land verhindert, aber die Moslems in Syrien waren unfähig zum Gegenangriff. Durch ihre Untätigkeit und durch ihre Indifferenz gegenüber dem Schicksal ihrer Glaubensgenossen wurde die Gelegenheit verpasst.

In diesem entscheidenden Augenblick erschien der päpstliche Vertreter, Bischof Dagobert, als Nachfolger des verstorbenen Adhemar. Er wurde zum Patriarchen von Jerusalem ernannt und als Gegenleistung für Tankreds politische Unterstützung ernannte er diesen zum Fürsten von Galiläa und bestätigte Bohemond als Fürsten von Antiochia. Gottfried betrachtete dies als Affront, aber er starb, bevor es zu einer ernsthaften Differenz kam. Gottfrieds Bruder Balduin von Edessa brach nach Jerusalem auf, aber Bohemond wollte ihn aufhalten. Der Bischof spielte die beiden Kreuzfahrerfürsten gegeneinander aus.

Als Bohemond von den Türken gefangen genommen wurde, konnte Balduin die Macht in Jerusalem ergreifen. Im Gegensatz zu seinem Bruder hatte er keine Gewissensnöte, die Krone anzunehmen. Am Weihnachtstag 1100 wurde Balduin der erste christliche König von Jerusalem und das Haupt der Kreuzfahrerstaaten. Ein neues Königreich war geboren.

Oben: Karte von Jerusalem aus der *Chronik der Kreuzzüge* von Robert dem Mönch, um 1099. Die Ausrichtung ist verglichen zu modernen Karten um 90 Grad gedreht, mit anderen Worten: Norden ist links. Der Garten von Gethsemane und der Ölberg liegen im oberen Bereich.

KAPITEL 4

Outremer:

Die feudalen Kreuzfahrerstaaten

Der (Erste) Kreuzzug war beendet. Das Heilige Land war befreit und die Kreuzfahrer konnten nach Hause gehen. Stattdessen blieben viele und schufen ihre eigenen Feudalländer im Nahen Osten. Umgeben von moslemischen Feinden überlebten die Kreuzfahrerstaaten zwei Jahrhunderte lang, obwohl sie oftmals am seidenen Faden hingen. Nach 1100 beschützten die Kreuzfahrer eher ihre christlichen Länder als die heiligen Stätten. Diese Länder wurden zusammen „Outremer" genannt, die Länder in Übersee. Für viele Christen stellte sie den wahren Grund hinter der Kreuzfahrerbewegung dar, die Verteidigung eines christlichen Staates inmitten religiöser Feinde.

Das Königreich Jerusalem und seine kleineren Genossen, die Fürstentümer von Antiochia und die Grafschaften von Edessa und Tripolis, waren nach dem Modell der europäischen Feudalstaaten organisiert, wurden aber den Erfordernissen im Heiligen Land angepasst. Gottfried von Bouillon wurde zum Verteidiger des Heiligen Grabes gewählt, ein passender Titel für den Verteidiger des Eigentums der Kirche. Er starb innerhalb eines Jahres und sein Bruder Balduin folgte ihm. Als er Weihnachten 1100 zum König von Jerusalem gekrönt wurde, war er de facto das Haupt eines Feudalstaates, nicht nur ein Verteidiger der Kirche.

Die meiste Zeit befanden sich die Kreuzfahrerstaaten am Rande der Auflösung. Im zwölften Jahrhundert verhärtete sich die moslemische Gegnerschaft und sie waren mit einer andauernden Bedrohung konfrontiert. Angesichts der akuten Knappheit an Truppen setzten die Kreuzfahrerstaaten Festungen zur Grenzverteidigung ein und weitere Kreuzfahrer zur Unterstützung. Das Land einwickelte sich zu einer blühenden Gemeinschaft und einem Scharnier zwischen Ost und West. Trotz des Zusammenbruchs von 1187 überlebte es ein weiteres Jahrhundert und auch nach dem Fall von Akkon 1291 gab es weitere Außenposten der Kreuzfahrer in der Ägäis.

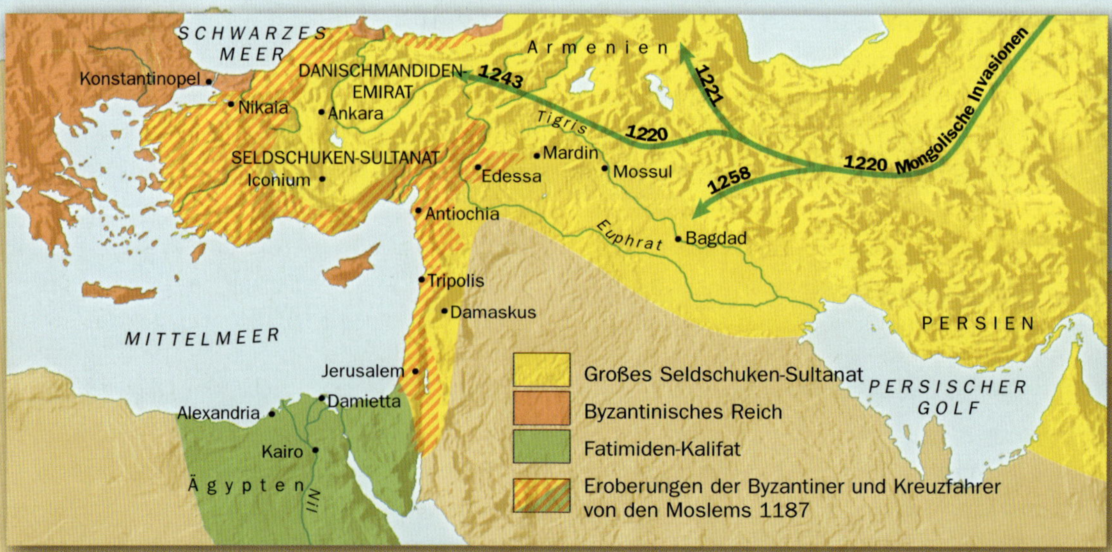

Die Beziehungen zwischen den moslemischen und christlichen Staaten im Mittleren Osten um 1187 und die mongolische Invasion im 13. Jahrhundert, die sowohl Christen als auch Moslems betraf.

A N A T O L I E N
Cäsarea
Gölü-See
Danischmandiden
Ortoqiden
Tigris
Mardin
Seldschuken
Iconium
Maras
Edessa
(Urfa)
Turbessel
Heraclium
Tarsus
Adana
Mersin
Atabegs von Mossul
Euphrat
Byzantiner
Antiochia
(Antakya)
Aleppo
(Halab)
St. Simeon
Seleucia
Alanya
(Coracesium)
GROSSES
SELDSCHUKEN-
SULTANAT
Orontes
Marra
(Ma'arrat an Nu'man)
Latakia
(Al Ladhiqiyah)
Saône
(Sayhun)
Burg der Assassinen
Margat
Hamah
Famagusta
Tortosa
(Tartus)
Zypern
Homs
(Hims)
Tripolis
(Tarabulus)
Akrotiri
Beirut
Damaskus
Sidon
(Sayda)
Tyrus
Akkon
See von Galiläa
Caiphas
(Haifa)
Tiberias
(Teverya)
Asur
M I T T E L M E E R
Jordan
Nablus
Jaffa
Ahamant
(Amman)
Jerusalem
Askalon
(Ashqelon)
Bethlehem
Totes Meer
Gaza
Kerak
(Krak von Moab)
Damietta
Alexandria
Kreuzfahrerstaaten um 1144
FATIMIDEN-KALIFAT
(AIJUBIDEN-DYNASTIE NACH 1171)
Gebiet von Antiochia, 1098–1268 (nach 1198 wurde der westliche Teil an Kleinarmenien verloren)
Kairo
Grafschaft Edessa, 1098–1144
SINAI
Akaba
Grafschaft Tripolis, 1109–1289
Taba
Königreich Jerusalem, 1099–1187
Insel des Pharao
(Korallen-Insel)
Königreich Jerusalem nach dem Verrat von Jaffa, 1229
Golf von Suez
Golf von Akaba
Königreich Kleinarmenien, 1198–1375

Das Königreich Jerusalem

Als er vom Tod seines Bruders Gottfried hörte, musste Balduin seinen Weg nach Süden mit Verhandlungen und Gewalt freiräumen, um die Krone zu ergreifen, die nach Gottfried der Kirche gehörte. Seine Krönung schuf nicht nur ein neues Königreich, sondern führte auch in eine neue Ära in der Geschichte der Kreuzzüge.

Gegenüber: Das schwerwiegendste Problem im Ersten Kreuzzug waren Soldaten: Die ersten Schlachten wurden von den Gefolgsleuten, die über Byzanz nach Asien gereist waren, gefochten. Als immer mehr Kreuzfahrer in der Schlacht fielen, war es schwierig, sie zu ersetzen. Frische Truppen kamen über eine lange, gefährliche Seereise nach Outremer, während die Moslems auf eine scheinbar unendliche Zahl begeisterter Freiwilliger zurückgreifen konnten. Dieses stark beschädigte Fragment eines Manuskripts aus dem 11. Jahrhundert zeigt eine bewaffnete Streitkraft, die sich darauf vorbereitet, mit einer moslemischen Armee zu kämpfen. Nur der Kommandeur links ist gut ausgerüstet, was Outremers Schwierigkeiten widerspiegelt, Waffen und Ausrüstungen aus der Heimat nachzuliefern.

Als Balduin I. (r. 1100–1118) das Königreich von Jerusalem schuf, wurde sein Reich von den ägyptischen Armeen der Fatimiden aus dem Süden bedroht, die drei Angriffe innerhalb von fünf Jahren unternahmen. Die Kreuzfahrer erhielten Hilfe von den Seefahrerstädten Italiens, die Männer und Nachschub brachten und willens waren, für einen lukrativen Stützpunkt nahe bei den Märkten des Vorderen Orients zu kämpfen. Als die Venezianer einen Handelsvertrag mit Konstantinopel abschlossen, witterten auch die Rivalinnen Pisa und Genua eine Gelegenheit in der Levante.

Als die Küstenstädte in christliche Hände fielen, verloren die Moslems ihre Stützpunkte und konnten auch nicht mehr die Verstärkung für das neue Königreich verhindern. Dennoch war der Mangel an Männern ein großes Problem für Balduin und seine Nachfolger. Ein zweiter Kreuzzug in Europa organisierte all diejenigen Rittern mit ihren Gefolgsleuten, die ebenfalls das Gelöbnis abgelegt, aber den Start des Ersten Kreuzzugs verpasst hatten. Sie trafen in drei Marschkolonnen in Anatolien ein und wurden mehrmals von den Türken geschlagen, die von starken seldschukischen Heeren aus Bagdad und Aleppo verstärkt worden waren. Nur eine Hand voll erreichte schließlich Jerusalem und verstärkte die Verteidiger.

Das Königreich Jerusalem und die anderen Kreuzfahrerstaaten im Nahen Osten entstanden als ungeplante Folge des Ersten Kreuzzugs nach der Eroberung der Heiligen Stadt. Die Kreuzfahrer waren ebenso Pilger, die nach dem Erreichen Jerusalems auch die erstrebte Erlösung von ihren Sünden erreicht sahen. Die göttliche Gnade war ihnen ihrer Meinung nach gewogen und viele wollten in dem Land bleiben, in dem Gott sie gesegnet hatte. Dies führte zu der Überzeugung, dass der Tod bei der Verteidigung des Heiligen Grabes eine Garantie für den sofortigen Aufstieg in den Himmel und für die Erlangung der ewigen Seligkeit darstellte.

Ein neues Feudalreich

In einem frommen Zeitalter, als das Leben kurz und brutal war, waren religiöse Gesichtspunkte von höchster Wichtigkeit. Männer wie Raymond von Toulouse oder Gottfried von Bouillon hatten ursprünglich geplant, nach Erfüllung ihrer Mission nach Hause zurückzukehren, aber nach der „wunderbaren" Einnahme Jerusalems beschlossen sie, ihre verbleibenden Jahre dem Dienst des Heiligen Grabes zu widmen. Die Kreuzfahrerstaaten entstanden gleichermaßen aus dem spirituellen Ideal wie der adligen Lust an der Macht, was von neuzeitlichen Historikern oft übersehen wurde.

Um ihre neu gewonnenen Territorien zu verteidigen, mussten die Kreuzfahrer einen Staat organisieren. Die einzige ihnen bekannte Art war das Feudalsystem, das sie dem Heiligen Land überstülpten. Natürlich teilten nicht alle Kreuzritter den religiösen Ernst von Raymond oder Gottfried. Bohemond von Tarent betrachtete sich den anderen im Rang überlegen und nannte sein Reich um Antiochia Fürstentum. Ebenso behauptete sein Neffe Tankred, dass seine Erwerbungen in Galiläa ein Fürstentum seien. Andere wie der Graf von Toulouse waren mit dem Titel einer „Grafschaft" zufrieden.

Es drohte die Gefahr, dass die Zersplitterung nicht nur territorial, sondern auch politisch würde und die gegenseitige Verteidigung behindern könnte. Ob es ihnen gefiel oder nicht, die Fürsten brauchten eine Art Oberbefehl. Als Balduin gekrönt wurde, bekam er einen Titel mit uralten biblischen Wurzeln. Unter den vorherigen Königen von Jerusalem waren Salomon und David – der Königstitel hatte also ein unvergleichliches religiöses Prestige. Das Volk Israel war von dem König von Jerusalem beherrscht worden, der neue König wollte aber jede jüdische Reminiszenz tilgen und fügte den Zusatz „der Lateiner" hinzu. Die Kirche erkannte den Titel an, aber erinnerte Balduin auch an seine moralischen und geistlichen Pflichten als christlicher Monarch.

Die Könige des zwölften Jahrhunderts

Im zwölften Jahrhundert herrschten die Könige von Jerusalem dem Anspruch nach über die anderen Kreuzfahrerstaaten. In Wahrheit hatten sie wenig Einfluss über die nördlichen Fürstentümer und der Hof war durch Fraktionskämpfe und dynastische Streitereien zerrissen.

Gegenüber: Diese Darstellung aus dem frühen 14. Jahrhundert zeigt eine Schlacht zwischen christlichen Rittern und Moslems. Zahlreiche derartige Abbildungen waren in den populären Büchern über die Kreuzzüge zu finden. Die Darstellung der unbewaffneten Moslems mit Turbanen ist ungenau, da auch sie Rüstungen trugen. Die abgeschlagenen Köpfe von Moslems lassen darauf schließen, dass es sich um eine christliche Abbildung handelt.

Schon vor der Einnahme von Jerusalem waren die Kreuzfahrer durch nationale und regionale Zugehörigkeit unterschieden. Die Normannen Italiens folgten Bohemond von Tarent, die südlichen Franken Raymond von Toulouse und das Gefolge Gottfrieds von Bouillon kam aus Lothringen und Brabant. Es war schwierig für sie, einen König aus ihren Standesgenossen zu ernennen, der einem anderen regionalen Aufgebot angehörte.

Gottfried und dann Balduin hatten nur wenig Autorität über die anderen Fürsten und ihr Einfluss war außerhalb des Königreichs Jerusalem gering. Die auf Erbfolge beruhende fränkische Feudalhierarchie wurde übernommen. Die unmittelbaren Nachkommen oder enge Verwandte des Monarchen folgten ihm nach, die Kirche entschied, wenn es zwischen rivalisierenden Kandidaten keine klare Wahl gab.

Die Schwäche des Systems wurde offenkundig, sobald die Nachfolge auf einen minderjährigen Thronfolger überging, für den ein Regent herrschte. Die Verwandten wurden verbannt, Favoriten brachten sich in Position und unvermeidliche Konflikte folgten, die die Zentralgewalt schwächten. In den von Feinden umgebenen Kreuzfahrerstaaten erwies sich dieses System als fatal. So hatten ihre Höfe mehr mit dem Byzantinischen Reich gemeinsam, wo die Situation durch die laufend wechselnden Allianzen der Vornehmen turbulent blieb.

Unter Balduins Regierung erfolgte die Absicherung der Küstenregionen, die großteils noch in Händen der Moslems waren. Er schlug auch mehrere Angriffe der Fatimiden zurück. Als der kinderlose Balduin bei einem Zug nach Ägypten den Tod fand, wurde der Thron von seinem Bruder Eustachius von Boulogne und seinem Cousin Balduin von Bourg beansprucht, der ihm als Graf von Edessa gefolgt war. Eustachius war in Europa und Balduin sicherte sich die Krone .

Die Dynastie Balduins

Balduin II. (r. 1118–1131) traute keiner Seite – und das mit gutem Grund. Als er 1123/24 bei den seldschukischen Türken gefangen war, wollten ihn rivalisierenden Adlige durch Graf Karl von Flandern ersetzen. Noch während er über seine Befreiung verhandelte, sicherte er seine Nachfolge und verheiratete seine älteste Tochter Melisande mit Graf Fulk von Anjou. Dieser folgte ihm 1131 auf dem Thron, begünstigte aber seine eigenen Leute und verprellte so den Adel der Kreuzfahrer und seine Frau.

Als Fulk 1143 starb, regierte Melisande als Regentin im Namen ihres Sohnes Balduin III. Da sie ihre Machtposition nur widerstrebend

räumte, musste ihr Sohn Balduin sie mit Gewalt aus dem Amt entfernen und verbannte sie. Er starb 1163 und sein jüngerer Bruder Amalrich (r. 1163–1173) folgte ihm. Diese Fehden schwächten den Einfluss der Krone und kein Herrscher konnte seine Oberhoheit über Antiochia, Tripolis oder Edessa durchsetzen.

Balduin IV. (r. 1174–1185), einer der begabteren Herrscher, steckte sich mit Lepra an und war nicht mehr in der Lage, die dynastischen Ränke im Zaum zu halten, die zu einem typischen Merkmal des Jerusalemer Hofes geworden waren. Weil er kinderlos war, folgte ihm der minderjährige Sohn seiner Schwester Sibylla. Balduin V. überlebte ihn nur für ein Jahr; danach übernahm seine Mutter mit ihrem Mann Guy von Lusignan 1186 die Krone. Dies entfremdete Guy von den anderen Fürsten und von Graf Raymond von Tripolis, dem der Thron versprochen worden war. Diese Spaltung erwies sich als fatal in dem Feldzug gegen Saladin 1187. Guy I. von Jerusalem (r. 1186–1192) ging als derjenige in die Geschichte ein, der die Heilige Stadt an die Moslems verlor.

Unten: Sonnenuntergang hinter der Altstadt von Jerusalem.

Die ersten Fürsten von Antiochia

1098 wurde Bohemond von Tarent der erste Fürst von Antiochia. Der Großteil des folgenden Jahrhunderts war von einem Überlebenskampf geprägt, in dem die Fürsten genauso viel Energie im Kampf gegen ihre Rivalen oder auf die Thronstreitigkeiten in Jerusalem verwandten wie auf den Kampf gegen die umgebenden moslemischen Feinde.

Bohemond hatte sich sein Fürstentum gesichert, indem er seinen Kreuzfahrereid brach. Statt die Moslems aus Jerusalem zu vertreiben, schuf er sein eigenes Reich. Seine normannischen Ritter aus Italien unterstützten ihn, die anderen Kreuzfahrer nahmen es ihm übel.

Im Sommer 1100 wurde er von den Türken gefangen genommen und sein Neffe Tankred wurde Regent. Als er gegen ein beträchtliches Lösegeld drei Jahre später freigelassen wurde, überließ er Tankred weiterhin die Verantwortung für das Fürstentum und kehrte zurück nach Italien, um Verstärkung zu organisieren. Hier starb er und sein dreijähriger Sohn folgte ihm. Als Minderjähriger blieb Bohemond II. in Italien und Tankred führte die Regierung bis zu seinem Tod 1112.

Die Regentschaft ging dann auf Tankreds Vetter Roger von Salerno über. Der Emir von Mardin Ilghazi war vor kurzem auch Emir von Aleppo geworden. Er war ein tüchtiger Heerführer und fiel gemeinsam mit dem Emir von Damaskus in das Fürstentum Antiochia ein. König Balduin II. von Jerusalem eilte Roger zu Hilfe, aber am 28. Juni 1119 wurde der Regent 25 km von Aleppo eingekesselt.

Es war ein Gemetzel. Nach dem moslemischen Chronisten Ibn al-Qalanisi „waren die Franken in weniger als einer Stunde alle tot." Christlichen Quellen zufolge kehrten nur 20 Kreuzritter nach Antiochia zurück. Auch Roger war tot. Unter den Kreuzfahrern hieß der Schlachtort nur der „ager sanguinus", das Blutfeld. Die Katastrophe zeigt die akute Knappheit an Kämpfern. Sie konnten sich keine Verluste leisten, während die Moslems genügend Männer zur Verfügung hatten, die darauf brannten, gegen die Ungläubigen zu kämpfen.

Mit der Vernichtung der Streitkräfte war Antiochia offen für den Feind. Die Kleriker und Kaufleute bildeten Milizen, um die Stadt zu be-

Unten: Die Armee eskortiert eine Proviantlieferung, aus einer Handschrift des 14. Jahrhunderts. Die Sicherung des Nachschubs war ein ernsthaftes Problem der Kreuzfahrer. Auch nach der Sicherung Antiochias gab es Angriffe der Fatimidenflotte auf die Versorgungsschiffe. Wenn es Nahrung gab, fehlte es jedoch an Männern, um die Karawanen zu beschützen.

schützen, während König Balduin die Kontrolle übernahm. Nur eine Spaltung im seldschukischen Bündnis hinderte die Moslems daran einzubrechen, und obwohl Ilghazi der Held Aleppos war, zog er es vor, den Sieg zu begießen statt ihn auszunutzen. Drei Jahre nach der Schlacht starb er, angeblich an den Folgen des Alkohols.

Ein Bündnis mit Byzanz

Im Oktober 1126, 15 Jahre nach dem Tod seines Vaters traf Bohemond II. in Antiochia ein. Balduin II. begrüßte den jungen Fürsten, aber forderte ihn auf, seine Tochter Alice zu heiraten. Dies sicherte eine Union zwischen dem Königreich und dem Fürstentum, doch vier Jahre später wurde Bohemond von den Türken getötet und sein Kopf dem seldschukischen Kalifen in Bagdad als Geschenk gesandt – ein Zeichen für den zunehmenden Widerstand der Moslems gegen die Kreuzfahrer. Statt der benötigten Einigkeit gegen die fatimidische und seldschukische Bedrohung wurden diese in einen weiteren Streit um die Nachfolge verwickelt.

In Jerusalem gab es einen neuen König, und als Alice das Reich ihres Mannes beanspruchte, proklamierte sich Fulk I. (r. 1131–1143) zum Regenten im Namen ihrer Tochter Konstanze. 1136 wurde die Prinzessin mit Raymond von Poitiers vermählt, einem Anhänger Fulks. Raymond blieb in Antiochia an der Macht, bis er 1149 in der Schlacht von Fons Muratus von den Streitkräften Nureddins getötet wurde, des berühmten seldschukischen Heerführers. Der König von Jerusalem, Balduin III., wurde Regent von Antiochia, das seine Herrscher und sein einziges Heer verloren hatte.

Balduin verhinderte den militärischen Zusammenbruch und regierte das Fürstentum im Namen Konstanzes, bis sie 1153 wieder heiratete. Ihr neuer Gatte Reynald von Châtillon-sur-Loing herrschte acht Jahre bis zu seiner Gefangennahme bei einem türkischen Raubzug. Fürstin Konstanze behielt Antiochia, indem sie sich mit den Byzantinern verbündete. Ihre Tochter Maria heiratete den Kaiser Manuel Komnenos (r. 1143–1180), der der offizielle Oberherr Antiochias wurde, auch wenn Konstanze im Namen ihres Schwiegersohns im Besitz des Reiches blieb. Diese Intrigen hatten ihren Preis und die beiden Niederlagen unterminierten Antiochias Fähigkeiten, sich zu verteidigen.

Grundriss von Beaufort (Belfort): Die ursprüngliche Festung wurde 1139 von König Fulk von Jerusalem erobert. Er erbaute eine ansehnliche Burg, deren Ostseite senkrecht zum Fluss Litani abfiel. Beaufort wurde von den Herren von Sidon gehalten, bis es 1190 von den Moslems eingenommen wurde. 1240 wurde es zurückerobert und 1260 den Templern übergeben. Sie fügten eine überdachte Halle hinzu und Schutzmauern um ein südliches Plateau. Unglücklicherweise bildete dieses eine perfekte Katapultbasis für Beibars, den Emir der Mameluken, der Beaufort 1268 belagerte und einnahm.

Die Grafschaften Edessa und Tripolis

Die Grafen von Tripolis und Edessa schufen zwei blühende Feudalstaaten im Heiligen Land. Sie waren eifersüchtig auf ihre Unabhängigkeit bedacht, obwohl sie eng mit den anderen Kreuzfahrerstaaten verbunden waren. Und wie diese existierten sie im Schatten moslemischer Nachbarn.

Oben: Die syrische Ebene vor Tripolis im Libanon ist eine Landschaft, in der in den vergangenen Jahrhunderten ungezählte Armeen kämpften. Für die Kreuzfahrer verkörperte dieses Land allen Wohlstand und alle Macht, die sie seit ihrem Aufbruch aus Europa gesucht hatten.

Edessa wurde Zentrum der Grafschaft von Edessa, als Balduin von Boulogne diese armenische Stadt besetzte (S. 66/67). Als er zwei Jahre später der erste König von Jerusalem wurde, übergab er die Provinz seinem Vetter Balduin von Le Bourg. 18 Jahre später sicherte Balduin selbst nach dem Tod seines Bruders den Thron in Jerusalem. Als König Balduin II. übergab er Edessa an die fränkische Familie der Courtenay aus Mittelfrankreich.

Dem ersten Grafen der Courtenay, Joscelin I. (r. 1119–1131), folgte Joscelin II., der die Stadt 1144 an die seldschukischen Türken verlor. Er machte Turbessel auf halbem Weg zwischen Edessa und Antiochia zu seiner neuen Hauptstadt. Fünf Jahre später war er in einem türkischen Gefängnis in Aleppo. Was von seiner Grafschaft übrig blieb, ging an seine Gattin Beatrix, die keine andere Wahl hatte, als es den Byzantinern als Gegenleistung für den Schutz gegen die Türken zu übereignen.

1148 spielte sich das Drama des Zweiten Kreuzzugs vor Damaskus ab und mit dem Fehlschlag dieses Unternehmens war jede unmittelbare Chance verloren, Edessa wiederzugewinnen. Beatrice und ihre Kinder zogen sich in die relative Sicherheit des Jerusalemer Hofes zurück. Die Armenier von Edessa blieben Untertanen der seldschukischen Türken.

Die Aufteilung von Tripolis

Die Geschichte der Grafschaft Tripolis ist ein verwickeltes Geflecht tödlicher Fehden und kurzlebiger Herrscher. 1102, nach seiner Ablehnung der Krone von Jerusalem, nahm Raymond von Toulouse den Titel des Grafen von Tripolis an. Die Hafenstadt war noch in der Hand der Moslems und obwohl ihr Graf sie belagerte, war sie es auch noch drei Jahre später bei seinem Tod. Seine Witwe und sein jüngerer Sohn Alfons kehrten nach Toulouse zurück und die anderen Anführer des südfränkischen Kontingents wählten den Cousin ihres jüngst verstorbenen Anführers Wilhelm Jordan zum neuen Grafen von Tripolis. Diese Position wurde von Raymonds ältestem Sohn Bertrand bestritten.

Um Vermittlung gebeten, versuchte König Balduin auch den Anspruch von Bohemonds Neffen Tankred auf die Grafschaft Edessa zu klären. Seine Lösung war kompliziert: Tripolis sollte zwischen Wilhelm und Bertrand geteilt werden und als Gegenleistung sollte Bertrand Vasall des Königs werden. Zugleich wurde Tankred als Gegenleistung für seinen Verzicht auf Edessa Graf Wilhelms Lehensherr.

Tripolis fiel 1109 nach fünfjähriger Belagerung und Wilhelm wurde kurz danach unter mysteriösen Umständen getötet. Tankred wurde nun gezwungen, Bertrands Sohn Pons als Ersatz für Wilhelm zu akzeptieren, aber in Wirklichkeit beherrschten Bertrand und Pons das ganze Land. 1137, kurz nach Bertrands Tod, wurde Pons von den Seldschuken getötet und Tripolis erkannte Bertrands Bruder Raymond II. (r. 1137–1152) anstelle von Raymonds jüngstem Sohn Alfons an, der der rechtmäßige Erbe war.

Als die terroristische Sekte der Assassinen Raymond ermordete, beherrschte Alfons zwölfjähriger Sohn Raymond III. Tripolis, bis er von den Türken gefangen genommen wurde. Er blieb von 1164 bis 1172 in Damaskus in Gefangenschaft und König Amalrich von Jerusalem (r. 1163–1173) herrschte als Regent. Nach seiner Befreiung gewann er seine Stellung zurück und herrschte bis zur Niederlage in der Schlacht von Hattin 1187.

Raymond III. hatte sich als fähiger Herrscher erwiesen, als er für den bettlägerigen und sterbenden leprösen König Balduin IV. von Jerusalem die Regentschaft führte. Seine Gefangenschaft verhalf ihm zu einem besseren Verständnis der Moslems, in denen er mehr Nachbarn denn Feinde sah. Zu Unrecht wurde er nach der Katastrophe von Hattin (S. 118/19) als Verräter gebrandmarkt und seiner Herrschaft beraubt. Er starb Monate darauf als gebrochener Mann. Hätte König Guy von Jerusalem auf seinen Rat gehört, hätten die Kreuzfahrerstaaten vielleicht ihren Zusammenbruch nach der Schlacht vermeiden können.

Unten: Ein schattiger Weg führt an einem der zahlreichen Zeremonienbecken und Moscheen entlang, die die Burg der alten mesopotamischen Stadt Edessa umgeben. Die Stadt war der Sitz der Grafen von Edessa und wurde im 15. Jahrhundert in Urfa umbenannt.

Die Feudalwirtschaft von Outremer

Die neue lateinische Elite des Heiligen Landes hatte das fränkische Feudalsystem importiert, das in Europa gut funktionierte. In den Kreuzfahrerstaaten war wegen der gemischten eingeborenen Bevölkerung ein flexibleres System gefordert, das auch mit dem dramatischen Mangel an ausgebildeten Rittern fertig werden musste.

Die Kreuzfahrerstaaten entstanden zu einem Zeitpunkt, als das Feudalsystem sich änderte. Die Abhängigkeiten zwischen den verschiedenen Rängen wurden flexibler und mit dem Wachstum der Städte und des Handels änderte sich auch die frühmittelalterliche Wirtschaft. Es gab Unterschiede in der Anwendung des Feudalsystems zwischen Nord- und Südeuropa und da die Kreuzfahrer aus beiden Regionen kamen, machten sich diese Unterschiede in Übersee bemerkbar.

Das Königreich Jerusalem, das Fürstentum Antiochia und die Grafschaften von Tripolis und Edessa funktionierten unabhängig voneinander, ähnlich wie die europäischen Königreiche. Im Unterschied zu ihnen mussten sie sich zur gegenseitigen Verteidigung mehr auf ihre Nachbarn verlassen. Auch die Kirche war zwischen den Patriarchaten von Jerusalem und Antiochia geteilt und es gab keine geistliche Macht, die alle Staaten überspannte.

Obwohl das Königreich Jerusalem keine politischen Gründe hatte, die Lehnshoheit über die anderen Staaten zu beanspruchen, erkannten die Grafen von Edessa die Lehnsfolge an. König Balduin I. hatte die Grafschaft in seiner Familie weitergereicht, als er König wurde. Obwohl auch die ersten Grafen von Tripolis dem König Lehnsfolge anboten, kam ein Teil des Besitzes unter den Einfluss des benachbarten Fürstentums Antiochia, als Tankred der Feudalherr des nördlichen Teils wurde. Über den südlichen Teil sicherten sich die Könige von Jerusalem die direkte feudale Souveränität.

Zuerst strebten die Fürsten von Antiochia entschlossen nach Unabhängigkeit und wiesen jede Einmischung Jerusalems zurück. Dies änderte sich nach mehreren katastrophalen Rückschlägen auf dem Schlachtfeld, als die Könige

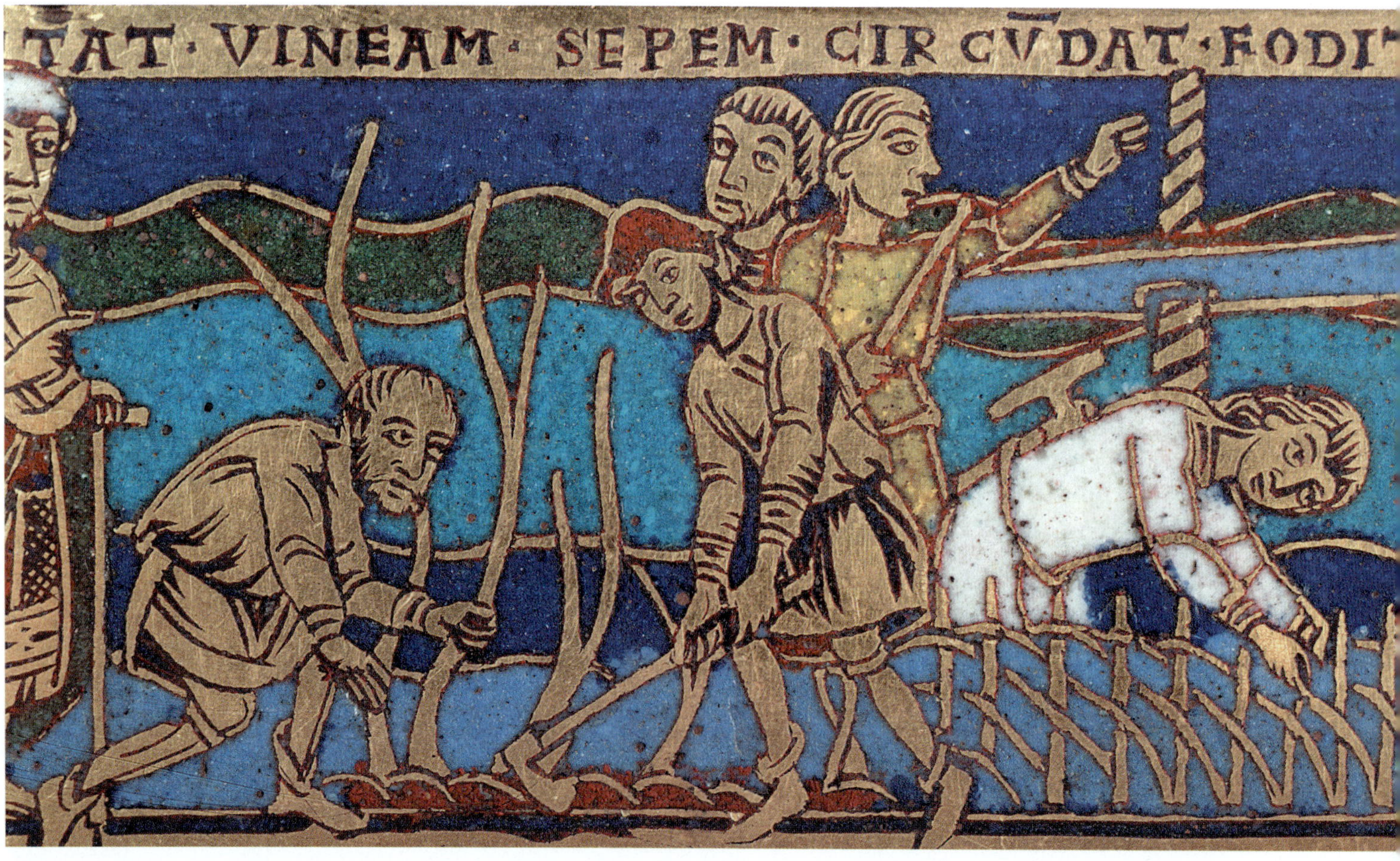

Unten: Bauern arbeiten in einem Weingarten, um 1160. Im feudalen Europa beruhte der Wohlstand der Ritter auf der Arbeit der Leibeigenen. In den Kreuzfahrerstaaten gab es nur wenige Bauern (die meisten wurden in den Bauernkreuzzügen niedergemetzelt). Daher wurde in einer Art Kolonialfeudalismus die einheimische Bevölkerung dazu gebracht, Olivenhaine und Weinberge anzulegen.

Oben: Fischer an einem Flussufer, aus einem mamelukischen Manuskript um 1350. Der eine fischt mit einem Netz, während der andere einen Wassersack auf seiner Schulter trägt, um den Fang zum Markt zu bringen. Die Omaijaden- und Abbasidendynastien hatten gute landwirtschaftliche Methoden in der moslemischen Welt verbreitet. Die seldschukischen Türken setzten das fort und belebten den Ackerbau in Anatolien, der unter den Byzantinern zerstört worden war. Die Kreuzfahrer hatten auch Palästina zerstört, konnten aber das Wissen der Bevölkerung einsetzen.

von Jerusalem eingreifen mussten, um zu verhindern, dass das Fürstentum an die Moslems fiel. Nach der Schlacht auf dem Blutfeld übte König Balduin das Recht aus, die Thronfolge zu bestimmen. So stellte er sicher, dass die neuen Fürsten ihm huldigten und seine Lehnshoheit über sie anerkannten. Als Gegenleistung bot er den Schutz seines Heeres.

Das System verändert sich

In den Kreuzfahrerstaaten folgte man nicht durchgehend dem europäischen System, bei dem ein führender Adliger den Besitztitel über sein Land als Lehen des Königs erhielt. Stattdessen wurden die feudalen Bindungen durch Gefolgschaftseide etabliert im Austausch für gegenseitigen Schutz in kritischen Situationen. 1122 revoltierte Graf Pons von Tripolis gegen die Oberhoheit des Königs. Die Revolte wurde niedergeschlagen und die Hoheit von König Balduin wiederhergestellt.

Weiter unten auf der Skala des Feudalsystems hatten die kleineren Ritter bei der Verteidigung der rivalisierenden Kreuzfahrerstaaten wenig zu gewinnen. Gemeinsame militärische Aktionen waren nur in Zeiten schwerer Krisen möglich, wenn alle Kreuzfahrerstaaten bedroht waren. Die kleineren Adligen und Ritter sorgten durch die landwirtschaftliche Produktion in ihren Lehen und das Eintreiben der Steuern in den Städten für ihre Lehensherren für das Funktionieren der feudalen Wirtschaft.

Die Erfahrung lehrte, dass die Kreuzfahrer, um die wirtschaftlichen Früchte ihrer Domänen ernten zu können, ihre Methoden an die Erfordernisse des Nahen Ostens anpassen musste. Nicht-Lateiner als Verwalter tauchten im zwölften Jahrhundert vermehrt auf und besonders in den Städten gab es verbreitet griechische, armenische und sogar arabische Verwalter. Da die lateinische Elite immer eine herausgehobene soziale Stellung über die heterogene einheimische Bevölkerung aufrecht erhielt, wurde sie mit der Zeit eine rein militärische Oberschicht und überließ die Verwaltung der Kreuzfahrerstaaten den Klerikern und nichtlateinischen Spezialisten. Dies führt zu nichtlateinischen Einflüssen auf die Verwaltung und die Fürsten passten unwillkürlich das Feudalsystem dem Heiligen Land und seiner Bevölkerung an.

KAPITEL 5

Dschihad:

Die islamische Antwort

Die Kreuzfahrereinfälle zu Beginn des 12. Jahrhunderts in Syrien und Palästina und die Eroberung Jerusalems, der das gnadenlose Abschlachten der moslemischen Bevölkerung folgte, erschütterten die islamische Welt. 1109 eroberten die Kreuzfahrer Tripolis und zerstörten die große arabische Bibliothek von Dar al Ilm, einen unersetzlichen Schatz der moslemischen Welt. Ähnliche Berichte von Massakern, Vertreibungen und Barbareien erreichten die verbleibenden islamischen Städte durch Zehntausende Flüchtlinge aus dem Heiligen Land.

Der Kalif von Bagdad, der als der Nachfolger Mohammeds galt, geriet zunehmend unter Druck, die Moslems in einem Dschihad (heiligen Krieg) im Namen des Islam zu vereinen. Der friedfertige Kalif hatte ebenso versucht, einen versöhnlichen Pfad einzuschlagen, wie der türkische Seldschuken-Sultan, die politisch treibende Kraft in der moslemischen Welt. Als sich die moslemische Opposition während der folgenden zwei Dekaden gegenüber den Christen festigte, verstärkte sich auch der Ruf nach einem Dschihad.

Einige regionale Emire nahmen die Sache in die Hand. Unter Ilghazi, dem Emir von Mardin, errang eine moslemische Armee einen bedeutenden Sieg über die Franken. Der Neffe des Emirs, Balak, und Imadeddin Zenki folgten ihm als

wahre Vorkämpfer des Islam. Unter der Führung von Zenki und dem frommen Nureddin eroberten moslemische Armeen Edessa und besiegten die Kreuzfahrer des Zweiten Kreuzzuges (S. 92 unten).

Erstmals vereinten sich die Moslems gegen die Kreuzfahrer in Outremer. Nur die regionale Sekte der Assassinen verhandelte mit den Franken, als an Versöhnung nicht mehr zu denken war. Ab der Mitte des 12. Jahrhunderts führten die Moslems einen Dschihad, der erst mit der Vertreibung der letzten Kreuzfahrer aus ihrem Land enden sollte.

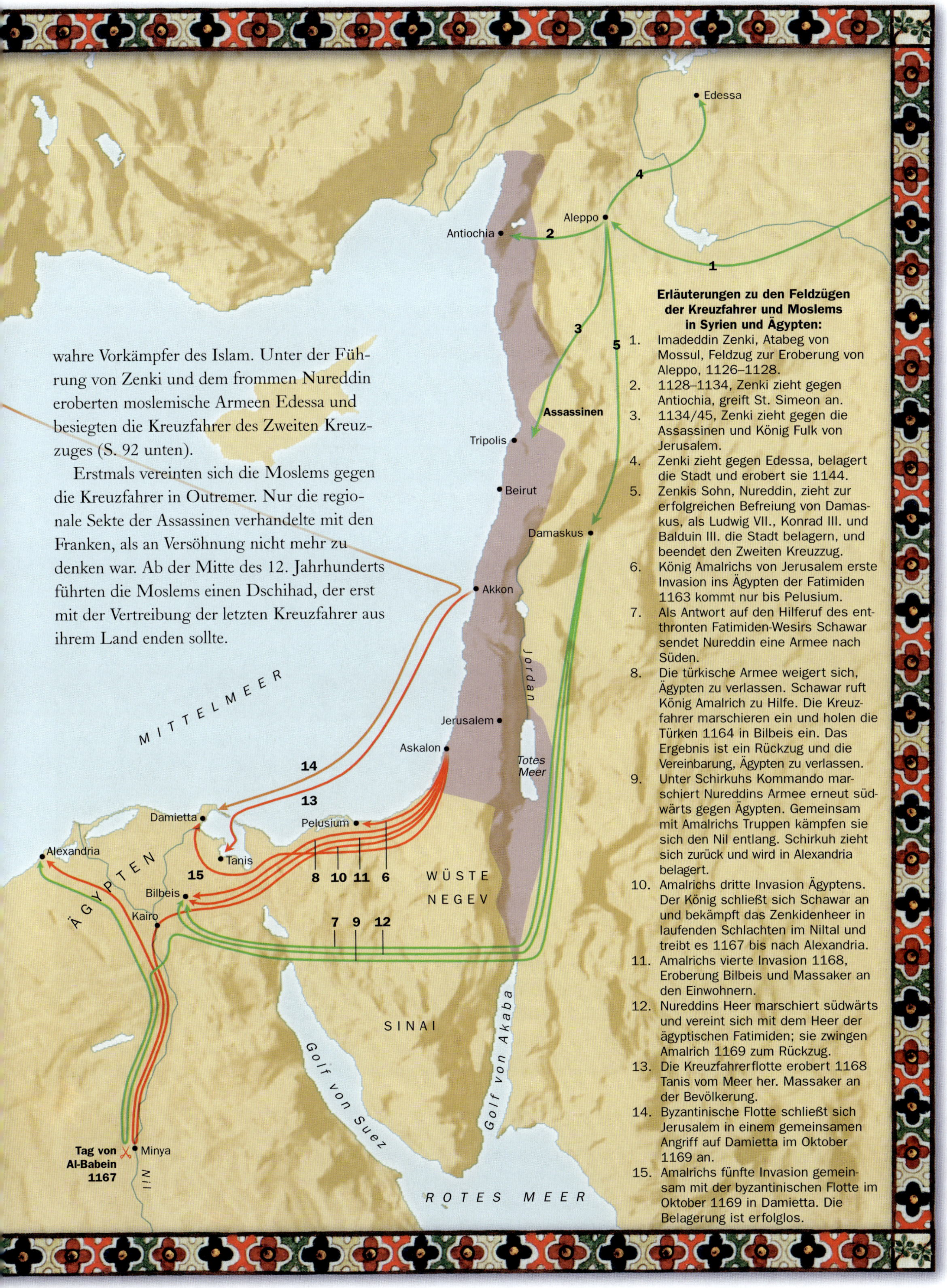

Erläuterungen zu den Feldzügen der Kreuzfahrer und Moslems in Syrien und Ägypten:

1. Imadeddin Zenki, Atabeg von Mossul, Feldzug zur Eroberung von Aleppo, 1126–1128.
2. 1128–1134, Zenki zieht gegen Antiochia, greift St. Simeon an.
3. 1134/45, Zenki zieht gegen die Assassinen und König Fulk von Jerusalem.
4. Zenki zieht gegen Edessa, belagert die Stadt und erobert sie 1144.
5. Zenkis Sohn, Nureddin, zieht zur erfolgreichen Befreiung von Damaskus, als Ludwig VII., Konrad III. und Balduin III. die Stadt belagern, und beendet den Zweiten Kreuzzug.
6. König Amalrichs von Jerusalem erste Invasion ins Ägypten der Fatimiden 1163 kommt nur bis Pelusium.
7. Als Antwort auf den Hilferuf des entthronten Fatimiden-Wesirs Schawar sendet Nureddin eine Armee nach Süden.
8. Die türkische Armee weigert sich, Ägypten zu verlassen. Schawar ruft König Amalrich zu Hilfe. Die Kreuzfahrer marschieren ein und holen die Türken 1164 in Bilbeis ein. Das Ergebnis ist ein Rückzug und die Vereinbarung, Ägypten zu verlassen.
9. Unter Schirkuhs Kommando marschiert Nureddins Armee erneut südwärts gegen Ägypten. Gemeinsam mit Amalrichs Truppen kämpfen sie sich den Nil entlang. Schirkuh zieht sich zurück und wird in Alexandria belagert.
10. Amalrichs dritte Invasion Ägyptens. Der König schließt sich Schawar an und bekämpft das Zenkidenheer in laufenden Schlachten im Niltal und treibt es 1167 bis nach Alexandria.
11. Amalrichs vierte Invasion 1168, Eroberung Bilbeis und Massaker an den Einwohnern.
12. Nureddins Heer marschiert südwärts und vereint sich mit dem Heer der ägyptischen Fatimiden; sie zwingen Amalrich 1169 zum Rückzug.
13. Die Kreuzfahrerflotte erobert 1168 Tanis vom Meer her. Massaker an der Bevölkerung.
14. Byzantinische Flotte schließt sich Jerusalem in einem gemeinsamen Angriff auf Damietta im Oktober 1169 an.
15. Amalrichs fünfte Invasion gemeinsam mit der byzantinischen Flotte im Oktober 1169 in Damietta. Die Belagerung ist erfolglos.

Dschihad und islamische Einheit

Für viele Moslems war der Heilige Krieg ein überholtes Mittel, eng verbunden mit den arabischen Eroberungen des siebten Jahrhunderts. Doch gab es moslemische Führer, die einen Heiligen Krieg als Antwort auf die christlichen Kreuzzüge befürworteten.

Der Dschihad dient nach islamischer Lehre: dem Willen Allahs, wenn er die Feinde des Islam bekämpft. In dieser Auffassung standen sich der Islam und das Christentum sehr nahe – beide Glaubensrichtungen des Mittelalters versprachen göttliche Gnade, die die Leiden des Kämpfers auf der Erde aufwog. Der erste Dschihad wurde von den Mohammed nachfolgenden Kalifen geführt. Aus den arabischen Eroberungen des 6. Jahrhunderts ging das Islamische Reich hervor und die Verbreitung des moslemischen Glaubens in Nordafrika, Ägypten, dem Nahen Osten, Persien und Zentralasien.

Zu Beginn des 12. Jahrhunderts galt die Idee des Dschihad als ein fünfhundert Jahre altes Relikt islamischer Geschichte. Einer der ersten, der diese Vorstellung aufbrach, war Abu al Fadl ibn al Khaschsab von Aleppo. Er hatte den Rang eines *raís* (ähnlich einem Bürgermeister), war *qadi* (Richter) und war einer der angesehensten Männer der Stadt. Zu Beginn der Kreuzzüge lag Aleppo in vorderster Front. Zu einer Zeit, als die moslemischen Staaten zerstritten waren oder sich bekriegten, konnten die Kreuzfahrer weitgehend unbehelligt ein Königreich der „Ungläubigen" errichten. Die Folge war eine Umschichtung der Bevölkerung, da viele Menschen nach Aleppo und Damaskus flohen.

Ein Flüchtling aus Marra berichtet über die Eroberung der Stadt durch die Kreuzfahrer 1099: „Ich komme aus einer Stadt, die Allah der Zerstörung überlassen hat. Die gesamte Bevölkerung ist ausgelöscht." Ähnliche Berichte über Barbareien erreichten Aleppo aus Jerusalem, Antiochia, Tyrus und Tripolis und erregten den Zorn von Ibn al Khaschsab. Er war Araber und entstammte nicht der herrschenden Schicht türkischstämmiger Seldschuken. Während moslemische Völker die Politik im Nahen Osten bestimmten, sahen sich die Araber als die Be-

Die Ruinen von St. Simeon, **ganz links**, und die Große Moschee, **links**, in Aleppo. Die christliche Kirche wurde im 5. Jahrhundert erbaut und einem Einsiedler gewidmet, der auf der Spitze einer schmalen Säule meditierte. Dieser Teil Syriens hielt auch nach der arabischen Invasion unter der Omaijadendynastie im 8. Jahrhundert am christlichen Glauben fest. Damals wurde die Große Moschee in Aleppo errichtet. Der Erste Kreuzzug und seine Nachwirkungen brachten eine religiöse Spaltung in die frühere Toleranz des Nahen Ostens und beendeten ironischerweise das Christentum in dieser Region – das Gegenteil von Papst Urbans II. Absicht.

wahrer des islamischen Glaubens. Ibn al Khaschsab führte eine Bewegung an, um die seldschukischen Führer zu militärischen Schritten gegen die Kreuzfahrer zu zwingen. Im Jahr 1111 überzeugte er den Kalifen und den Sultan von Bagdad, ein Heer aufzustellen.

Günstig für die Franken

Dies war nicht die erste militärische Aktion der Seldschuken. Eine türkische Armee unter der Führung von Mawdud, Atabeg von Mossul, hatte Edessa angegriffen, war aber nicht in den Dschihad eingebunden. Die regionalen Sultane und Emire beobachteten einen von Bagdad aus geführten Heiligen Krieg mit Argwohn. So verweigerte 1111 Emir Ridwan seine Unterstützung, als Mawduds Heer vor Aleppo stand. Ein zweiter Versuch, 1114 einen Dschihad in Damaskus auszurufen, scheiterte ebenfalls, weil der Emir von Damaskus seine Stellung durch Mawdud bedroht sah. Nach Mawduds Ermordung schloss der Emir im folgenden Jahr einen Friedensvertrag mit den Kreuzfahrern.

Die Idee eines Dschihad wurde immer populärer, doch die unabhängigen Herrscher waren noch nicht von seinem Sinn und Erfolg überzeugt. Die Veränderungen, die die Kreuzfahrer hervorriefen, wurden in der nicht betroffenen moslemischen Welt kaum wahrgenommen. Für viele waren die Franken nur eine vorübergehende Bedrohung. Die kleinen Herrscher waren unwillig, eine für sie wahrscheinlich unkontrollierbare religiöse Bewegung zu entfachen.

Erst als deutlich wurde, dass die Kreuzfahrer nur durch gemeinsame langwährende militärische Aktionen besiegt werden könnten, wurde der Ruf nach dem Dschihad erhört. Die Moslems brauchten einen begnadeten Führer, der in der Lage war, regionalen Argwohn zu beseitigen und den Dschihad in einer Weise zu vertreten, dass die gesamte islamische Welt durch ihn profitieren würde.

Die Emire von Aleppo

Während der Sultan und der Kalif in Bagdad bemüht waren, den Islam in einem Heiligen Krieg zu vereinen, verteidigten die seldschukischen und fatimidischen Herrscher im Nahen Osten ihre Machtbereiche gegen die Franken. Bald wurde klar, dass sie einen erfahrenen militärischen Führer brauchten, um Erfolg zu haben.

Unten: Die Zitadelle von Aleppo wurde eine der stärksten moslemischen Burgen. Sie überragt die Stadt mit ihrer 49 m hohen, steil abfallenden Seitenfront. Im Bild das steinerne Glacis und das massive Tor, die vom Aijubiden Malik az'Zahir 1203/4 errichtet wurden.

Obwohl die seldschukischen Türken theoretisch unter der Führung des Sultans von Bagdad vereint waren, wurden die ersten Gegenschläge auf den fränkischen Überfall nicht gemeinsam geführt. Nach jahrelangen Machtkämpfen, die die Einheit unterwandert hatten, wachte jeder Emir eifersüchtig über seinen Herrschaftsbereich. Die Kreuzfahrer besetzten einen schmalen Küstenstreifen mit Enklaven im Norden (Edessa) und Süden (Jerusalem); ein gezielter Angriff gegen die schwächsten Punkte der christlichen Linie hätte deren Stellungen isoliert und ihre Zerstörung vereinfacht. Doch dazu hätte man politische Einheit und einen erfahrenen Führer gebraucht. Beides war zu Beginn des 12. Jahrhunderts nicht vorhanden. Doch der zunehmende Ruf nach einem Dschihad schien die Einheit des Islam zu ermöglichen.

1113 verstarb Emir Ridwan von Aleppo und Ibn al Khaschsab setzte als Nachfolger dessen Sohn Alp Arslan durch, der im Gegensatz zu seinem Vater nicht mit den Kreuzfahrern verhandelte. Alp Arslan war ein Tyrann und ein Verfechter des Dschihad. Binnen eines Jahres war fast jeder Gegner des jungen Emirs hingerichtet worden, bis ein Eunuch namens Lulu die Sache selber in die Hand nahm und seinen Herrn 1114 ermordete. Nachdem Lulu drei Jahre lang geherrscht hatte, wurde er ebenfalls ermordet und das Emirat versank in Unruhen.

Erneut trat Ibn al Khaschsab als Machtver-

mittler auf und setzte Ilghazi, den Emir von Mardin, nun auch als Emir von Aleppo ein. Auf den ersten Blick war dies eine ungewöhnliche Wahl, denn Ilghazi war zügellos und hatte zuvor dem Ruf nach einem Dschihad widersprochen, doch er war auch einer der fähigsten Militärführer Syriens. Als Ilghazi und der Emir von Damaskus 1118 ihre Truppen zusammenlegten, war dies die erste ernsthafte Opposition seldschukischer Türken gegen die Franken.

Der wütende Drache

Im Sommer 1119 marschierte die vereinte seldschukische Armee gegen Antiochia, das von Roger von Salerno regiert wurde. Der Fürst bat Balduin II. von Jerusalem um Unterstützung. Doch Balduin, der gerade erst den Thron bestiegen hatte, reagierte nicht rasch genug. Roger stellte sich allein Ilghazis Heer und die Christen wurden nordöstlich von Antiochia, 24 km von Aleppo entfernt, vernichtend geschlagen. Diese erste verhängnisvolle Niederlage seit der Ankunft der Kreuzfahrer im Heiligen Land wurde als Ager Sanguinus (Blutfeld) bekannt.

Die gesamte Streitmacht von Antiochia war an einem einzigen Tag zerstört worden und das Fürstentum stand Ilghazi offen. Doch eine vollständige Katastrophe blieb den Kreuzfahrern erspart, weil es Ilghazi nicht gelang, sein Heer zusammenzuhalten. Zurück in Aleppo, wurde er als Held des Islam gefeiert, doch er starb, bevor ein weiterer gemeinsamer Angriff vorbereitet werden konnte.

Zu dieser Zeit erlangte ein zweiter Seldschukenführer Bedeutung: Balak, Ilghazis Neffe. 1122 nahm er Joscelin von Courtnay gefangen, den Cousin König Balduins II.; ein Jahr später Balduin selbst. Balak, nun „der wütende Drache" genannt, nahm 1124 das Emirat von Aleppo für sich in Anspruch und begann systematisch, fränkische Festungen zu unterwerfen.

Es schien, als habe die moslemische Welt ihren wahren Anführer gefunden, wenn auch nicht für lange. Während der Belagerung der nordsyrischen Stadt Manbij wurde Balak von einem Pfeil getroffen. Seine letzten Worte waren: „Dieser Schuss wird tödlich für alle Moslems sein." Ironischerweise war Manbij eine moslemische Stadt, die gegen die Seldschukenherrschaft aufbegehrt hatte.

Die islamische Welt bedurfte erneut eines Anführers, der die Moslems einen würde.

Oben: *Das Massaker der Sarazenen an den Mönchen des Klosters von St. Simeon.* Diese Illustration aus dem 16. Jahrhundert zeigt ein Ereignis, das angeblich 1128 stattfand, kurz nachdem der türkische General Zenki Aleppo eingenommen hatte. Im Fürstentum Antiochia überrannte Zenki das Kloster, das in den Bergen zwischen Antiochia und dem Meer liegt, in der Nähe eines gleichnamigen Hafens. Entzürnt von den christlichen Akten der Barbarei in Antiochia und anderen Städten, machten die türkischen Krieger mit den Mönchen kurzen Prozess.

Die Assassinen

Im Laufe des 12. Jahrhunderts wurde die Herrschaft des seldschukisch-türkischen Königreichs durch eine böse Saat aus gedungenen Mördern und gefährlichen Allianzen mit den ungläubigen Christen bedroht.

Unten: Blick auf Alamut, nahe Khazvin (Iran) und die Landschaft am Kaspischen Meer, wo das Zentrum der Assassinen lag. Die Gegend wird heute als das Tal der Assassinen bezeichnet.

Die Assassinen waren eine schiitische Sekte, die als Antwort auf die Übernahme der Sunna durch die Seldschuken gegründet worden war. Die Spaltung in Sunniten und Schiiten war nach dem Tod Mohammeds erfolgt (s. Seite 16/17). Im frühen 12. Jahrhundert folgten die Fatimiden in Ägypten der schiitischen Lehre, die seldschukischen Türken hingen dem sunnitischen Glauben an.

Die Assassinen gehörten zu den Ismailiten und waren Gegner des von den Seldschuken unterstützten Abbasiden-Kalifen von Bagdad. Sie waren ein religiöser Orden, der sich durch Mysterien und Geheimzeichen als geheime Bruderschaft stilisierte und für die wahre Auslegung des Glaubens kämpfte. Während sich viele Sunniten nur theologisch betätigten, nahmen andere eine militantere Haltung ein. Der Begriff „Assassine“ (Haschischyun auf Arabisch) wurde von den Franken geprägt. Er basiert auf dem Wort hašiš, da die Anhänger der Sekte diese Droge konsumierten. Die Haschischi, oder Benutzer von Haschisch, galten als Männer, die die Einnahme von Drogen mit religiösem Eifer verbanden.

Die Sekte der Assassinen wurde von Hasan as-Sabah gegründet; einem Perser, der 1071, als die Seldschuken sein Heimatland überrannten, nach Ägypten geflohen war. Er wurde von dem schiitischen Kalifen von Kairo unterstützt, der sich dem Einfluss des sunnitischen Kalifen von

Bagdad widersetzte. Der Kalif von Kairo ermutigte Hasan, das seldschukische Syrien zu unterwandern, während die Ressourcen der Fatimiden in Ägypten dazu genutzt werden sollten, die Seldschuken von den heiligen Stätten des Islam zu vertreiben.

Die Assassinen bringen Chaos

Hasan as-Sabahs Anhänger etablierten sich in ganz Syrien mit einer Hochburg in Qadmus und führten eine Reihe von Morden aus, um die Seldschuken zu entmachten. Die Anschläge erfolgten auf öffentlichen Plätzen gegen die einflussreichsten Feinde ihres Glaubens. Das erste Opfer war der seldschukische Wesir Nizam al Mulk, das zweite der Sultan Malik Schah. Obwohl diese Hinrichtungen das Seldschukenreich ins Chaos stürzten, verhinderten interne Machtkämpfe in Kairo, dass die Fatimiden einen Vorteil aus der Situation zogen.

Die Assassinen wandten sich schließlich von Kairo ab und Hasan setzte den Glaubenskrieg allein fort. Als Basis diente ihm die Festung Alamut („Adlernest") in den Bergen nahe dem Kaspischen Meer. Von dort fuhren Hasan und seine Nachfolger (ihr Beiname lautete „alter Mann der Berge") fort, das Seldschukenreich zu erschüttern. Für ihre religiösen Ziele verbündeten sie sich sogar mit den Kreuzfahrern.

Mitte des 12. Jahrhunderts schätzte man die Mitgliederzahl der Sekte auf 40.000; die Assassinen waren zu einer erheblichen Macht im Nahen Osten geworden. In Syrien grenzten assassinische Festungen an die Fürstentümer von Antiochia und Tripolis und beeinflussten das politische Geschehen der Region. Die Emire von Mossul, Aleppo und Damaskus waren häufige Zielscheiben und die Ermordung Balaks verhinderte einen erfolgreichen Gegenschlag der Moslems gegen die Franken. Edward I. und Saladin überlebten ihre Anschläge.

1256 zerbrach die Sekte, als die Mongolen Alamut eroberten. Ende des 13. Jahrhunderts war auch die letzte assassinische Zelle zerstört.

Oben: Heute lehnt sich eine syrische Stadt an die steilen Hänge der alten Assassinen-Burg in Qadmus, nur 29 km von der Mittelmeerküste entfernt. In der Zeit zwischen dem Ersten und Zweiten Kreuzzug lag diese Region zwischen der südlichen Grenze des Fürstentums Antiochia und der nördlichen Grenze der Grafschaft Tripolis. Die Assassinen unterhielten vorsichtige, aber wirtschaftlich äußerst fruchtbare Beziehungen zu ihren Kreuzfahrer-Nachbarn.

Die Verteidiger des schiitischen Glaubens

Als die Kreuzfahrer gegen Jerusalem zogen, war die islamische Welt in einen Glaubenskrieg verstrickt. Im 12. Jahrhundert eroberten die ägyptischen Fatimiden ihr Herrschaftsgebiet zurück. Sie stellten sogar die religiösen Differenzen mit ihren seldschukischen Rivalen zurück, um den moslemischen Widerstand gegen die fränkischen Eroberer zu stärken.

Die Fatimiden-Bewegung entstand im zehnten Jahrhundert im heutigen Tunesien. Sie verknüpft die ismailitische Version des Schiitismus mit einer herrschenden Dynastie. Fatima war die Tochter Mohammeds, die Ali ehelichte, einen Cousin des Propheten. Nach Alis Ermordung wurden Fatima und ihre Kinder von den Schiiten als wahre Imame des Koran angesehen.

Die Bewegung erkennt den Nachfolgern der Fatima das Recht zu, die islamische Welt zu regieren, und nicht den sunnitischen Kalifen von Bagdad. Damit legten die Fatimiden die säkulare und religiöse Führung in die Hände einer Dynastie. Sie eroberten den Großteil Nordafrikas und 969 Ägypten, wo sie die neue Stadt El Qahira (Kairo) gründeten, das Verwaltungszentrum ihres Reiches.

Die fatimidischen Kalifen und ihre Minister (*wasirs* oder Wesire) verfolgten das 11. Jahrhundert hindurch eine Eroberungspolitik, in deren Verlauf ihre Armeen aus Arabern, Numidern und Armeniern Syrien einnahmen und die Kontrolle über Arabien und Aserbaidschan ausübten. 1030 bedrohte die wachsende Macht des Türkenreichs unter Mahmud von Ghazni die östlichen Grenzen der fatimidischen Provinzen. Doch türkische Feldzüge in den Punjab verzögerten eine militärische Expansion in den Nahen Osten.

Fehlende Macht der Fatimiden

Die Blütezeit des fatimidischen Kalifats war 1059 mit der Kontrolle über Bagdad erreicht. Von nun an wurden die eroberten Gebiete

Unten: Eine fatimidische Darstellung zweier kämpfender Krieger auf ihren Pferden. Unter der Fatimiden-Dynastie erfreute sich Ägypten an Kultur, Reichtum und Frieden. In der Zeit der Kreuzzüge herrschten Bürgerkriege, politische Intrigen und Machtkämpfe.

wieder verloren und die Grenzen des Reiches zogen sich langsam nach Ägypten zurück, obwohl der Küstenstreifen südlich von Antiochia bis nach Askalon unter Kontrolle der Fatimiden verblieb. Ein Grund für den Rückzug war der Verlust des revolutionären Elans. Die sich abspaltenden schiitischen Drusen im frühen 11. Jahrhundert und die erstarkenden Assassinen übernahmen den messianischen Eifer der Prediger der Ismailiten, die die schiitische Lehre in der gesamten islamischen Welt verbreiteten. Nach der Eroberung Bagdads trat in Kairo Selbstzufriedenheit an die Stelle des religiösen Eifers. Der Ansturm der sunnitischen Türken erschütterte den Schiitenstaat im Innersten und der Kalif von Bagdad stieg zum geistigen Führer nahezu des gesamten Nahen Ostens auf. Die verhärtete religiöse Einstellung der Schiiten und die neuen Allianzen in der arabischen Welt beschleunigten diese Entwicklung noch.

Als Folge des Kreuzfahrer-Ansturms und der Einnahme von Jerusalem verlangte der Kalif der Fatimiden, die religiösen Differenzen beizulegen und die schiitischen und seldschukischen Kräfte vereint gegen die Angreifer zu führen. Die Angriffe der Fatimiden gegen Jerusalem waren zu Beginn des 12. Jahrhunderts mühelos von den Kreuzfahrern zurückgeschlagen worden. Die militärische Unterlegenheit der Ägypter zeigte sich deutlich in den Schlachten von Askalon (1099), Ramla (1101), Ramla-Jaffa (1102) und der dritten Schlacht um Ramla (1105). Unfähig, ihre Enklave zu verstärken, verloren die Fatimiden die Kontrolle über die Küste Palästinas.

Nach diesen Niederlagen überließen sie das Schlachtfeld den Seldschuken; die Idee einer vereinten moslemischen Front wurde fallen gelassen. Trotz der guten Absichten der fatimidischen Kalifen sollten die sunnitischen Moslems in Syrien die wahren Verfechter des Dschihad werden.

Um 1160 standen die Seldschuken dem bedrohten fatimidisch-ägyptischen Reich bei und die vereinten moslemischen Armeen errangen in der Schlacht bei Al-Babein (1167) einen wichtigen Sieg, der die Kreuzfahrer zur Beendigung ihrer Invasion zwang. Ein herausragender Führer in dieser Schlacht war ein junger kurdischer General namens Salah al-Din.

Er wurde unter dem Namen Saladin bekannt, als der Militärführer, der den Islam in einem heiligen Krieg gegen die Kreuzfahrer vereinte.

Unten: Fatimidisches Fresko eines sitzenden Mannes, der einen Becher hält.

Syrien und die Seldschuken

Mitte des 11. Jahrhunderts drangen die seldschukischen Türken, Nomaden, von den Steppen und Bergen jenseits des Kaspischen Meeres in den Nahen Osten ein. Innerhalb von 20 Jahren kontrollierten sie fast die gesamte islamische Welt. Obwohl ihre Sultanate wie ein Staat wirkten, waren sie bei der Ankunft der Kreuzfahrer durch interne Kämpfe zersplittert und machtlos.

Die seldschukischen Türken gehörten dem Stamm der Ogusen an. Sie stammten ursprünglich aus der Mongolei und wanderten von dort an den Aralsee. Um 1030 zogen sie weiter nach Persien in das Reich des Mahmud von Ghazni, den östlichsten Staat der islamischen Welt, den sie 1040 vollständig annektiert hatten. Daraufhin nahmen sie das westlich gelegene Emirat Buyid ein; ihr Anführer Tokril wurde 1055 der türkische Sultan in Bagdad. Ein Jahrzehnt später hatten die Seldschuken Syrien erobert (es folgten die Emirate Diyarbakir, Mossul und Aleppo). In den meisten Fällen erfolgte die Übernahme friedlich, da die Seldschuken lediglich die Herrschenden austauschten, aber die arabische Verwaltung beibehielten.

Zur Zeit der siegreichen Schlacht bei Manzikert über Byzanz kontrollierten die Seldschuken ein Gebiet, das vom Indus bis ans Mittelmeer reichte. Als die Kreuzfahrer landeten, hatten die Türken diesem Gebiet Anatolien und fast ganz Arabien hinzugefügt. Die ernsthafteste Bedrohung stellten für sie zunächst die Schiiten in Ägypten dar, die mit dem Anspruch, die eigentlichen Bewahrer des orthodoxen Glaubens zu sein, antraten, bis die Errichtung des Kreuzfahrerstaats einen tödlicheren Feind offenbarte.

Der Seldschukenstaat war eine Militäraristokratie, an deren Spitze der Sultan von Bagdad stand. Er übte Befehlsgewalt über die großen Sultanate aus. In der Praxis war seine Macht jedoch gering. Seine Position war mit jener feudaler Monarchen in Europa ver-

Unten: Christliche Darstellung arabischer Reiter. Es ist eine verbreitete Annahme, dass nur christliche Ritter aufgeputzte Pferde hatten, aber kunstvolle Flaggen, Banner und Schilde spielten lange vor der islamischen Ära im Nahen Osten eine wichtige Rolle in der Kriegsführung. Die Moslems entwickelten eine hohe Kunst darin.

gleichbar. In beiden Fällen schuldeten die Fürsten ihrem Lehnsherrn Treue, herrschten aber, ohne der Zentralmacht große Beachtung zu schenken. In keinem Sultanat war dies offensichtlicher als in Syrien. Es war dieser Mangel an Zentralgewalt, der den Kreuzfahrern die Eroberung des Heiligen Landes so leicht machte.

Gespalten und besetzt

Die Probleme, vor denen die seldschukischen Sultane im 12. Jahrhundert standen, resultierten aus ihrer Entwicklung von Stammesfürsten zu Begründern von Dynastien. Die Macht musste mit Emiren geteilt werden und kein Sultan war in der Lage, eine autokratische Machtposition gegenüber den lokalen Herrschern aufzubauen. Ihr mächtigster Verbündeter war der abbasidische Kalif von Bagdad, dessen Funktion als Anführer der Sunniten aufeinander folgende Sultane nutzten, um einer totalen Dezentralisierung entgegenzusteuern.

Ein Großteil der syrischen Küste war schiitisch und die meisten Küstenstädte blieben in den Händen der Fatimiden, bis sie von den Kreuzfahrern erobert wurden. Die syrischen Berge und der heutige Libanon waren Stützpunkte religiöser Extremisten wie der Drusen und Assassinen. Seldschukische Emire in Aleppo und Damaskus beobachteten argwöhnisch jeden Versuch des Sultans, seinen Machtbereich zu erweitern. Syrien präsentierte sich als Flickenteppich unterschiedlicher lokaler und religiöser Interessen, der sich der Errichtung einer Zentralgewalt widersetzte.

Abgesehen von der schwierigen Lage in Syrien zerfiel das große Seldschukenreich in drei nahezu autonome Königreiche: das Sultanat Rum in Anatolien; das Sultanat Hamadan, das das Zentralgebiet kontrollierte, und das Sultanat von Merv, das Teile von Turkistan, Afghanistan und Persien umfasste.

Ohne eine Zentralmacht schien eine gemeinsame Aktion gegen die Kreuzfahrer in Syrien unmöglich. Während die östlichen Sultanate von Einfällen anderer Ogusen-Stämme überschwemmt wurden und das Sultanat von Rum um die Vorherrschaft in Anatolien rang, kämpfte eine neue Welle islamischer Eroberer um Syrien und das fruchtbare Mesopotamien. In Syrien entstand eine neue Kraft, der das gelingen sollte, was den Seldschuken versagt geblieben war: die politische und militärische Einheit herzustellen. Endlich sollten die Moslems zurückschlagen.

Der Fall von Edessa

Um 1120 herrschten Unruhen in Syrien. Assassinen hatten wichtige Anführer ermordet – einem Angriff der Kreuzfahrer konnte man wenig entgegensetzen. Da erschien ein neuer Verteidiger des Glaubens, der den ersten wirksamen Gegenschlag gegen Outremer führen sollte.

Der abbasidische Kalif von Bagdad inszenierte 1126 einen Volksaufstand gegen das seldschukische Sultanat, der von dem türkischen General Imadeddin Zenki niedergeworfen wurde. Als Anerkennung ernannte ihn der Sultan zum Atabeg von Mossul. Innerhalb von zwei Jahren hatte er die Kontrolle über Aleppo gewonnen, dessen Emir Balak ermordet worden war (s. S. 97). Zenki verwandte die folgenden Jahre darauf, seine Machtposition auszubauen und gegen die Assassinen, Kreuzfahrer und seinen Mentor, den Seldschuken-Sultan zu verteidigen.

1135 war er bereit, gegen die Franken in die Schlacht zu ziehen, und nachdem er einige Festungen um Antiochia erobert hatte, wandte er sich nach Süden. Zwei Jahre später belagerte er König Fulk V. von Jerusalem in Montferrand, einem kleinen Kastell nahe Tripolis. Da er wusste, dass die Byzantiner eine Strafexpedition zur Unterstützung des Königs nach Süden gesandt hatten, handelte er ein Lösegeld und die Übergabe des Schlosses gegen Fulks Freiheit aus. Dies elektrisierte die moslemische Welt.

Zenkis Pläne, Damaskus einzunehmen, wurden von Unur, dem türkischen Gouverneur der Stadt, durchkreuzt, als dieser sich mit König Fulk verbündete. Als Gegenleistung für die Hilfe des Kreuzfahrers bot Unur finanzielle Unterstützung und die Rückgabe der Grenzfestung Banyas, die zuvor an Zenki verloren worden war. Zenki vermied eine Schlacht und Banyas wurde erneut von den Christen eingenommen. Zenki wusste, dass er, wenn er seinen Einfluss in Syrien vergrößern wollte, zunächst gegen die Kreuzfahrer kämpfen musste, um dann Damaskus zu unterwerfen.

1144 eröffnete sich ihm eine günstige Gelegenheit, als König Fulk starb und Balduin III. ihm auf den Thron folgte. Der Machtkampf in Jerusalem hatte einen Keil zwischen die Fürsten von Antiochia und Edessa getrieben. Joscelin II. von Edessa war nun ohne Verbündete und verwundbar. Zenki ergriff die Gelegenheit und eroberte einige Städte und Festungen östlich von Edessa, bevor er sich am 28. November der Stadt selbst zuwandte, nachdem er zuvor Joscelin unter einem Vorwand in das 50 km östlich gelegene Turbessel gelockt hatte.

Rechts: Eine moslemische Armee greift eine Stadt an, Abbildung aus der *Byzantinischen Chronik* von John Skylitzes.

Ein unrühmliches Ende

Die Moslems waren fest entschlossen, die Stadt einzunehmen, bevor Verstärkung eintraf. Die Mauern wurden unterminiert und Belagerungsmaschinen beschossen die Stadtmauern. Am

Oben: Die Ruinen der Burg Shobak oberhalb der jordanischen Stadt Ash Shawbak, nördlich von Petra. In einer Linie, die sich vom Norden der Grafschaft Tripolis durch Banyas in Galiläa weit in den Süden Jordaniens zieht, bildeten Burgen wie diese die Front der Kreuzfahrerstaaten. Blutige Schlachten wurden geführt, um sie zu erobern, zu verlieren, zurück zu erobern und wieder zu verlieren. Häufig waren diese Festungen christliche Inseln, die durch die umgebenden Moslems völlig isoliert waren, bis Streitkräfte bereitgestellt werden konnten, um die Burg zu befreien.

26. Dezember rief Zenki die Eingeschlossenen auf, sich zu ergeben. Als sie sich weigerten, ließ er die Tunnel mitsamt einem Teil der Mauern einstürzen und erstürmte die Stadt in wenigen

Stunden. Als Rache für die grausame Behandlung der Moslems von Antiochia und Jerusalem richtete er unter den Franken ein Blutbad an und verschonte nur die armenischen Christen.

Auf die moslemische Welt, die nur Uneinigkeit, Niederlage und Apathie kannte, wirkte die Nachricht über den Fall von vier Kreuzfahrerstädten wie ein Lebenselexier. Die Anhänger des Dschihad fassten neuen Mut und es schien, als sei Zenki fähig, die islamischen Truppen zum Sieg zu führen. Doch er wurde von einem Sklaven im Bett ermordet und der Fall von Edessa zog nicht einen Dschihad nach sich, sondern den Zweiten Kreuzzug. Zenkis Reich wurde durch seinen zweiten Sohn Nureddin (auch: Muín ad-Din), der nach Aleppo zurückkehrte, vor dem Zusammenbruch bewahrt. Seiner Frömmigkeit verdankte der fundamentalistische Sunnit den Titel „der heilige König" und den Respekt der arabischen Bevölkerung.

Nureddin war ein Befürworter der islamischen Einheit und des Dschihad. Als er die Schiiten von seinen Ländern vertrieben hatte, versicherte er sich der Unterstützung des Kalifen und sorgte dafür, dass andere Sunniten zu Hilfe eilen würden, wenn dessen Reich bedroht sei. Er würde ihren Beistand in den kommenden Jahren nötig haben.

Der Zweite Kreuzzug

Als Papst Eugen III. von dem Verlust der Stadt Edessa erfuhr, rief er einen zweiten Kreuzzug aus. Angespornt durch Bernhard von Clairvaux stachen deutsche, französische und englische Truppen, angeführt von Ludwig VII. von Frankreich, ins Heilige Land in See.

Papst Eugen III. (p. 1145–1153) suchte nach einem Anlass für den Zweiten Kreuzzug. Zwar fieberte Ludwig VII. von Frankreich (r. 1137–1180) einer Teilnahme entgegen, doch andere waren weniger begierig, das Kreuz hochzuhalten. Dies sollte sich ändern, als Bernhard, Abt von Clairvaux, für die Sache des Papstes eintrat. Am 31. März 1146 hielt Bernhard in dem französischen Dorf Vézelay eine Predigt, und eine neue Welle von Begeisterung für den Kreuzzug schwappte über Europa. Er konnte wie Papst Urban II. die Massen begeistern, die in Scharen zum Kreuz strömten. Auch ihnen wurden Rettung und Absolution versprochen.

Nachdem Bernhard die Botschaft in Frankreich verbreitet hatte, reiste er ebenso erfolgreich durch Deutschland. In seinen eigenen Worten: „Ich sprach und immer mehr wurden zu Kreuzfahrern. Dörfer und Städte sind nun verwaist. Auf sieben Frauen kommt nun kaum ein Mann." Wie zuvor kam es zu einer erneuten Welle der Judenverfolgung.

Die deutschen Kreuzfahrer brachen im Mai 1146 ins Heilige Land auf, die französischen Truppen folgten kurz darauf. Dem deutschen Zug, der von König Konrad III. (r. 1137 bis 1152) angeführt wurde, gehörten außerdem Herzog Friedrich von Schwaben (später Friedrich Barbarossa) und Herzog Welf VI. von Bayern an, der erbitterte Rivale des Königs. Während diese Hauptgruppe des deutschen Zuges ihren Weg durch Ungarn nach Konstantinopel nahm, wurde der „Wendische Kreuzzug“ der ostdeutschen Barone hinter den Grenzen des Heiligen Römischen Reiches von slawischen Stämmen angegriffen. Es heißt, dass die Zahl der deutschen Kreuzfahrer dadurch um 70.000 sank, doch vermutlich fielen kaum 10.000 Mann.

Von ihrem König verlassen

Papst Eugen übergab Ludwig VII. die heilige „Oriflamme“ (die königliche Standarte Frankreichs), unter der sich die französischen Kreuzfahrer sammelten. In den folgenden zwei Jahrhunderten repräsentierte das päpstliche Banner Frankreichs militärischen Stolz. Das Hauptkontingent reiste zu Lande nach Konstantinopel und erreichte die Hauptstadt von Byzanz im Oktober 1148, einen Monat nach den Deutschen. Unter den Kreuzfahrern, die den Seeweg wählten, war Alfons, der Sohn von Raymond von Toulouse, und ein großes englisches Kontingent. Die englischen Ritter unterbrachen ihre Fahrt für einen kurzen Feldzug gegen die spanischen Mauren und erreichten Akkon gegen Ende des Jahres 1147. Konrad hatte sich vor ihnen auf den Weg gemacht. Entgegen dem Rat aus Byzanz, auf der Küstenroute türkische Überfälle zu vermeiden, wollten die deutschen Heere Anatolien diagonal durchqueren. Sie sollten nicht weit kommen. Seldschuken aus Rum, die Späher in Konstantinopel hatten, lauerten ihnen bei Dorylaion auf. Der König und eine Hand voll seiner Gefolgsleute entkamen nur knapp mit dem Leben. Am Bosporus verschiffte Kaiser Manuel I. Komnenos die Überlebenden nach Akkon, von wo sie nach Jerusalem gelangten.

Ludwig VII. folgte dem gegebenen Rat und marschierte durch das westliche Anatolien nach Attaleia (Antalya) – seine einzige weise Handlung. Der Kaiser hatte Schiffspassagen von seinem Mittelmeerhafen nach Antiochia zugesagt, um den gefährlichen Abschnitt der Reise durch Kilikien zu umgehen. Als die Kreuzfahrer Attaleia erreichten, fanden sie jedoch nur wenige Schiffe mit geringer Ladekapazität vor. Voller Ungeduld, das Heilige Land zu erreichen, schiffte sich der Hofstaat mit so vielen Soldaten wie nur möglich, eng gedrängt, nach Antiochia ein. Die Zurückgelassenen setzten sich unter Führung des Herzog von Flandern entlang der anatolischen Ostküste in Bewegung. Unentwegt Angriffen der Türken ausgesetzt, überlebte nur knapp die Hälfte von ihnen den Marsch nach Antiochia. Die übrigen fielen dem Hunger und türkischen Pfeilen zum Opfer.

In Antiochia versuchte Fürst Raymond König Ludwig zum Angriff auf Aleppo zu bewegen, Nureddins westliche Festung, als Sprungbrett für die Rückeroberung von Edessa, die eigentliche Aufgabe des Kreuzzuges. Aber der französische König verfolgte andere Ziele, denn die guten Beziehungen zwischen Fürst und König waren an der Affäre der Königin, Eleonore von Aquitanien, mit Raymond zerbrochen.

Ludwig und seine Truppen schifften sich, ohne Raymond zu benachrichtigen, nach Akkon ein, um dort die übrigen Kreuzfahrer zu treffen. So blieb Edessa wegen der Liebelei einer 26-jährigen Frau verschont. Die Ehe wurde 1152 annulliert und wenig später verband sich Eleonore mit Heinrich von Anjou, dem Vater von Richard Löwenherz, kurz bevor dieser als Heinrich II. den englischen Thron bestieg.

Oben: Mittelalterliche Darstellung eines deutschen Ritters. Konrad III. verlor in der zweiten Schlacht von Dorylaion fast alle Ritter und die Deutschen verschwanden fast gänz-lich von der Bildfläche, bis sich der Deutsche Orden zum Dritten Kreuzzug aufmachte *(siehe Seite 147)*.

Gegenüber: König Ludwig VII. leistet seinen Eid vor Papst Eugen III. und nimmt das Kreuz. Die untere Tafel zeigt die französische Armee beim Aufbruch in das Heilige Land.

Auf nach Damaskus

Die Teilnehmer des Zweiten Kreuzzuges sammelten sich in Akkon, wo der Staufer Konrad III. und Ludwig VII. von Frankreich, ermutigt durch die Berichte des Königs von Jerusalem, beschlossen, das 160 km nordöstlich gelegene Damaskus anzugreifen. Völlig unerfahren, vertrauten die Kreuzfahrer auf ihren Glauben an Gott.

Die Versammlung in Akkon begann am 24. Juni 1148, und die Wortführer waren Konrad III. und Ludwig VII., aber auch andere beteiligten sich an den Debatten: Königin Melisande von Jerusalem und ihr Sohn Balduin III. sowie weitere Adlige und Kleriker aus Jerusalem. Melisande war die Hauptverdächtige im Todesfall des Alfons von Toulouse, der kurz zuvor vergiftet worden war, denn er galt als Rivale ihres Schwagers, des Grafen von Tripolis.

Obwohl Balduin begann, sich Geltung zu verschaffen, war seine Mutter die eigentliche Herrscherin des Königreichs. Sie war fest entschlossen Damaskus zu erobern, obwohl es strategisch und diplomatisch sinnvoller schien, Aleppo anzugreifen. Bis zu diesem Zeitpunkt hatte Jerusalem freundliche Beziehungen zu Unur, dem Gouverneur von Damaskus, unterhalten, dem einzigen moslemischen Verbündeten der Kreuzfahrerstaaten. Konrad und Ludwig stimmten Melisande vor allem deshalb zu, weil ihnen Aleppo nicht prächtig genug für eine Eroberung erschien.

Nachrichten von dem drohenden Sturm auf Damaskus zwangen Unur, neue Allianzen einzugehen und sich mit seinem ehemaligen Feind Nureddin, dem Emir von Aleppo, zu verbünden. Unur, der gegen Nureddins Vater

Links: Das Detail einer beschädigten Wandmalerei in der Kirche von Cressac, Frankreich, zeigt Kreuzritter aus dem 12. Jahrhundert, die in die Schlacht ziehen. Dieses Bild zeigt möglicherweise den fränkischen Sieg des Jahres 1163 über Nureddin.

Zenki gekämpft hatte, bot ihm die Hand seiner Tochter, um die Verteidigung von Damaskus zu sichern. Nureddin hatte Zenkis Ziel erreicht. Damaskus wurde zu einer Machtbasis, von der das zenkidische Reich bis nach Ägypten ausgedehnt und die Küstenfestungen der Ungläubigen bekämpft werden konnten.

In einem dunklen Wald

Das Heer des Zweiten Kreuzzuges brach im Juli 1149 von Akkon auf. Balduin kommandierte die Vorhut, Ludwig das Hauptheer und Konrad die Nachhut. Ihre Route sollte zum Tiberias-See führen, der als vorderster Stützpunkt geplant war, weiter zu dem viel umkämpften Banyas und von dort in nördlicher Richtung über die Golanhöhen nach Damaskus, das man von Westen aus erreichen wollte. Man baute auf die verlassenen Brunnen, die den Weg säumten. Es stellte sich jedoch heraus, dass Unur alle Wasserstellen zwischen Banyas und Damaskus zerstört hatte. Glücklicherweise war diese sonst so unzureichend vorbereitete Expedition hinlänglich mit Proviant ausgerüstet und gelangte dennoch bis nach Damaskus.

Ein Angriffsplan konnte erst erstellt werden, als die Kreuzfahrer die Stadt am 24. Juli erreichten. Es war offenkundig, dass der Schlüssel zur Stadtverteidigung die Obstgärten waren, die sich im Westen 8 km weit vor der Stadt erstreckten „wie ein dichter dunkler Wald“. Die Gärten waren von Mauern durchzogen, deren Außenringe mit Wachtürmen gespickt waren. Indem sie die Außenmauern durchstießen, hofften die Kreuzfahrer die Stadt unter dem Schutz der Bäume zu erreichen. Die erste Bresche in dem Außenwall, der von der Stadtmiliz gehalten wurde, war erfolgreich, doch je näher die Kreuzfahrer der Stadt kamen, desto zahlreicher stürmten die Verteidiger hinter den Mauern hervor. Fanatische Moslems führten Selbstmordangriffe gegen die Angreifer aus, doch sie konnten die Christen nicht daran hindern, sich einen Weg durch die Stadtmauer zu schlagen. Nachdem die Pattsituation einige Tage anhielt, entschloss sich Ludwig, einen neuen Angriff auf die östlichen Mauern zu führen. Doch als die Kreuzfahrer die Gärten verließen, wagte Nureddins Heer einen Ausfall und die Christen waren ohne ausreichende Wasservorräte im offenen Gelände der stärksten Abteilung der Verteidiger ausgeliefert.

Ibn al Qalanisi, ein Augenzeuge, berichtet: „den Franken kam zu Ohren, dass die Moslems (Nureddins Hauptheer) herunterzogen, um sie anzugreifen und auszulöschen und sie fürchteten ihren sicheren Untergang. So berieten sie sich und entschieden, dass Flucht der einzige Weg sei, um der drohenden Hölle zu entkommen. Bei Tagesanbruch zogen sie sich ungeordnet und in schlechter Verfassung zurück.“

So endete der Zweite Kreuzzug in einer Katastrophe. Die Moslems hatten einen Sieg errungen, der sie zu weiteren Angriffen auf Kreuzfahrerstädte beflügelte. Die Könige Ludwig und Konrad kehrten heim und ließen Nureddin bejubelt als neuen Helden des Islam zurück.

Gegenüber: Die Omaijaden-Moschee von Damaskus überragt die umgebenden Bauwerke. Damaskus war für die Kreuzfahrer Jerusalem als Preis gleichwertig. Jahrhundertelang hatte diese Stadt eine dominierende Stellung in der moslemischen Welt inne. 661 wurde Mu'awia (Mohammeds Schwager) der erste Kalif der sunnitischen Omaijadendynastie und machte Damaskus zu seiner Hauptstadt. Damaskus blieb auch nach 762, als die an Bedeutung gewinnende Abbasidendynastie das politische Zentrum der Araber nach Bagdad verlegte, wohlhabend und mächtig.

KAPITEL 6

Richard und Saladin:

Der Dritte Kreuzzug

Die Almohadendynastie erbte ein riesiges Reich von der früheren Almoravidendynastie, das sich von Spanien bis zur Savanne im Süden erstreckte. Das Königreich Ghana schürfte Gold, was die Almohaden zu einem der reichsten Emirate der Moslems machte.

Nach 1145 wurden die Kreuzfahrerstaaten von inneren Spannungen und Intrigen geplagt. Doch auch wenn Persönlichkeiten wie Nureddin in Syrien das Erstarken der moslemischen Kampfkraft sicherten, hatte der Mangel an Einheit zur Folge, dass die islamische Welt keinen Vorteil aus den internen Streitigkeiten der Kreuzfahrer zog, indem etwa ein Großangriff unternommen wurde.

Im Jahr 1170 hatte sich das Blatt gewendet. Ein unbedeutender kurdischer Kämpfer gewann derart an Ruhm und Macht, dass es ihm gelang, Syrien und Ägypten in einem islamischen Staat zu vereinen. Saladin wurde zum neuen Anführer des Islam und begann, den Flickenteppich der Kreuzfahrerstaaten durch Rückeroberungen zu zerstören. Zum ersten Mal waren die Moslems unter einem fähigen Heerführer vereint und fanden die Kraft, die „Ungläubigen“ zurückzuwerfen.

1187 erlitten die Kreuzfahrer bei Hattin eine vernichtende Niederlage, von der sie sich nie recht erholten, und im Verlauf weniger Jahre waren fast alle Festungen, sogar Jerusalem, an die Moslems zurückgefallen. Saladin stand kurz davor, die Kreuzfahrer vollständig aus dem Land zu vertreiben, als ihnen in diesem kritischen Moment neue Unterstützung zuteil wurde.

In Europa war der Dritte Kreuzzug ausgerufen worden und die führenden Herrscher griffen zu den Waffen, um die verbleibenden Stätten des Christentums im Heiligen Land zu retten. Ihre Anführer waren der deutsche Kaiser Friedrich I. Barbarossa sowie die um die Macht rivalisierenden Könige Philipp II. von Frankreich und Richard I. von England, deren Streitigkeiten auch den Kreuzzug spalteten. Richard Löwenherz sollte schließlich derjenige sein, der Saladin erfolgreich entgegentrat. Die Bühne war frei für die zwei Titanen des Zeitalters.

Der Aufstieg Saladins

Nach 1160 verlagerte sich der Konfliktherd von Syrien nach Ägypten. Ermutigt durch das schwache Kalifat der Fatimiden kämpften Kreuzfahrer und Türken um die Vorherrschaft in dem fruchtbarsten Land des Nahen Ostens. Keiner setzte sich durch und der Kurde Salah addin Yussûf gründete die neue Dynastie der Aijubiden.

Nomineller, geistlicher und weltlicher Herrscher über das fatimidische Ägypten war der schiitische Kalif. Aber in der fast byzantinischen Hofstruktur, getragen von Beamten und Bürokraten, lag die eigentliche Macht bei dem Wesir des Kalifen. Diese einflussreiche Position war heiß begehrt und sein Inhaber ständig politischen Intrigen und Anschlägen ausgesetzt.

1163 suchte der kurz zuvor abgesetzte Wesir Schawar Nureddin in Damaskus auf, um ihn um Unterstützung für die Rückeroberung Kairos zu bitten. Nureddin entsprach dieser Bitte nur zu gerne, da sie ihm die Möglichkeit eröffnete, seinen Machtbereich auszudehnen. Unter dem Kommando seines altgedienten kurdischen Kommandanten Schirkuh marschierte Nureddins Heer nach Süden, um Schawar wieder einzusetzen.

Nach erfolgreicher Durchführung hatte Schawar im Mai 1164 das Amt des Wesirs in Kairo wieder eingenommen. Jedoch musste er unbefriedigt feststellen, dass er lediglich eine Schachfigur Nureddins war, denn das seldschukische Heer machte keine Anstalten, Ägypten zu verlassen. Daraufhin wandte sich Schawar nun Hilfe suchend nach Jerusalem, dessen König Amalrich (r. 1163–1173) die Einladung zu einem Angriff auf Schirkuh ebenfalls nur zu gerne annahm, denn auch er strebte danach, Ägypten seinem Herrschaftsgebiet einzuverleiben. Im Sommer 1164 durchquerte er den Negev und belagerte Schirkuhs kurdisches Heer in Bilbeis nordöstlich von Kairo (s. Karte S. 93) gemeinsam mit einer Streitmacht des Wesirs.

Das Ergebnis war eine Pattsituation, denn Amalrich musste sich zurückziehen, um im Norden dem Fürstentum von Antiochia gegen einen Angriff Nureddins beizustehen. Der Plan des Zenkiden sah ursprünglich nur die Entlastung Schirkuhs vor, doch hatte er die Heere von Bohemond III. von Antiochia und Raymond III. von Tripolis bei Harim (Harenc) bereits besiegt, bevor Amalrich in Syrien eintraf. Angesichts der in Damaskus gefangenen Fürsten hatte dieser keine andere Wahl, als seine Eroberungspläne für den Moment fallen zu lassen und Frieden mit den Seldschuken zu schließen.

Wechselseitiger Rückzug

1166 zog eine zweite türkische Armee unter der Führung Schirkuhs zur Eroberung Ägyptens aus. Amalrich erreichte erneut ein Hilferuf Schawars und er glaubte sich stark genug, den Türken in Ägypten entgegenzutreten. Er nahm den kürzeren Weg an der Küste entlang und traf gleichzeitig mit Schirkuh in Ägypten ein, wo er sich mit den Truppen der Fatimiden in Kairo

Gegenüber:
Die Zitadelle in Kairo wurde im späten 12. Jahrhundert ähnlich der in Bagdad erbaut, aber in einem kleineren Maßstab. Die Konstruktion wurde unter Saladin begonnen, die Zitadelle wurde unter seinem Sohn fertig gestellt.

verband. Schirkuh überschritt den Nil und errichtete sein Heerlager zu Füßen der Pyramiden. Dieses Mal begleitete ihn sein Neffe, ein junger kurdischer Kommandant namens Saladin.

Verfolgt von dem fränkisch-fatimidischen Heer marschierte Schirkuh nach Unterägypten, wo er sich in Al-Babein 1167 der Schlacht stellte. Saladin gab vor zu fliehen und trieb die Kreuzfahrer in einen von Schirkuh gelegten Hinterhalt. Diese waren gedemütigt, doch nicht besiegt. Als Schirkuh sich nordwärts nach Alexandria wandte, folgten sie ihm dicht auf den Fersen. Schirkuh hatte geplant, Alexandria mit seinem Zugang zur See als sichere Basis für die Eroberung Ägyptens auszubauen, doch Amalrichs Flotte versperrte den Hafen und bald wurde das türkische Heer in der Stadt belagert.

In Anbetracht der schwierigen Situation beschloss Schirkuh, Kairo an Amalrich zu übergeben und damit zurück an Schawar. Beide Armeen zogen sich daraufhin aus Ägypten zurück und ließen es, wenn auch nicht für lange, unter der Kontrolle des Wesirs.

Im folgenden Jahr kehrte Amalrich zurück, mit der festen Absicht, dieses Mal zu bleiben. Er eroberte Bilbeis und ließ die gesamte Bevölkerung abschlachten, um die Stadt jedem moslemischen Zugriff zu entziehen. In heller Aufregung wandte sich Schawar wiederum an Damaskus um Hilfe.

Zwei Monate nach dem Massaker von Bilbeis traf Schirkuh mit einem Heer in Ägypten ein und marschierte nach Kairo. Doch nicht, um Schawar zu helfen. Mit Billigung des Kalifen wurde Schawar hingerichtet und der zenkidische General reklamierte dessen Amt für sich selbst. Doch er starb kurz darauf im April 1169 und sein Neffe Saladin wurde statt seiner zum Wesir ernannt.

Der 31-jährige Kurde war nun der Herrscher über Ägypten.

Der größte Feind der Kreuzfahrerstaaten

Mit Saladin in Ägypten und Nureddin in Damaskus waren die Kreuzfahrerstaaten von machtvollen Gegnern umgeben. In den zwei Jahrzehnten nach 1169 erweiterte Saladin seinen Einflussbereich bis nach Syrien und wurde somit zum ersten moslemischen Anführer, der fähig gewesen wäre, den Kreuzfahrerstaat zu zerstören.

Unten: Die Ruinen von Qalat al-Gundi bedecken die Spitze des Dschebel Raha im Sinai. Saladin hatte die Burg auf dem Weg nach Mekka zum Schutz der moslemischen Pilger vor den Kreuzfahrern errichten lassen.

Als der neue Wesir des Kalifen al-Adid war Saladin, nicht nur als Sunnit in einem überwiegend schiitischen Staat, sondern auch an einem Hof, der für seine Intrigen berühmt war, auf seine Sicherheit bedacht. Doch auch wenn er einen Aufstand der fatimidischen Palastwache, der „schwarzen Garde", brutal niederschlug, gewannen seine religiöse Toleranz und Beständigkeit das Vertrauen der ägyptischen Bevölkerung. Zwar ersetzte er den schiitischen Gerichtshof durch orthodoxe Moslems, doch war es den Schiiten weiterhin erlaubt, ihren Glauben ohne Androhung von Verfolgung auszuüben.

Ein Angriff der Christen auf den Hafen von Damiette, unterstützt von der byzantinischen Flotte, wurde erfolgreich abgewehrt und beendete endgültig den Traum Amalrichs, in Ägypten einen neuen christlichen Staat zu errichten. Erdbeben in Syrien und Palästina dämmten die Feindseligkeiten im Jahr 1170 weitgehend ein, bis Saladin im Dezember ein Heer in den Sinai führte und Gaza einnahm, dessen christliche Bewohner er niedermetzeln ließ.

Diese Operation war erst der Anfang. Bevor er den Kampf gegen die Franken vorantreiben konnte, musste er sich mit dem streng orthodoxen Nureddin in Damaskus auseinander

setzen. Dieser forderte Saladin wiederholt auf, in Ägypten den sunnitisch-orthodoxen Glauben zu etablieren und alle Spuren der fatimidischen Religion zu zerstören. Doch Saladin fürchtete, damit in einem Land mit überwiegend schiitischer Bevölkerung Aufruhr hervorzurufen. Andererseits war weder seine militärische noch politische Macht groß genug, Nureddin zu trotzen. 1171 löste sich dieses Problem durch den Tod des Kalifen al-Adid von selbst.

Mit einem Schlag dehnte Saladin die geistliche Autorität des sunnitischen Kalifen von Bagdad über Ägypten aus und hoffte damit, Nureddin zufrieden zu stellen, während er weiterhin den Schiiten die Ausübung ihres Glaubens gestattete. Die unangefochtene Übernahme der Besitzungen des fatimidischen Kalifen gewährte Saladin überdies uneingeschränkte Macht in Ägypten, was das gespannte Verhältnis mit seinem Fürsten Nureddin weiter strapazierte. Saladin agierte daher eher halbherzig im Auftrage seines Fürsten in Jordanien und vermied es, mit ihm zusammenzutreffen.

Ein Emporkömmling

Saladins Ausflüchte in den folgenden zwei Jahren hatten zur Folge, dass Nureddin seinen ehemaligen Schützling als Emporkömmling brandmarkte. Ein Krieg zwischen Syrien und Ägypten schien unausweichlich, als das Schicksal eingriff. Im Frühjahr 1174 starb Nureddin und hinterließ das Reich seinem zehnjährigen Sohn al-Salih. Wenige Monate darauf verstarb König Amalrich von Jerusalem, dessen Reich sein 13-jähriger Sohn Balduin IV. erbte. Dieser war ein viel versprechender Herrscher, doch wegen einer fortschreitenden Lepra-Erkrankung regierungsunfähig. Das Glück blieb Saladin hold.

Der Atabeg von Aleppo rief sich zum Regenten für al-Salih aus, doch die Elite von Damaskus erkannte, dass allein Saladin Syrien einen und die Region vor den Kreuzfahrern schützen konnte. So nahm Saladin 1174 ohne Widerstand Damaskus ein und erklärte sich zum Nachfolger von Nureddin und Regenten für al-Salih. Der Anführer eines Dschihad, der aus niedrigen Verhältnissen stammende Saladin, war zum Herrscher über die halbe islamische Welt aufgestiegen und seine Herrschaftsbereiche umschlossen die Kreuzfahrerstaaten.

Dem Atabeg von Aleppo, der Saladin weiterhin einen Emporkömmling schimpfte, wurde wenig Beachtung geschenkt. Saladins Stern war aufgegangen. Mit sicherer Hand und zunehmendem religiösem Eifer hatte er Syrien und Ägypten mit einer effektiven Zentralregierung und militärischer Führung ausgestattet. Er war nun der mächtigste Gegner, den die Kreuzfahrer jemals fürchten mussten. Hätten sie den Zeitraum, als sich die moslemische Welt zusammenschloss, für einen Gegenschlag genutzt, hätten sie Saladin vermutlich überwältigen können. Doch wie immer waren die christlichen Fürsten in interne Machtkämpfe verstrickt und spielten Saladin direkt in die Hände.

Oben: Saladin mit einem Krummsäbel. Westliche mittelalterliche Illustratoren malten Saladin im Stile eines europäischen Monarchen, mit einem um die Krone gewickelten Turban.

Spaltung der Kreuzfahrerstaaten

Saladin bewirkte eine Allianz Syriens und Ägyptens. Der schwer kranke Balduin IV. verlor zunehmend an Macht. Als der Feind Einigkeit erfordert hätte, waren die Führer der Kreuzfahrer in interne Machtkämpfe verstrickt. Ihre Staaten brachen ohne Fremdeinwirkung auseinander.

Seinem Lehrer, dem Erzbischof Wilhelm von Tyrus zufolge war König Balduin IV. der Aussätzige (r. 1174–1185) ein begabter junger Mann, der gesund zu einem der besten Herrscher im Heiligen Land herangewachsen wäre. Stattdessen war die Regentschaft für ihn eine Qual und in seiner tragischen Persönlichkeit spiegelte sich die nationale Spaltung wider. Mit zunehmender Krankheit war er nicht mehr fähig, den Intrigen und Machtkämpfen am Hof Jerusalems Einhalt zu gebieten.

Zu Beginn seiner Regentschaft begleitete ihn seine Mutter Agnes, die erste Frau seines Vaters Amalrich. Seine Schwester Sibylla ehelichte 1176 Wilhelm von Montfort, der jedoch drei Monate darauf verstarb. Die schwangere Witwe gebar einen Sohn (den späteren Balduin V.), als dessen Lehrer der König seinen Onkel, den Grafen Raymond III. von Tripolis, bestimmte. Raymond war zuvor gegen ein hohes Lösegeld, das weitgehend durch den Verkauf seiner Ländereien und Ämter an die Johanniter aufgebracht worden war, von Nureddin freigekauft worden.

Trotz des Verlustes seiner Ländereien verfügte der Graf nach wie vor über großen politischen Einfluss, den er am Hof des Königs geltend machte, obwohl er diesem sehr nahe stand. Durch eine Heirat gewann er eigenes Land in Galiläa und schloss sich wieder enger den Johannitern an.

Darüber hinaus verachtete er einen anderen engen Ratgeber Balduins, den neuen Liebhaber Sibyllas, den Franzosen Guy von Lusignan.

1176 war der König auf Lusignan und Raymond als Heerführer angewiesen; ihre gegenseitige Abneigung sorgte auch im Heer für Verwirrung und Anfeindungen. Wilhelm von Tyrus beschreibt Lusignan als einen Mann, der dieser Bürde körperlich und geistig nicht gewachsen sei. Dennoch wuchs sein Einfluss am Hof und die Spannungen verstärkten sich. Durch seine Heirat mit Sibylla 1180 geriet er ins Zentrum einer bösartigen Intrige.

Die Vereitelung durch Châtillon

Eine weitere Fraktion am Hof sammelte sich um die beiden Witwen des Königs Amalrich. Dessen erste Ehe mit Agnes von Courtenay war annulliert worden, doch behielten ihre Kinder Balduin (der Aussätzige) und Sibylla das Recht auf die Thronfolge. Amalrich heiratete später die byzantinische Prinzessin Maria Komnena, die ihm eine Tochter Isabella gebar. Maria, die Königinmutter, vermählte sich nach seinem Tod mit Balian II. von Ibelin, einem Gefolgsmann von Raymond von Tripolis. So bildeten Maria Komnena und die Johanniter eine Koalition gegen Guy von Lusignan.

Dieser und Sibylla wurden wiederum von Agnes, Balduins Mutter, den Templern und dem ehemaligen Prinzen von Antiochia, Reynald von Châtillon, protegiert. Châtillon hatte von 1161 an 14 Jahre in türkischer Gefangenschaft verbracht und während dieser Zeit seinen Titel verloren. Nach seiner Freilassung 1175 gewann er durch Heirat die Herrschaft über Jordanien und stieg zu einem mächtigen Fürsten auf, beseelt von Rachedurst gegen die Moslems. Dieses Zusammenspiel von tiefen Abneigungen und dem Hass des Fürsten sollte dem Hof von Jerusalem zum Verhängnis werden.

1180 schloss Balduin mit Saladin ein Friedensabkommen, das moslemischen Pilgern, die in Scharen ins Heilige Land strömten, freien Durchzug gewährte. Châtillon jedoch, getrieben von seinem unbändigen Hass, lag nichts an einem

Reynald von Châtillon erbaute die Burg Kerak in Moab in Jordanien. Von hier aus kommandierte er eine der Hauptpilgerrouten vom fruchtbaren Halbmond und Syrien zum Golf von Akaba und die Küste und den Seeweg über das Rote Meer nach Mekka. Châtillon wurde der gefürchtetste und verhassteste Fürst unter den Kreuzfahrern, bis er von Saladin hingerichtet wurde. Saladin hatte auch die Genugtuung, Kerak 1188 einzunehmen.

Frieden und er sabotierte das zerbrechliche Abkommen. Im Jahr 1181 griff er von seinem Schloss Kerak in Jordanien aus Karawanen auf dem Weg nach Mekka an. Zwei Jahre später segelte er mit einer kleinen Flotte über den Golf von Akaba bis zum Roten Meer, griff moslemische Häfen an und bedrohte sogar Mekka. Saladin war so erzürnt, dass er jedes Mitglied der Stoßtruppe hinrichten ließ. Ein Krieg schien unausweichlich und er rüstete sich für einen Präventivschlag gegen das Königreich Jerusalem.

Zu diesem kritischen Zeitpunkt kam auch die von Balduin und Raymond verfolgte Nichtangriffspolitik zu einem abrupten Ende, als der 24-jährige Monarch im März 1185 seiner Krankheit erlag. Der Krieg war unvermeidbar.

Am Horn von Hattin

Der Kurs, den Saladin und die Kreuzfahrer nach dem Tod König Balduins IV. einschlugen, gipfelte in einer Entscheidungsschlacht um die Vorherrschaft im Heiligen Land. 1187 forderte König Guy von Jerusalem Saladin bei Hattin heraus. Die Kreuzfahrerstaaten verloren.

Der Tod König Balduins IV. 1185 entfachte einen Machtkampf. Mit Balduin V. folgte ihm sein Neffe auf den Thron, als dessen Regent Raymond III. von Tripolis eingesetzt wurde. Der Graf schloss ein vierjähriges Friedensabkommen mit Saladin – die Kreuzfahrerstaaten hofften auf stabile Zeiten. Diese endeten bereits im August des Jahres mit dem Tod des achtjährigen Königs, worauf weitere Thronkämpfe folgten, die diesmal die Gruppe um Agnes von Courtenay (König Amalrichs erste Frau) gewann. Jerusalem wurde eingenommen und Sibylla gekrönt, womit ihr Ehemann Guy von Lusignan die Königswürde erlangte. Noch schlimmer: Reynald von Châtillon stieg zum Hauptratgeber König Guys I. (1186–1192) auf. Von den Vereinbarungen Balduins des Aussätzigen befreit, griff er sogleich moslemische Karawanen an. Saladin sah das Friedensabkommen durch dieses Vorgehen gebrochen und mobilisierte das moslemische Heer.

In der Vergangenheit hatten Kritiker Saladin beschuldigt, er sei eher Moslems als Franken den Krieg zu erklären bereit, was bis zu einem

Rechts: Das Horn von Hattin, Galiläa, war Schauplatz einer der schlimmsten Niederlagen der Kreuzfahrerära. Die Schlacht dauerte den ganzen Tag bis in den nächsten Morgen und zog sich über die Hänge bis hinunter an die Ufer des Jordan und des Tiberias-Sees (See von Galiläa). Diese Abbildung zeigt eine fantasievolle Darstellung Galiläas mit der Stadt Tiberias am Ufer des Sees im Hintergrund und dem Jordan, der sich gegen den Horizont zu schlängelt.

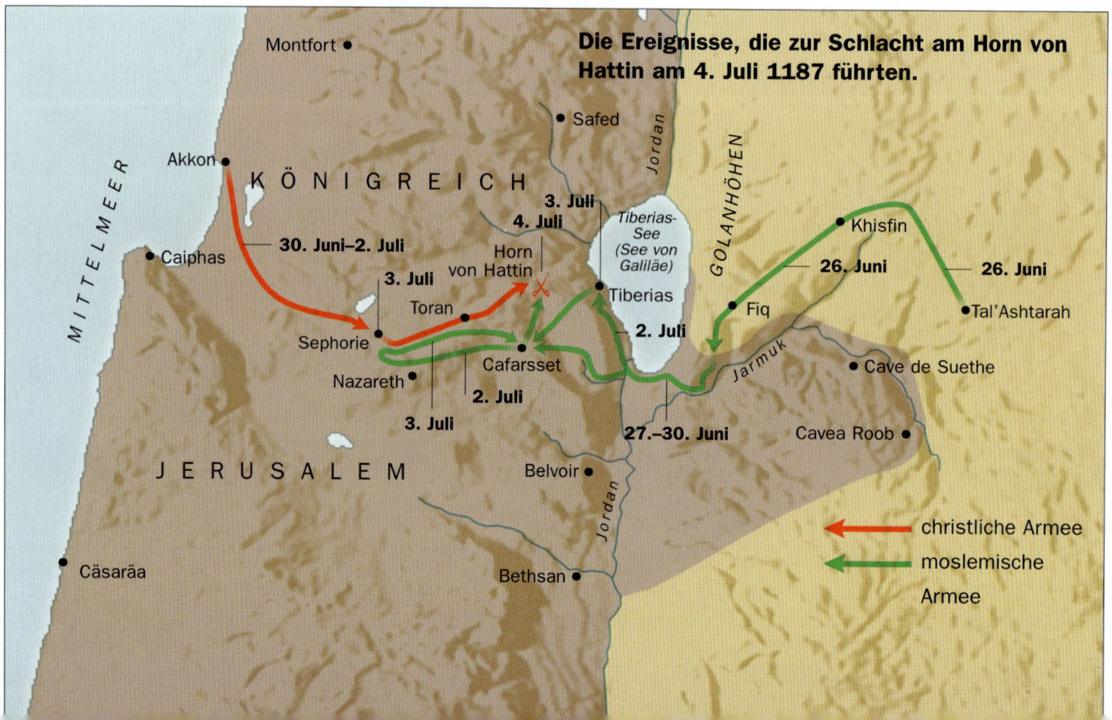

gewissen Grad auch der Wahrheit entsprach. Er hatte einige Schlachten gegen den Emir von Aleppo geschlagen, der weiterhin Nureddins Erben al-Salih als Schachfigur einsetzte, um sich selbst als rechtmäßigen Erben des zenkidischen Syrien aufzuschwingen. Saladin war zwei Mordanschlägen entgangen.

Als al-Salih 1181 jung stirbt, verbreiteten sich unbewiesene Gerüchte, er sei von Saladin vergiftet worden. Der Tod des Prinzen veranlasste den Emir, um Frieden zu bitten, und 1183 kam es zur kampflosen Übergabe Aleppos. Saladin herrschte nun über ein vereintes Syrien und verfügte über ausgedehnte militärische Ressourcen. 1187 hatte er an die 30.000 Mann zusammengezogen, darunter Kontingente aus Ägypten und freiwillige Dschihad-Kämpfer. König Guy mobilisierte daraufhin das Kreuzfahrerherr. Es war zwar erheblich kleiner, umfasste jedoch 2.000 Ritter, von denen die Hälfte religiösen Orden angehörte. Ein weiteres Kontingent wurde vom Bischof von Akkon angeführt, der mit einem Stück des Heiligen Kreuzes, der geheiligten Reliquie der Kreuzfahrerstaaten, bewaffnet war.

Die Falle schnappt zu

Im Juni 1187 marschierte Saladin in Galiläa ein und belagerte die Stadt Tiberias (das moderne Tevrya) im Fürstentum Tripolis, in der auch Eschiva, die Frau des Grafen Raymond, eingeschlossen war. Zur selben Zeit sammelte König Guy sein Heer bei Akkon: Raymond mahnte zur Besonnenheit. Doch der König erhörte den absurden Vorschlag Reynalds von Châtillon, der voller Tatendrang darauf drängte, die junge Frau zu retten, mit dem Ziel, Raymond zu demütigen. So befahl der König den Angriff auf Tiberias mit Raymond als Befehlshaber der Nachhut.

Am 3. Juli waren die Kreuzfahrer 16 km von der Stadt entfernt, als sie in den ganzen Tag andauernde Scharmützel verwickelt wurden. Raymonds gutem Rat entgegen führte Guy seine Truppen über die Ebene von Toran und wandte sich dann nordwärts zu den Quellen von Hattin westlich von Tiberias. Die Kreuzfahrer kamen, geschwächt durch Hitze, Durst und pausenlose Angriffe, nur langsam voran und schlugen am Nachmittag erschöpft ihr Lager auf. Bei Sonnenaufgang des 4. Juli machten sie sich erneut auf die Suche nach Wasser, doch an den Ausläufern der Gebirgszüge von Hattin ließ Saladin seine Falle zuschnappen. Rauch aus von den Moslems entzündeten Feuern verwirrte die Kreuzfahrer und das Heer verlor den Zusammenhalt. Die Nachhut war abgeschnitten; Graf Raymond entkam, viele seiner Ritter wurden erschlagen.

Der Bischof von Akkon fiel in der Schlacht. Das Heilige Kreuz ging auf den Bischof von Lydda über und war verloren, als er gefangen genommen wurde. Die schwindenden Reihen der Franken schlossen sich ein letztes Mal, aber die widrigen Umstände, Durst und Erschöpfung zwangen die wenigen Überlebenden zur Aufgabe. Saladin nahm König Guy und sein Gefolge gefangen, ließ jedoch Châtillon für seine Taten, heute würde man sagen „Kriegsverbrechen“, hinrichten. Ohne schlagkräftiges Heer stand das Heilige Land Saladin nun offen. Er hatte bei Hattin seinen größten Sieg errungen und beeilte sich, seinen Erfolg auszuweiten. Sein nächstes Ziel war Jerusalem.

Unten: Der Verlust des Heiligen Kreuzes. Der Künstler, der diese mittelalterliche Abbildung schuf, scheint zwei Ereignisse vermischt zu haben: Die Schlacht am Horn von Hattin, als das Kreuz in die Hände der Moslems fiel, und die christliche Belagerung von Akkon 1191 (*s. Seite 123*), als man hoffte, dass Saladin das Kreuz zurückgeben würde.

Jerusalem fällt

In den folgenden zwei Jahren nach seinem Sieg bei Hattin fiel es Saladin leicht, das gesamte Land mit Ausnahme der Städte Tyrus, Tripolis und Antiochia sowie einiger Schlösser zu erobern. In Jerusalem erscholl wieder der Ruf des Muezzin zum Gebet.

Gegenüber: Balian von Ibelin teilt der Bevölkerung von Jerusalem mit, dass es keine Hoffnung gibt, die Moslems zu besiegen. Auf der unteren Tafel trifft er Saladin außerhalb der Stadtmauern, um eine friedliche Übergabe der Heiligen Stadt zu vereinbaren.

Nach der Hinrichtung von Reynald von Châtillon übergab Saladin die gefangenen Mitglieder religiöser Orden den Fundamentalisten in seinem Gefolge, die sie erschlugen. Nachdem er sich so seiner ärgsten Feinde entledigt hatte, sandte er die verbleibenden, unter ihnen König Guy, als Gefangene zurück nach Damaskus. Er selbst setzte die Eroberung des praktisch unverteidigten Reiches fort. Weniger als 3.000 Kreuzfahrer entkamen der Schlacht, eine kleine Gruppe, die Saladins Zug durch das Heilige Land nicht aufhalten konnte.

Am 7. Juli schickte Saladin seinen Leutnant Taqi al-Din aus, Akkon, das Handelszentrum der Kreuzfahrer, einzunehmen. Er selbst erreichte die Stadt am folgenden Tag, als Abgesandte heraustraten, um über einen Frieden zu verhandeln. Widerstand gegen die an Zahlen überlegene moslemische Armee wäre sinnlos gewesen und hätte ein Massaker provoziert. Saladin besetzte die Stadt und bot den fränkischen Adligen und Kaufleuten lehnsherrlichen Schutz. Er befreite außerdem den dort gefangen gehaltenen Bruder des byzantinischen Kaisers und entsandte ihn als Friedensunterhändler nach Byzanz, um vom Kaiser ungestört die Kreuzfahrerstaaten zerschlagen zu können.

Saladin rückte ins südliche Palästina vor und nahm die mächtigen Festung Mirabel sowie die Küstenstädte ein, bevor er sich nach Norden wandte. Jaffa, Beirut, Haifa, Sidon und die Städte Galiläas fielen an die Moslems. Nur Tyrus unter Reginald von Sidon (und später Konrad von Monterrat) widerstand, ebenso Tripolis und Antiochia. Sie rettete wohl der Wunsch Saladins, vor der Einnahme der Kreuzfahrerstaaten im Norden das Königreich Jerusalem vollständig zu erobern. Im August befanden sich im Süden des Heiligen Landes außer Gaza, den Burgen in Jordanien und kleineren Festungen nur noch Jerusalem und Tyrus in den Händen der Kreuzfahrer.

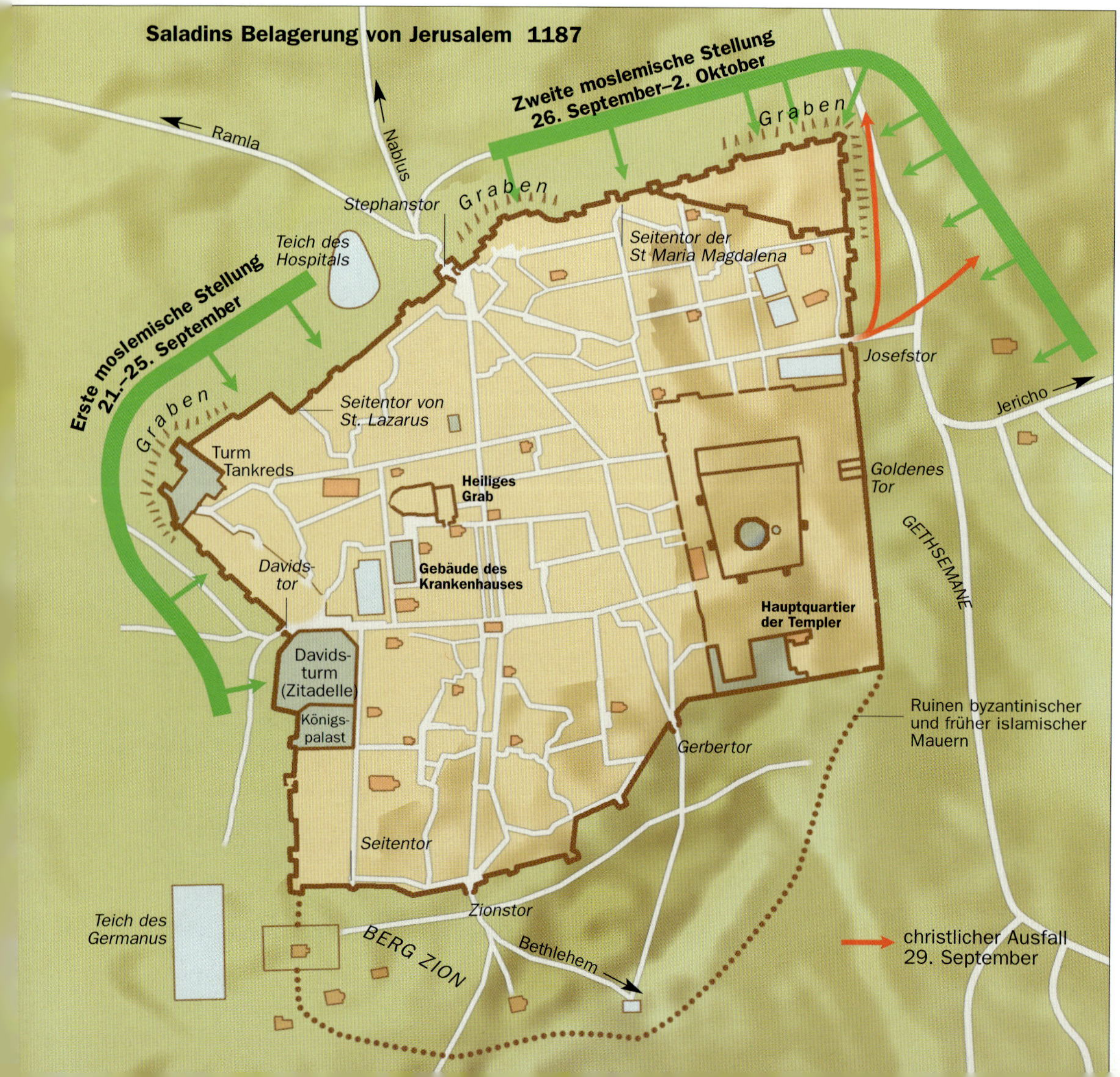

In den Händen der Moslems

Am 25. August begann Saladin die Belagerung Askalons, das sich am 5. September ergab. Nun war der Weg nach Jerusalem frei. Sein Heer erreichte es am 20. September. Auch wenn Königin Sibylla in der Stadt weilte, lag die Verteidigung in den Händen des Patriarchen Herakleus.

Dieser griff gerne auf die Unterstützung von Balian von Ibelin, dem neuen Ehemann der Königin Maria Komnena, zurück, denn die Stadt quoll

nordwestlichen Stadtmauern, den er nach viertägigen Kämpfen wieder abbrach. Am 26. September griff er den nördlichen Bereich erneut an und binnen drei Tagen hatten die Katapulte eine große Bresche in die Mauern geschlagen.

Nachdem ein Ausfall der Kreuzfahrer niedergeschlagen worden war, war die Eroberung der Stadt nicht mehr zu verhindern. Balian und Herakleus nahmen notgedrungen Kapitulationsverhandlungen auf und am 2. Oktober marschierte Saladin in Jerusalem ein. Nach 88 Jahren verlief der Rückfall an die Moslems wie zuvor die Übernahme durch die Christen ohne Blutvergießen und ohne Plünderungen, obgleich die Einwohner als Geiseln gehalten wurden. Saladin war der Held der islamischen Welt.

Das Königreich Jerusalem exististierte nicht mehr.

zwar über von kampfbereiten Flüchtlingen und Freiwilligen, verfügte aber nur über wenige ausgebildete Soldaten. Einen Tag nach seiner Ankunft begann Saladin einen Angriff auf die

Richard Löwenherz

Der Fall Jerusalems erschütterte die Christenheit und Papst Gregor VIII. (p. 1187) rief zum Dritten Kreuzzug auf, der unter den europäischen Monarchen erstaunlich populär war. Kaiser Friedrich I. Barbarossa führte ein deutsches Heer ins Heilige Land und Richard I. Löwenherz von England sowie Philipp II. von Frankreich standen den westeuropäischen Kontingenten vor.

In England und Frankreich wurde eine Steuer, der so genannte „Saladin-Zehnte", erhoben, um den Dritten Kreuzzug zu finanzieren. Heinrich II. von England (r. 1154–1189) war in einen Krieg mit Frankreich verwickelt, sodass sein ältester Sohn dem Ruf folgen sollte. Doch noch vor seinem Aufbruch starb sein Vater und der Prinz wurde zu Richard I., König von England, Herzog der Normandie und Graf von Anjou (r. 1189–1199).

Richards Mutter war Eleonore von Aquitanien (1122–1204), die an dem Zweiten Kreuzzug an der Seite ihres ersten Mannes, König Ludwigs VII. von Frankreich, teilgenommen hatte. Nach dem Skandal in Antiochia (s. S. 107) und der folgenden Scheidung 1152, ehelichte sie Heinrich von Anjou Plantagenet, der zwei Jahre später als Heinrich II. den englischen Thron bestieg. Richard, geboren 1157, war ihr zweiter Sohn, der nach dem Tode seines älteren Bruders 1183 das Reich der Anjou, weite Ländereien in England und in Westfrankreich erbte.

Ungeachtet seiner rebellischen Vergangenheit war er der gesalbte Nachfolger seines Vaters. Er wird als stattlich und gütig beschrieben und war ein berühmter Soldat. Sogleich nach seiner Krönung gab er das Königreich in die Obhut seines Bruders John und brach zum Kreuzzug auf. Er wurde begleitet von Philipp II. August von Frankreich (Richard hatte sein Leben überwiegend in den Ländereien in Frankreich ver-

Unten: Dieses Bild aus einer mittelalterlichen Handschrift über die Könige von England zeigt links Heinrich II., der auf seinen Sohn Richard I. blickt. Trotz der eher groben Ausführung hat der Künstler den für das Haus Anjou typischen Ausdruck unterdrückter Wut festgehalten.

bracht), denn obwohl die beiden um die Vorherrschaft in den französischen Gebieten von Anjou rivalisierten, waren sie Freunde. Doch ihre Freundschaft sollte bald erkalten.

1190 versammelten Richard und Philipp ihre Kontingente in Vézelay. Philipp entschied, seine Truppen von Genua einzuschiffen, doch Richard bevorzugte englische Schiffe, die sein Heer in Marseille an Bord nehmen sollten. So zog er voran durch Italien und erreichte seine Armee in Messina, Sizilien, wo er erneut auf Philipp traf, dessen Flotte aus Genua bereits eingetroffen war. Doch Messina war in Aufruhr.

Die verschmähte Prinzessin

König Tankred hatte die Insel kurz zuvor von seinem illegitimen Cousin geerbt und dessen Witwe Johanna eingesperrt. Johanna war jedoch Richards Schwester. Dieser nutzte diesen feindseligen Akt als Vorwand, Tankred zu bekriegen und eroberte Messina. Wenig später trafen seine Mutter Eleonore und die Prinzessin Berengaria von Navarra, die für ihn bestimmte Braut, ein.

Doch Richard hatte aus politischen Überlegungen bereits in eine Verlobung mit Philipps Schwester Alice eingewilligt. Glücklicherweise konnte er nachweisen, dass sie die Geliebte seines verstorbenen Vaters Heinrich gewesen war.

Philipp stimmte daraufhin widerwillig der Verlobung Richards mit Berengaria zu. Doch die Zurückweisung seiner Schwester verletzte ihn tief. Das Verhältnis der beiden Herrscher kühlte zunehmend ab und ging in eine Feindschaft über, die den Ausgang des Dritten Kreuzzuges beeinflussen sollte. Am 30. März 1191 stach Philipp mit seiner Flotte nach Akkon in See.

Die englische Flotte verließ Messina am 10. April. Weil die Zeit drängte, war die Hochzeit verschoben worden, sodass Berengaria mit einem eigenen Schiff reiste, das auch Richards Kriegskasse mitführte.

Die Flotte war schweren Stürmen ausgesetzt und einige Schiffe strandeten an Zyperns Küste, unter ihnen auch Berengarias. Bevor sie und die Überlebenden von zwei weiteren Schiffen sowie die Schatztruhe von der nachfolgenden Flotte gerettet werden konnten, fielen sie in die Hände des byzantinischen Tyrannen Isaak Komnenos.

Dieser verweigerte die Herausgabe von Menschen und Staatsschatz und provozierte damit die Belagerung und Eroberung von Limassol durch Richard. Komnenos floh in die Berge und konnte in einer blutigen Schlacht entkommen, doch seine zurückgelassenen Besitztümer fielen an Richard.

Drei Tage später traf Guy von Lusignan mit einer kleinen Flotte in Limassol ein. Der kurz zuvor von Saladin freigelassene König von Jerusalem war bemüht, die Verteidigungen der verbleibenden Kreuzfahrerfestungen zu koordinieren. Seit 1189 hatte er Akkon erfolglos belagert und bat nun Richards mächtige Flotte um sofortige Unterstützung; überdies werde diese in Akkon auch auf das kürzlich dort eingetroffene Heer König Philipps von Frankreich stoßen.

Unter der Bedingung, dass der König von Jerusalem ihm den Treueeid schwor, stimmte Richard dem Vorhaben zu. Gemeinsam stürmten sie daraufhin Zypern und setzten Isaak Komnenos gefangen. Als dieser flehentlich darum bat, nicht in eiserne Ketten geschlagen zu werden, ließ Richard silberne für ihn anfertigen …

Noch bevor er im Mai 1191 Zypern verließ, ehelichte Richard Berengaria von Navarra.

Oben: Auf dieser Darstellung aus dem 14. Jahrhundert kniet ein Ritter vor einem Mönch, um vor seinem Aufbruch zum Dritten Kreuzzug ein Kruzifix entgegenzunehmen.

Friedrich Barbarossas Kreuzzug

Im Jahr 1190 regierte Friedrich I. Barbarossa (Rotbart) das Heilige Römische Reich bereits seit vier Jahrzehnten und galt als einer der mächtigsten und angesehensten Monarchen seiner Zeit. Ungeachtet seines Alters und der Auseinandersetzungen mit den Päpsten beschloss Friedrich, ein deutsches Heer nach Jerusalem zu führen.

Friedrich I. (r 1152–1190) brach im Mai 1189 von Regensburg auf. Für den 67-jährigen Monarchen, der fast seine gesamte Regentschaft im Widerstreit mit der Kirche verbracht hatte, war das ein unerwarteter, demütiger Akt. Friedrich war der Sohn eines Hohenstauffen-Fürsten, dessen Kindheit von der Rivalität zu den Welfen geprägt war. Er war 1152 von den Kurfürsten zum Kaiser gewählt worden, die sich von ihm die Beendigung der kriegerischen Auseinandersetzungen erhoffte.

Friedrich verbrachte seine Regierungszeit weitgehend damit, den Bewohnern des Reiches ein Gefühl der Stabilität zu vermitteln und seine Machtposition zu stärken. Die Eroberung der Lombardei in Norditalien brachte ihn in Konflikt mit dem Papst, der weitere Einbrüche in seinen Herrschaftsbereich fürchtete. Die Kontrahenten führten 17 Jahre lang einen erbitterten Kampf, der 1160 mit der Exkommunizierung Friedrichs durch Papst Alexander III. (p. 1159 bis 1181) begann und von Friedrich mit der Ernennung eines Gegenpapstes beantwortet wurde. Zwar kam es 1177 zu einer offiziellen Aussöhnung, doch die Verstimmung blieb. Vermutlich sah Alexander die Teilnahme Friedrichs am Kreuzzug als Schuldeingeständnis an. Dieser wollte den deutschen Adel auf das Feudalsystem einschwören und unter dem Deckmantel der Religion die Fürsten an sich binden. Das deutsche Kreuzfahrerheer zählte 15.000 Mann einschließlich 3.000 Rittern. Friedrich hatte die Elite für die Sache eingenommen.

Anders als die Könige Englands und Frankreichs hatte er entschieden, den Landweg durch Ungarn und das byzantinische Reich zu nehmen. Abgesandte wurden vorausgeschickt, um den sicheren Durchmarsch des Heeres auszuhandeln. Der König von Ungarn war den Deut-

Oben: Deutsche Ritter brechen zum Dritten kreuzzug auf, geführt vom Heiligen Römischen Kaiser Friedrich I. Barbarossa. Handschrift aus dem 12. Jahrhundert.

Links: Dieser vergoldete Reliquienschrein aus Bronze mit den Überresten des Hl. Johannes war ein Geschenk von Kaiser Friedrich an den Grafen von Kappenberg. Es wurde in der Kirche von Kappenberg, Deutschland, aufbewahrt. Es gilt als das erste moderne Bildnis der westeuropäischen Kunst seit der Karolingerzeit. Ein ehemals vorhandenes silbernes Haarband ist verloren.

schen gewogen, doch der byzantinische Kaiser Isaak II. Angelos (r. 1185–1195) zeigte sich hinterhältig. Zwar versprach er sicheren Durchzug und Verpflegung, doch dann blockierte er die Gebirgspässe zu seinem Reich. Friedrich verbündete sich daraufhin mit rebellischen Serbenfürsten und umging den Byzantiner.

Schwindende Zahlen

Als die deutschen Kreuzfahrer Konstantinopel erreichten, war ihnen die Stadt verschlossen. Friedrich fasste dies als Kriegserklärung auf und besiegte das byzantinische Heer in Thrakien. Nach einem weiteren Feldzug in Makedonien schlug er das Winterquartier in der byzantinischen Stadt Adrianopel auf. Die Byzantiner nahmen Friedensverhandlungen auf und erklärten sich bereit, die Kreuzfahrer nach Kleinasien überzusetzen.

Im März 1190 führte Friedrich sein Heer gen Osten auf die türkische Grenze zu. Die Deutschen besiegten die Türken in einer Schlacht bei Philomelium und eroberten die türkische Stadt Konya (das ehemalige Ikonion). Der Sultan war zum Friedensschluss bereit und stattete die hungernde Armee mit Vorräten aus, damit sie schnell nach Kilikien weiterzogen.

Die Deutschen überquerten den Taurus und gelangten zum Fluss Göksu (Kalykadnos) nahe der kilikischen Hauptstadt Tarsus, von der aus eine Straße nach Antiochia führte. Dann, am 10. Juni 1190, ertrank Friedrich bei der Durchquerung des reißenden Stroms, nachdem er bereits die Hälfte des Heeres beim Marsch verloren hatte. Sein Sohn, Friedrich von Schwaben, versuchte die Kontrolle über das Heer zu erlangen, doch alte Rivalitäten brachen auf und die Überlebenden versagten ihm die Gefolgschaft.

Sie kämpften sich bis nach Antiochia durch, den Leichnam des Kaisers mit sich führend, damit sich dessen Gelübde, das Heilige Land zu erreichen, erfüllte. Als die Stadt von einer Epidemie heimgesucht wurde, traten viele die Heimfahrt über See an. Die wenigen Tausend Verbleibenden trafen schließlich im Oktober in Akkon ein. Sie waren nur eine magere Verstärkung für König Guys stark dezimierte Truppen der Kreuzfahrerstaaten.

Saladin blieb ein ernst zu nehmender Feind weiterhin erspart und die Kreuzfahrerstaaten mussten die Ankunft von Richard Löwenherz' abwarten, um ihren Helden zu finden.

Links: Ein Reiterstandbild von Friedrich Barbarossa auf dem Kaiserplatz in der niedersächsischen Stadt Goslar, Deutschland. Friedrich war einer der ältesten Monarchen der Kreuzfahrer.

König Richard im Heiligen Land

Richard Löwenherz erreichte Akkon am 8. Juni 1191 und ihm gelang, was keinem Kreuzfahrer zuvor geglückt war: die Eroberung der Stadt binnen weniger Wochen. Anders als Philipp von Frankreich war der englische König entschlossen, sein Gelübde zu erfüllen.

Als die Galeere des Königs von England bei Akkon landete, wurde die Stadt bereits seit zwei Jahren von dem kleinen Heer des Königs von Jerusalem belagert – der erste Schritt zur Rückeroberung seiner an Saladin verlorenen Besitzungen. Der Chronist Ambrosius berichtet von Richards Ankunft: „Ein Stift kann nur unzureichend die Freude wiedergeben, die die Männer bei der nächtlichen Ankunft des Königs erfasste.“ Philipp II. von Frankreich war bereits eingetroffen. Seine Männer verstärkten die Reihen der Kreuzfahrer, und einige Katapulte waren bereits gebaut. Richards Eintreffen belebte die Szene und während er mit einem neu eingetroffenen Sarazenenheer kämpfte, brachen Guy und Philipp eine Bresche in die Stadtmauern.

Ohne Unterstützung vom Meer her, die die Schiffe Philipps und Richards verhinderten, war Akkon hilflos und die führenden Bürger unter-

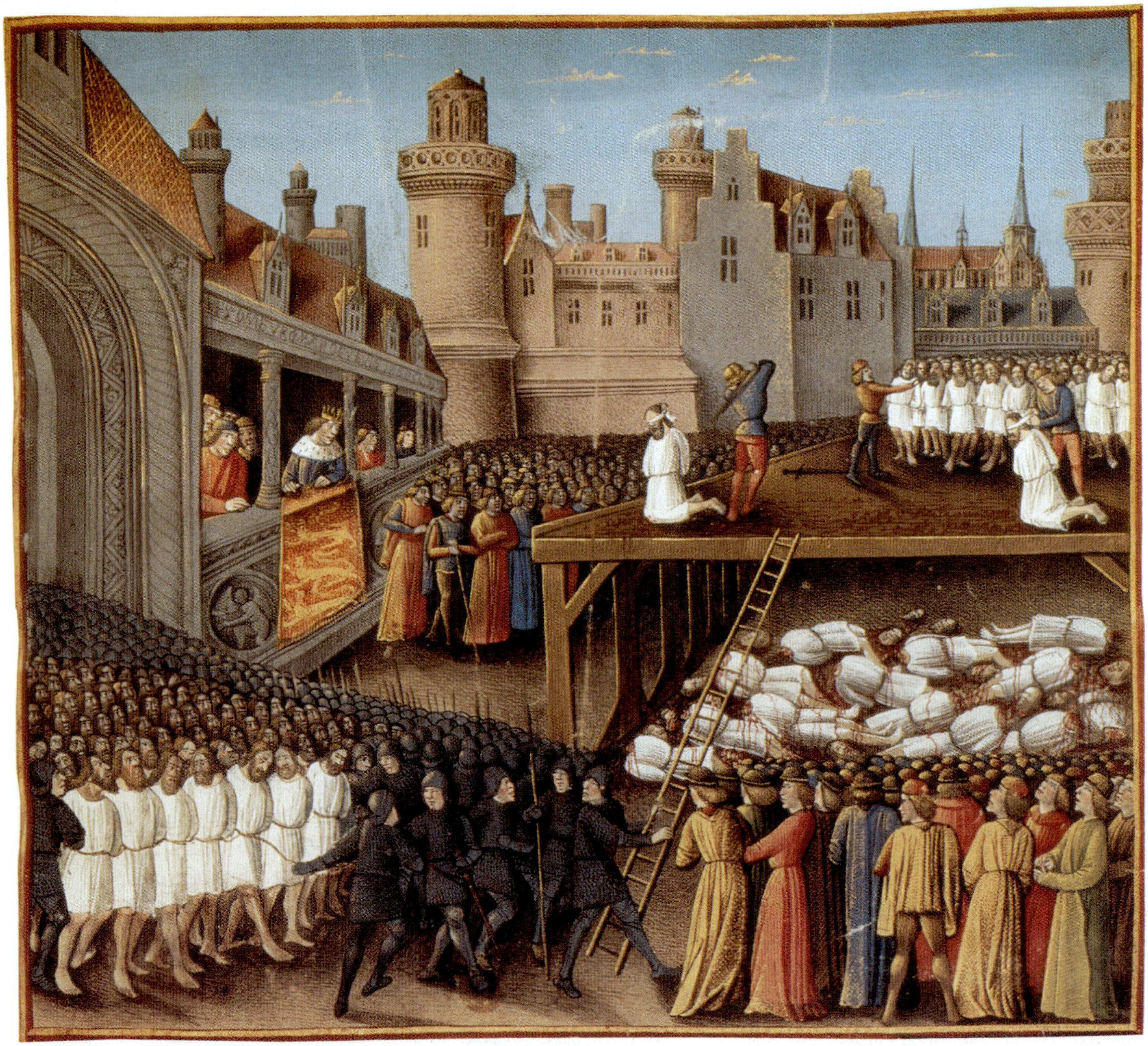

Oben: Die Eroberung von Akkon und die Rückkehr Philipp II. nach Frankreich. Diese Abbildung aus dem Werk *Speculum Majus* zeigt den französischen König, der als Held begrüßt wird, und Kreuzfahrer, die die Mauern Akkons stürmen.

zeichneten noch vor Richards Rückkehr ein Friedensabkommen mit Philipp. Richard lag krank darnieder, als sich Akkon am 11. Juli den Kreuzfahrern ergab. Die Kapitulationsbedingungen umfassten die Verschonung der Einwohner gegen die Freigabe von 1.500 kriegsgefangenen Christen durch Saladin, ein hohes Lösegeld und die Rückgabe des Heiligen Kreuzes, das bei Hattin verloren worden war. Saladin vernahm diese Bedingungen erst, nachdem die Stadt bereits kapituliert hatte.

Dieser erste Erfolg der Christen nach dem Debakel von Hattin erfüllte sie nicht mit neuem Eifer, sondern ließ nur die alten Rivalitäten hervorbrechen und drohte die Kreuzfahrerstaaten erneut zu spalten. Guy von Lusignan hielt an seinem Thronrecht durch die Ehe mit Sibylla fest. Philipp von Frankreich hingegen erklärte, Guy hätte das Recht auf den Thron durch die Niederlage bei Hattin verwirkt und favorisierte Konrad von Montferrat. Dieser hatte an Philipps Seite bei Akkon gekämpft und war zudem mit Isabella vermählt.

Der auf Zypern geleistete Treueschwur und das angespannte Verhältnis zu Philipp banden Richard wiederum an Guy. Auch die Handelsstädte nahmen Einfluss: Guy wurde von Genua unterstützt, woraufhin sich deren erbitterte Rivalin Pisa auf die Seite von Montferrat schlug. Schließlich einigte man sich, Guy bis zu seinem Lebensende als König von Jerusalem zu bestätigen. Nach seinem Tod sollte der Thron an Montferrat oder einen von ihm und Isabella gezeugten Sohn fallen. Für den momentanen Verzicht auf den Titel erhielt Montferrat Beirut, Sidon und Tyrus als Lehen.

Eine brutale Lösung

Richard war der christlich-moslemischen diplomatischen Verhandlungen müde. Durch sie gewann Saladin Zeit, Verstärkung anzufordern, und Richard wollte nach Jerusalem. Er hatte Saladin ein Ultimatum gestellt, das inzwischen abgelaufen war. Am Morgen des 20. August ließ er 3000 führende Bewohner Akkons zu einer für das moslemische Heer gut einsehbaren Stelle bringen und dort hinrichten. Es war offenkundig, dass es nach diesem Willkürakt keine Verhandlungen mit Saladin mehr geben würde. Richard hatte sein Ziel erreicht.

König Philipp gab vor, aus gesundheitlichen Gründen nach Frankreich zurückzukehren, doch dürfte der Tod des Kreuzfahrers Philipp von Flandern, dessen europäische Ländereien er seinem Machtbereich zuschlagen wollte, der vordringliche Grund gewesen sein. Die verbleibenden 10.000 französischen Kreuzfahrer standen unter dem Kommando von Hugo, Herzog von Burgund, doch den Oberbefehl über alle drei europäischen Kontingente führte König Richard.

Abgeschreckt durch die Streitereien um den Thron Jerusalems, beschloss Richard, ohne die Unterstützung lokaler Verbündeter vorzugehen. Er verließ Akkon vier Tage nach dem Massaker mit einer Vorhut frisch aus Europa eingetroffener Kämpfer der Ritterorden. Saladin erwartete, dass Richard nach Ägypten ziehen würde und befahl daraufhin die Schleifung der Festungen von Jaffa und Askalon, um ihn jeder Basis zu berauben.

Am 7. September griff er Richards Armee bei Arsuf an. Saladin führte ein Kommando über 80.000 Mann, während Richards Kräfte gerade ein Drittel ausmachten. Doch er hielt seine Truppen gegen die Übermacht und den Pfeilsturm der moslemischen Bogenschützen zusammen, und als der richtige Zeitpunkt gekommen war, überrannte er Saladins Heer mit seiner Reiterei. Die islamische Armee ergriff die Flucht. Sie ließ 7.000 Gefallene auf dem Schlachtfeld zurück. Richard konnte seinen Weg nach Jaffa ungestört fortsetzen.

Gegenüber: Das Massaker von Akkon, aus der *Histoire d'Outremer*. Als seine Verhandlungen mit Saladin um die Rückgabe des Heiligen Kreuzes fehlschlugen, ließ König Richard 3000 moslemische Geiseln aus Akkon hinrichten. Auf dieser Abbildung findet das Massaker in Akkon statt. Tatsächlich wurde es außerhalb der Stadt auf dem Hügel Aijadieh durchgeführt, in guter Sichtweite von Saladins Truppen.

Frieden mit Saladin

Nach einem Rückschlag vor Jerusalem ging Richard Verhandlungen mit Saladin ein und versicherte sich gleichzeitig seiner Verbündeten. Richard zeigte sich auch politisch Saladin und den Kreuzfahrerfürsten gewachsen.

Gegenüber: Kreuzfahrer und ihre Feinde in Gefangenschaft. Abbildung aus einer französischen Handschrift aus dem 14. Jahrhundert. Richard I. hatte mit Saladin einen Waffenstillstand ausgehandelt und war bereit, nach Hause zu fahren. Der Plan, Jerusalem für die christliche Sache zurückzugewinnen, schien so unerreichbar wie zu der Zeit, als sie Outremer erstmals betreten hatten.

König Richard setzte nach dem Sieg bei Arsuf seinen Weg nach Jerusalem fort. Das Heer verließ Jaffa im späten Oktober, doch Saladin hatte die Gebirgspässe zwischen Beit Nuba und der Heiligen Stadt befestigt. Richard verfügte nicht über genügend Mann, um einen Frontalangriff zu wagen. Es ist unklar, ob die französischen Truppen den Weiterzug verweigerten oder die Fürsten der Kreuzfahrer einen Angriff – jedenfalls stand Richard Ende Januar 1192 mit seinem Heer wieder in Jaffa.

Saladin sandte seinen Bruder al-Adil, um mit Richard zu verhandeln, der einen alternativen Angriffsplan für Ägypten ausarbeitete und den Wiederaufbau Jaffas und Askalons vorantrieb. Zur selben Zeit verhandelte Saladin persönlich mit Konrad von Montferrat. Strittig waren die Themen Jerusalem, die Rückgabe des Heiligen Kreuzes und der Gebiete. Saladin weigerte sich, Jerusalem aufzugeben und wollte das Heilige Kreuz nur gegen einen guten Preis aushändigen. Richard versuchte im Gegenzug, Saladin durch eine Heirat mit seiner Schwester Johanna zur Bildung eines christlich-moslemischen Staates in Jerusalem zu bewegen, doch sein Angebot wurde nicht angenommen.

Im Juni 1192 versuchte Richard erneut, Jerusalem einzunehmen, doch der Herzog von Burgund plante einen eigenen Angriff und verweigerte die Teilnahme, daher musste der Feldzug abgebrochen werden. Richard wollte heimkehren, doch war seine Armee zu klein, um Jerusalem ohne Unterstützung anderer Kreuzfahrer einzunehmen. Es war klar, dass die ansässigen Kreuzfahrer ohne Hilfe Jerusalem und die Küstenstädte nicht halten konnten.

Ein Waffenstillstand

Als einzige Lösung blieb Richard, Jerusalem aufzugeben. Als er sich zurückzog, führte Saladin einen Angriff gegen Jaffa und nahm die Stadt ein, bevor Richard mit einem kleinen Heer am 5. August dort eintraf. Es kam zur Schlacht. Richard hielt seine Truppen in enger Verteidigungsformation, sodass Saladins leichte Kavallerie nicht durchbrechen konnte. Saladin zog sich zurück und schenkte Richard seinen zweiten großen Sieg in Palästina. Er forderte auch keine neuen Kampfhandlungen heraus, sondern setzte auf sein diplomatisches Geschick.

Die Franzosen hielten nun Akkon, die Engländer Askalon an der neuen südlichen Grenze des Kreuzfahrerstaates. Bereits im April 1192 hatte Richard eine Zusammenkunft aller christlichen Adligen im Heiligen Land einberufen, um über die Zukunft zu beraten, während al-Adil neue Friedensverhandlungen begann. König Guy war entkräftet und wurde abgesetzt. Er erhielt Zypern als Ersatz.

Somit war die Krone frei für Konrad von Montferrat, der zum rechtmäßigen König von Jerusalem erklärt wurde. Doch seine Machtübernahme säte Zwietracht zwischen die Kaufleute. Seine Allianz mit Genua bedeutete, dass Pisa nun vom Handel mit den Häfen der Kreuzfahrerstaaten ausgeschlossen war. Als Konrad kurz vor seiner Krönung ermordet wurde, beschuldigte sein Nachfolger Heinrich von Champagne die Pisaner. Vermutlich hatte er selbst die gedungenen Mörder angeheuert. Für den Moment waren die internen Machtkämpfe jedoch beendet und die Kreuzfahrerstaaten konnten sich der Moslemgefahr zuwenden – gerade rechtzeitig. So konnte Richard Saladin in der Schlacht besiegen.

Nach der Schlacht von Jaffa (1192) wurde Richard zum Schiedsrichter über den Frieden im Heiligen Land. Er und Saladin erkrankten und tauschten Obst und Medizin, woraus neue Verhandlungen entsprangen. Am 2. September 1192 wurde eine dreijährige Waffenruhe unterzeichnet. Obwohl die Kreuzfahrer Askalon aufgeben mussten und Jerusalem den Moslems blieb, wurde ihnen der Küstenstreifen von Tyrus bis Jaffa zugesprochen sowie der Zugriff auf das Hinterland von Tripolis und Antiochia.

Als der Frieden besiegelt war, reiste Richard am 9. Oktober ab in Richtung England. Der Dritte Kreuzzug war vorüber und nach dem Tode Saladins im März 1193 war dem Heiligen Land eine relativ friedvolle Zeit beschert.

Comment le roy saint loys en cuidant retorner a damiete fut
prins. le xxviij.e chappre.
Apres ceste desconfitu
re ainsi faitte sur
less sarrazins ne
demoura gueres apres que
le filz du soudan mort. vint
des parties dorient z auna
a la massore et le receurent
les egipciens a grande reue
rence z honneur comme leur

KAPITEL 7

Schwert und Krummsäbel:

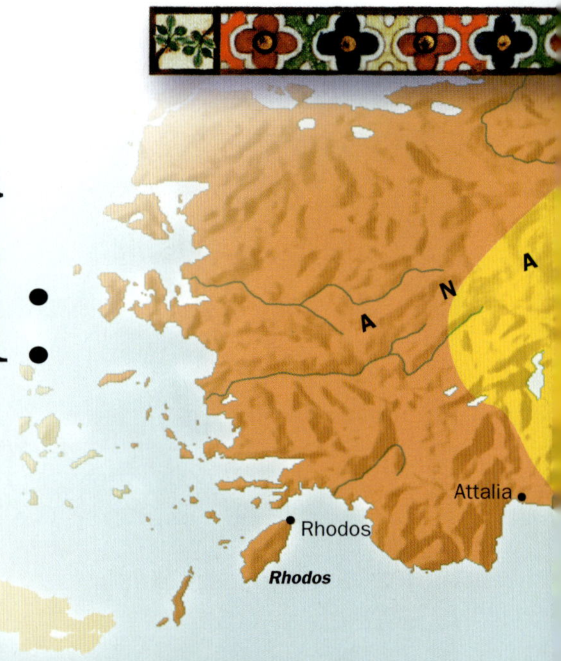

Die Kriegführung der Kreuzfahrer

Die Kreuzzüge brachten zwei sehr unterschiedliche militärische Systeme in Kontakt. Die ersten Heere der Kreuzfahrer waren nach den Prinzipien des feudalen Europa aufgebaut, wurden aber dann den lokalen Erfordernissen angepasst. Bei den Moslems setzten sowohl die Türken als auch die Ägypter auf große Feldheere. Auch wenn diese mit den europäischen Rittern vergleichbare Schwadronen schwer bewaffneter Reiterei enthielten, bestand doch die Masse aus leichten Truppen, die schwärmten, statt in offener Feldschlacht direkt anzugreifen.

Die Kriegführung änderte sich mit der Zeit, als die Franken nach und nach Taktiken und Strategien der Moslems übernahmen. Dies galt insbesondere für die im Orient selbst ausgehobenen Truppen. Die einander folgenden Wellen der Kreuzfahrer waren zwar von religiösem Eifer beseelt, aber mit den östlichen Kampfmethoden nicht vertraut: Sie waren mit einem Feind konfrontiert, der Blitzattacken vortrug und sich dann wieder zurückzog.

Zwei weitere Faktoren bestimmten den Kreuzfahrerkrieg. Der erste war die Religion. Wieder und wieder mobilisierten Moslems und Kreuzfahrer Unterstützung für ihre Sache und riefen zum Heiligen Krieg auf, auch wenn solche Appelle mit der Zeit weniger wurden. Der Höhepunkt dieser Mobilisierung fiel in die Zeit Saladins, der auf Tausende von Freiwilligen im Namen des Islam zurückgreifen konnte. Auf der anderen Seite zeichneten sich die Ritterorden durch besonderen Fanatismus aus, obwohl der religiöse Eifer eine große Rolle in jeder Kreuzfahrerarmee spielte.

Der zweite Faktor waren die vielen Befestigungen. Um ihre zahlenmäßige Unterlegenheit auszugleichen, setzten die Kreuzfahrer auf Festungen, um die Grenzen ihrer Staaten zu sichern. Die Kreuzfahrerstädte waren ebenso befestigt und die Ereignisse nahmen immer dann eine Wende, wenn größere Städte wie Antiochia, Akkon und Jerusalem eingenommen wurden. Ost und West lernten und übernahmen voneinander, was ihnen als die besten Taktiken, Waffen und Architektur der anderen Seite erschien.

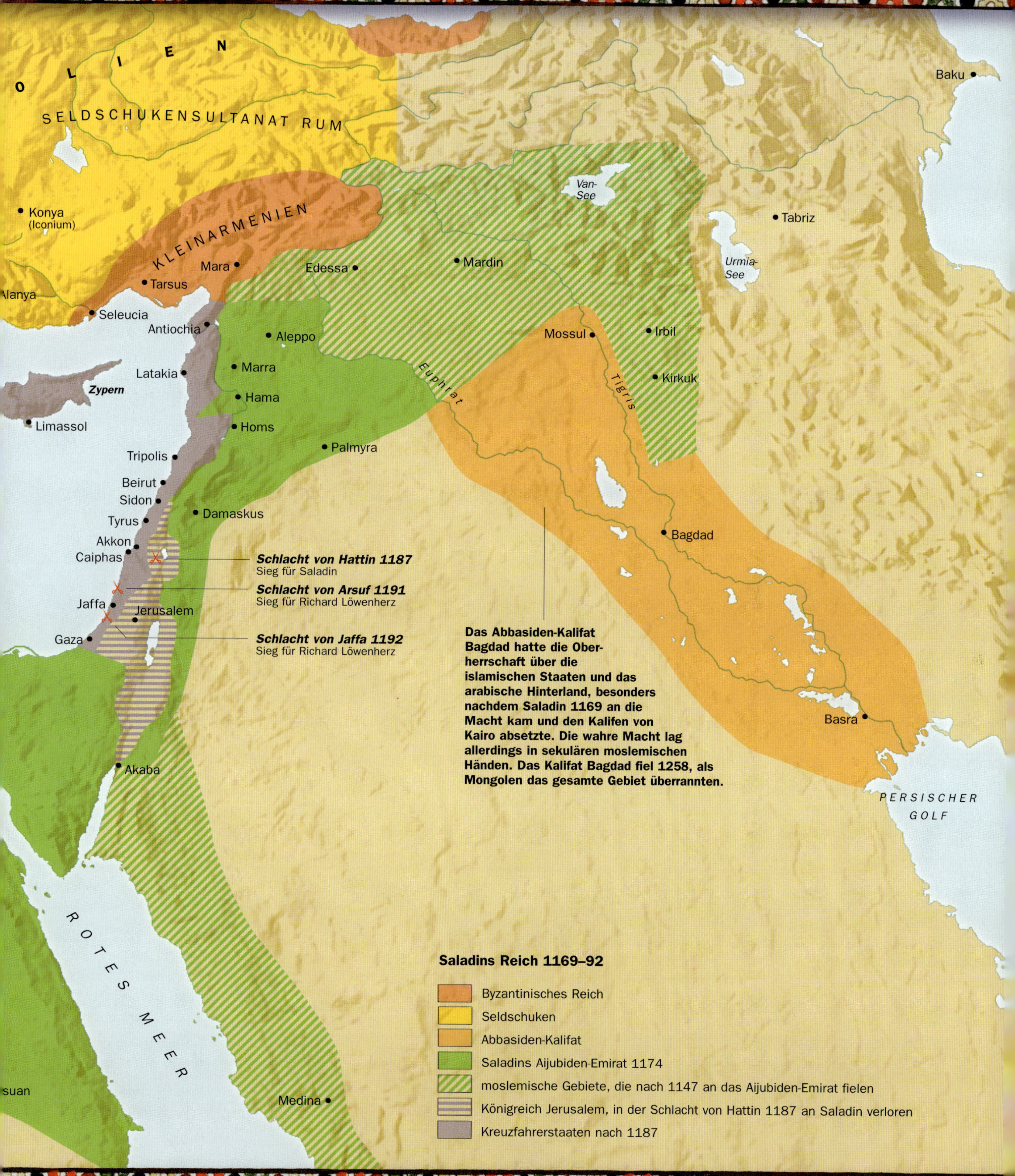
O L I E N
SELDSCHUKENSULTANAT RUM
Baku
Van-See
Tabriz
Konya (Iconium)
KLEINARMENIEN
Urmia-See
Mara
Edessa
Mardin
Tarsus
Alanya
Seleucia
Antiochia
Aleppo
Mossul
Irbil
Latakia
Marra
Euphrat
Tigris
Kirkuk
Zypern
Hama
Limassol
Homs
Palmyra
Tripolis
Beirut
Sidon
Damaskus
Tyrus
Akkon
Bagdad
Caiphas
Schlacht von Hattin 1187
Sieg für Saladin
Schlacht von Arsuf 1191
Sieg für Richard Löwenherz
Jaffa
Jerusalem
Gaza
Schlacht von Jaffa 1192
Sieg für Richard Löwenherz
Das Abbasiden-Kalifat Bagdad hatte die Oberherrschaft über die islamischen Staaten und das arabische Hinterland, besonders nachdem Saladin 1169 an die Macht kam und den Kalifen von Kairo absetzte. Die wahre Macht lag allerdings in sekulären moslemischen Händen. Das Kalifat Bagdad fiel 1258, als Mongolen das gesamte Gebiet überrannten.
Basra
Akaba
PERSISCHER GOLF
ROTES MEER
Saladins Reich 1169–92
Byzantinisches Reich
Seldschuken
Abbasiden-Kalifat
Saladins Aijubiden-Emirat 1174
moslemische Gebiete, die nach 1147 an das Aijubiden-Emirat fielen
Königreich Jerusalem, in der Schlacht von Hattin 1187 an Saladin verloren
Kreuzfahrerstaaten nach 1187
suan
Medina

Die Armeen der Kreuzfahrer

Das Kreuzfahrerheer, das den Türken am Ende des elften Jahrhunderts gegenüberstand, war im Stil des feudalen Europa organisiert. Nach der Errichtung der Kreuzfahrerstaaten wurde die Schlachtordnung der Kriegführung und den ökonomischen Notwendigkeiten des Nahen Ostens angepasst.

Schwer gepanzerte Ritter bildeten das Herz jeder mittelalterlichen Armee in Europa. Auch wenn die Masse des Heeres aus Infanteristen bestand, war alles auf die Ritter als der Stoßtruppe ausgerichtet. Die fränkischen Ritter ritten massige Schlachtrösser, „Destriers“ genannt, in eng geschlossener Formation. Die pure Wucht eines einzelnen Kavallerieangriffs konnte eine Schlacht entscheiden.

Im Feudalsystem besaß ein Ritter normalerweise Land und zumindest eine Burg als Lehen seines Oberen, den er im Gegenzug mit einer Anzahl von Kämpfern unterstützte (S. 32–33). Der Begriff „Ritter“ schloss aber auch die berittenen Soldaten seines Gefolges ein. Umfang und Qualität der Rüstung reflektierten den Status im Gefolge; auch wenn ein kleinerer Ritter einen Lohn für seinen Dienst von seinem Herrn erhielt, so wurde doch erwartet, dass er seine Ausrüstung durch den Sieg über einen besser bewaffneten Gegner in der Schlacht verbesserte. Für die kleineren Ritter im ersten Kreuzfahrerheer von 1097 war die Aussicht auf eigenes Land und auf eine Verbesserung ihres Status ein wichtiger Ansporn.

Nach der Bildung der Kreuzfahrerstaaten wurde schnell klar, dass es nicht genügend Land gab, um alle Ansprüche zu befriedigen. Dies beschränkte die Anzahl der Ritter, die man rekrutieren konnte, und als Ausgleich wurde eine Entlohnung in Geld eingeführt. Dabei erhielt ein verdienter Ritter die Einkünfte einer Stadt oder einer Reihe von Dörfern als Gegenleistung für ein vereinbartes Aufgebot von Truppen. Daher wohnten in den Kreuzfahrerstaaten die Ritter sehr oft in den Städten anstatt in Burgen wie in Europa. Die dritte Form des ritterlichen Dienstes kam von den Ritterorden, den Templern, Johannitern und Deutschordensrittern (S. 146–147).

Die unterste soziale Gruppe im ritterlichen Gefolge waren die dienstpflichtigen Bauern. Zu schlecht ausgebildet, um in der Schlacht nützlich zu sein, waren sie die Diener der höher Gestellten. Diese Milizen stellten in Europa die Masse der Infanterie. Die Kreuzfahrer brauchten besser ausgebildete Reserven und stellten Berufssoldaten ein. Zuerst wurden diese

Von links nach rechts: Ein Ritter, Feldwebel, Fußsoldat und Turkopolen-Bogenschütze. Im 13. Jahrhundert verbesserte sich die Ausrüstung der Ritter. Feldwebel waren schlechter bewaffnet, aber immer noch besser geschützt als die einfachen Infanteristen.

Links: Diese Wandmalerei aus dem 13. Jahrhundert zeigt mit Bögen und Schwertern bewaffnete Infanterie, die den Feind angreift.

Söldner von den Städten und der Kirche bezahlt, aber als sie an miltärischem Gewicht gewannen, musste das Königreich Jerusalem eine spezielle Steuer erheben.

Söldner wurden aus ganz Europa rekrutiert. Bretonen, Flamen und aragonesische Spanier (Katalanen) waren in den Kreuzfahrerheeren wohl bekannt. Bei seiner Reise durch Italien auf dem Weg nach Akkon heuerte Richard I. ein Kontingent italienischer Armbrustschützen für den Dritten Kreuzzug an.

Die Masse zählt

Die feudalen Milizen wurden in Notfällen aufgeboten und umfassten christliche Araber oder Armenier (auf jeden Fall Verbündete der Kreuzfahrer). Moslemische Gefangene, die bereit waren, das Christentum anzunehmen, die „Turkopolen", bildeten die leichte Kavallerie der Kreuzfahrer, um die Angriffe der Moslems und ihrer berittenen Bogenschützen zu kontern.

Im Ersten Kreuzzug wurde das Heer von einem Bündnis von Fürsten angeführt, von denen jeder mit seinem eigenen Gefolge von Rittern, Infanterie und Tross ins Feld zog. Im zwölften Jahrhundert hatte sich in den Kreuzfahrerstaaten eine eigene feudale Ordnung herausgebildet, die nominell der Souveränität des Königs von Jerusalem unterstand.

Theoretisch führte der König das Heer, aber praktisch wurden die militärischen Entscheidungen nach Beratungen mit den anderen Fürsten und den höheren Rittern getroffen. Hier Einigung zu erzielen, war oft schwierig, weil sich der König gegenüber seinen mächtigen Vasallen in einer schwachen Position befand. Da Antiochia und Tripolis nicht Teil des Königreichs waren, konnte der König nur um Hilfe bitten, aber nicht darauf bestehen. In kritischen Situationen unter einem schwachen Souverän waren daher die aufgebotenen Truppenzahlen eher gering.

So sind die von Zeitgenossen angegebenen Zahlen oftmals übertrieben. Das Heer, das bei Nikäa den Türken gegenüberstand, zählte wahrscheinlich 30.000 Mann, davon etwa 4000 Ritter und Berittene. Raymond von Toulouse (später Tripolis) hatte das größte Heer mit etwa 1200 Mann Kavallerie und 8500 Infanteristen. Nach den heftigen Verlusten in Kleinasien und Antiochia war das Heer zwei Jahre später bei der Belagerung von Jerusalem auf 12.000 Mann geschrumpft, davon nur noch 1500 Ritter.

Im Jahre 1115 bestand das Heer aus weniger als 6000 Mann, davon 1000 Ritter, verstärkt von 5.000 Turkopolen. Die größte Streitmacht war diejenige in dem Feldzug von Hattin, sie bestand aus 20–25.000 Mann.

Im Vergleich zu jenen der moslemischen Gegner waren diese Zahlen erbärmlich. Ohne regelmäßige Verstärkungen aus Europa wären die Kreuzfahrerstaaten schon viel früher endgültig gefallen.

Die fränkische Kriegführung

Für die Franken drehte sich die Kriegführung während der Kreuzzüge um die Verteidigung ihrer Eroberungen. Wie in Europa verließ man sich auf Burgen und Festungen. Strategisch wurden die Heere im Feld defensiv eingesetzt, aber in der Schlacht selbst vertrauten die Kreuzfahrer auf die Offensivkraft ihrer Ritter.

Die Geografie und die verfügbare Truppenzahl diktierten die Strategie der Kreuzfahrer. Ihre Staaten waren von einem zahlenmäßig deutlich überlegenen Feind umgeben und die beschränkten Reserven ließen sich am wirksamsten einsetzen, wenn man ein Band von Festungen baute und unterhielt, die Städte befestigte bzw. ihre Wälle verstärkte. Wenn eine Invasion drohte, wurde ein mobiles Feldheer zusammengestellt; es sollte eher die Befestigungen vor Belagerung und das offene Land vor Plünderung schützen als die Eindringlinge zurückschlagen.

Seit dem Fall des Römischen Reiches lebten die Armeen meistens aus dem Land selbst. In der Levante zwangen die langen Feldzüge und die trockene Landschaft die Kreuzfahrer, die Kunst der Logistik zu lernen oder zu sterben – es gab einfach nicht genug, um davon zu leben. So forderten beim Ersten und Zweiten Kreuzzug Hunger und Durst die meisten Opfer. Die Kreuzfahrer bauten ein Netz von Straßen und befestigten Orten im gesamten Heiligen Land als sichere Verbindungslinien. Im Gegensatz dazu hatten die Moslems Schwierigkeiten, am

Ende ihrer ausgedehnten Nachschublinien Kontakt mit ihren Armeen zu halten. Nichtsdestoweniger hatten die Kreuzfahrer in einem wesentlichen Punkt noch sehr viel längere Nachschublinien – bis nach Europa, nämlich in ihren Rittern, ihren Schlachtrössern und ihrer Infanterie. Und ein Feldheer konnte nur mobilisiert werden, wenn man die Besatzungen von den Burgen und Städten abzog.

Daher hatte der Verlust eines Feldheeres unkalkulierbare Folgen, da die Städte und Burgen jetzt unverteidigt dem Gegner ausgeliefert waren. Die Franken hatten nach dem Ersten Kreuzzug Glück, dass die Moslems zu langsam waren, um Vorteil aus ihren Siegen zu ziehen. Dies änderte sich 1187 mit Saladins Sieg bei Hattin, den er ebenso wirksam wie skrupellos ausnutzte. Und ein Sieg der Christen war oft nur ein Aufschub, da der Gegner schnell frische Truppen nachführen konnte.

Dies machte die Diplomatie oder die Taktik des schnellen Manövers zum bevorzugten Mittel, statt alles in der Schlacht zu riskieren.

Das Wartespiel

Wenn die Moslems auch gute Karten hatten, so hatten die Kreuzfahrer den Vorteil, weit von zu Hause zu sein; die Christen mussten durch ihr Gelübde wie durch die Geografie bedingt im Heiligen Land aushalten. Bei den Moslems war es anders. Weil ihre Armeen größer waren, war es schwieriger, sie zusammenzuhalten (S. 136/137). Bald hatten die Kreuzfahrer bemerkt, dass ein Spiel auf Zeit die Bedrohung lockerte, weil sich ihre Heere nach und nach auflösten.

Wenn die Schlacht unvermeidbar war, hatten die Franken noch einige militärische Vorteile auf ihrer Seite und ihre Taktik war darauf abgestellt. Die der Türken bestand in blitzschnellen Angriffen ihrer berittenen Bogenschützen, die sich ebenso schnell zurückzogen. Bei den Kreuzfahrern lag das Schwergewicht auf den disziplinierten Schlachtreihen. Bis die Zeit reif für einen Angriff der entscheidenden schweren Kavallerie war, wurden die Ritter mit ihren wertvollen Pferden hinter Reihen von mit Speeren und Bogen bewaffneten Infanteristen zurückgehalten, die sie vor dem Pfeilhagel schützte. Für die schwere Rüstung der Ritter bedeuteten die leichten türkische Pfeile keine große Gefahr, aber die Fußsoldaten litten schwer unter ihnen. Ihre zweite Aufgabe war es, die moslemischen Reiter zu Fall zu bringen, indem sie ihnen die Pferde wegschossen. Wenn er in der Nähe der Fußsoldaten zu Boden ging, war der unberittene Moslemreiter ein leichtes Opfer.

Entscheidend war für die Befehlshaber der Zeitpunkt des Angriffs. Es hieß, dass die fränkischen Ritter mit ihrem Schockangriff „ein Loch in die Mauern Babylons rennen konnten". Die Moslems hatte dem nichts entgegenzusetzen und ihre Soldaten hielten ihm in den seltensten Fällen stand. Die Moslemführer versuchten möglichst wenig Gelegenheit zu einem solchen Angriff zu geben, während die guten Heerführer der Kreuzfahrer den Gegner in eine Position manövrierten, wo ein Schockangriff möglich und sinnvoll war (S. 145).

Die fränkische Kriegführung war also eine hinhaltende Verteidigung, die, wenn Zeit und Situation es erlaubten, in den Gegenangriff überging.

Es gibt zahlreiche herausragende Beispiele für Kreuzfahrerburgen in Palästina, Jordanien und Syrien, aber wenige verdeutlichen die Verteidigungsstrategie der Kreuzfahrer so gut wie Schobak, wenige Kilometer südlich von Tafila. Die Burg ruht unerschütterlich auf der Spitze eines elliptischen Hügels und verfügt über zwei konzentrische Befestigungsringe. Die Zinnen waren mit großen Katapulten bestückt, die riesige Steinbrocken auf Angreifer schleudern konnten, die versuchten, die steilen Abhänge emporzuklettern.
Wie in keiner Burg in Europa gab es hier eine richtige Stadt mit zwei Kirchen, ausgedehnten Privatquartieren, Gefängnissen und einer Gerichtshalle. Ihre Lage war strategisch gut: Sie lag an der Hauptroute von Damaskus nach Kairo (über den Sinai) und Mekka in Arabien.

Die Armeen der Moslems

Die islamischen Armeen, die mit den Kreuzfahrern um das Heilige Land kämpften, wurden aus dem Nahen Osten bis nach Mittelasien zusammengezogen. Seldschukische Türken, die ägyptischen Fatimiden und die Mameluken unterstützten die moslemische Streitmacht, die Kreuzfahrer aus dem Heiligen Land zu vertreiben.

Am Ende des elften Jahrhunderts erstreckte sich das von Sultan Alp Arslan regierte Reich von der modernen Türkei bis nach Afghanistan und vom Kaukasus bis zum Persischen Golf. Beim Eintreffen der Kreuzfahrer hielt der Sultan nur noch die nominelle Kontrolle eines Territoriums, das aus zahlreichen praktisch unabhängigen Kleinstaaten bestand.

Das typische seldschukische Heer bestand aus einem Kern von Berufskriegern, die von einer Miliz oder Freiwilligen unterschiedlichen ethnischen Ursprungs verstärkt wurde, darunter Türken, Araber, Perser und Kurden. Die Berufskrieger waren entweder Ghulams, schwere türkische Kavallerie, ehemalige Sklaven, die die Schwärme der berittenen Bogenschützen bildeten, oder schwere, Askar genannte Reiter, meist Abteilungen der Leibwache des Emirs.

Die Infanterie bildete die Hauptmasse des Heeres und war mit Bogen und Speeren bewaffnet. Darunter befanden sich die religiös motivierten Freiwilligen, die *Mutatawiyah.* Auch im Seldschukenheer gab es ein feudalistisches Element. Der Sultan verpflichtete durch Zuwendungen dienstbare Männer als Emire, die wie in Europa einen Tribut zahlen und bei Bedarf den Sultan mit ihren Kämpfern unterstützen mussten.

Der große Reichtum des fatimidischen Ägypten bewirkte, dass der Wesir gewaltige Armeen zum großen Teil aus Regulären ins Feld stellen konnte. Stehende Regimenter wurden in derselben Weise wie im abbasidischen Kalifat organisiert. In den ägyptischen Truppen taten seit der Mitte des neunten Jahrhunderts reguläre Ghulam-Truppen Dienst, darunter türkische Sklaven, die Mameluken (von dem türkischen Wort für Besitz). Diese waren ebenfalls feudal organisiert, aber bildeten ein stehendes Heer. Die königlichen Mameluken waren ihr Kern, während die übrigen dem führenden ägyptischen Adel zur Gefolgschaft verpflichtet waren.

Anders als beim christlichen Gegner bestand der Großteil der Truppen aus Kavallerie. Es waren entweder schwere Reiter mit Rüstung, Bogen oder Speer oder Leichtbewaffnete und berittene Bogenschützen. Dazu kamen leichte Kavallerie oder berittene Bogenschützen aus Syrien, Arabien oder der Türkei. Die meisten waren Ghulam-Einheiten, obwohl auch Söldner und Milizen rekrutiert wurden. Die Infanterie

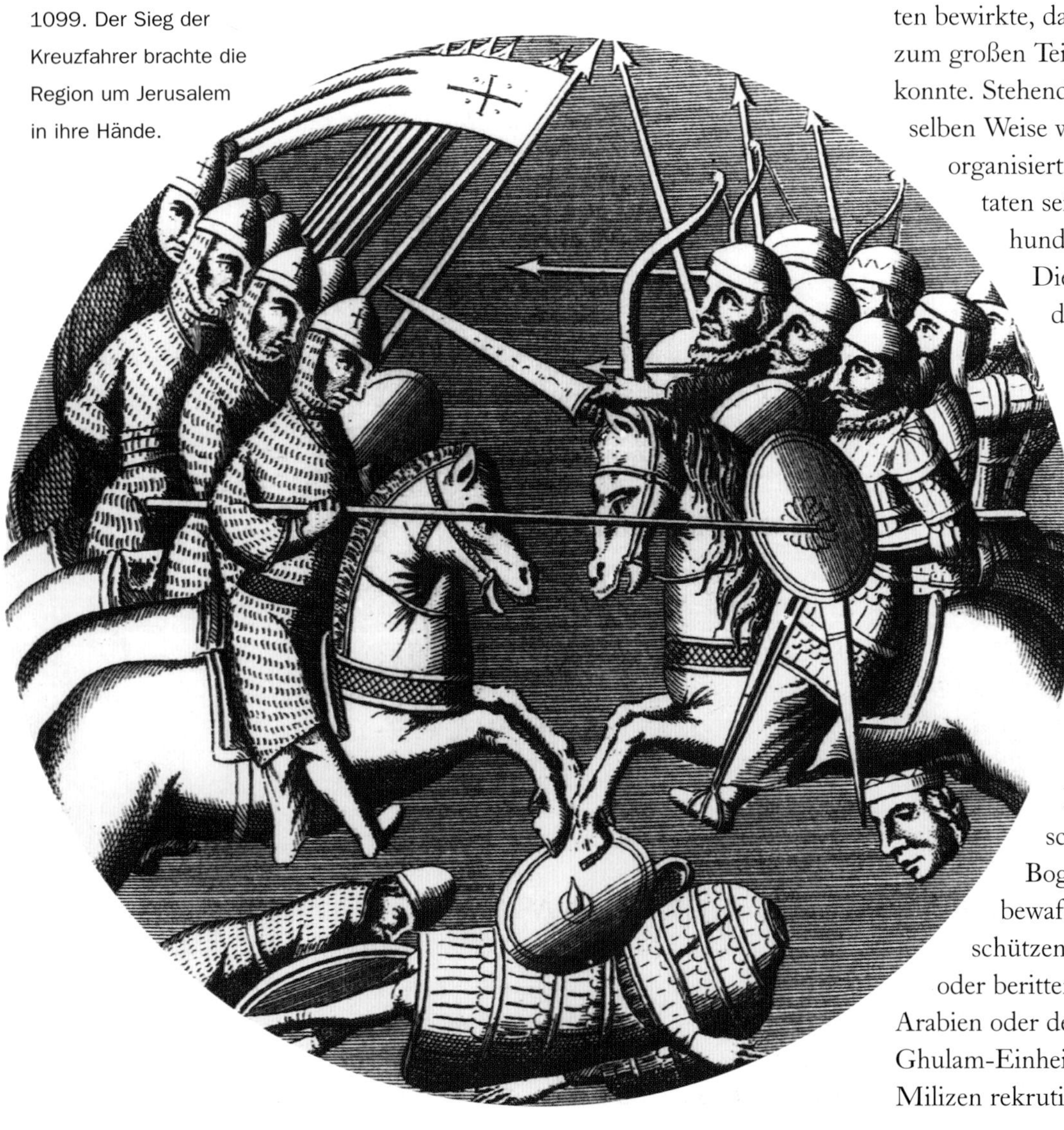

Unten: Dieser Stich nach einem Fenster der Abtei von St. Denis, Frankreich, zeigt eine Schlacht zwischen christlichen Rittern und der Fatimiden-Kavallerie in Askalon 1099. Der Sieg der Kreuzfahrer brachte die Region um Jerusalem in ihre Hände.

Von links nach rechts: Syrischer Emir im 12.–13. Jahrhundert, Mameluken-Krieger, Turkomane und Mameluken-Askar. Syrische Emire bevorzugten knielange gepanzerte Kettenhemden unter schwerem Stoff. Anfänglich erkannten die Franken die Gewänder nicht als Rüstungen und dachten, die Moslems wären unbewaffnet. Der Turkomane trägt eine Axt, die im Nahkampf einem Schwert oft vorgezogen wurde. Der Askar trägt einen Wurfspieß als Schockwaffe sowie Bogen und Schwert oder eine kleine Axt und einen Streitkolben.

bestand aus afrikanischen Ghulams aus dem heutigen Sudan und Äthiopien sowie aus Armeniern und Persern.

Mobiler Nachschub

Die Moslemarmee unter Saladin (1137–1193), dem Begründer der Aijubidendynastie, war im Wesentlichen türkisch und wurde von einer Elitetruppe ägyptischer Mamelukenreiter unterstützt. Als Fremder in Ägypten musste Saladin erst eine Revolte der sudanesischen Garde niederschlagen, als er an die Macht kam. Diese ersetzte er durch 3000 loyale Soldaten aus Schirkuhs Heer, unter denen sich 1000 Kurden aus dem Gefolge seiner Familie befanden.

Anders als seine Vorgänger forcierte Saladin eine strenge Ausbildung insbesondere im Bogenschießen und Kavallerietaktik. Er verminderte die Abhängigkeit von nichtregulären Truppen und vergrößerte das Reservoir der Ghulam-Truppen. Spätere seldschukische Heere beruhten auf Ghulams aus Europa und Kleinasien sowie aus Persern und Syrern. 1169 war die von Saladin kommandierte fatimidische Armee annähernd 80.000 Mann stark, davon die Hälfte Kavallerie. Diese bestand aus afrikanischen Ghulams und Mameluken sowie Arabern, die nicht sehr zuverlässig, aber gute Kundschafter waren, sowie turkmenischen leichten Reitern.

Saladin entwickelte auch logistische Konzepte, um weitere und längere Feldzüge unternehmen zu können: Den Atlab al-Mira (Tross) und den Suq al-Askar (Soldatenmarkt), die das Heer auf ihrem Feldzug begleiteten. Während die Kreuzfahrerheere sich aus ihrem Land verpflegen konnten, mussten die angreifenden Moslems alles mit sich führen. Dieser Nachteil führte zu schnellen Verbesserungen, bis ein Moslemgeneral auf ein ausgedehntes Netz unterschiedlichster Hilfe zurückgreifen konnte.

Da die Kreuzfahrer sich hinter den Mauern ihrer Burgen verschanzten, entwickelten die Moslems eine Belagerungsstrategie. Das war neu: Bisher hatten die moslemischen Feldherren den Feind in die offene Schlacht gelockt, wie es Saladin bei Hattin gelungen war. Hier befehligte er etwa 12.000 ägyptische und türkische Kavalleristen, die von der gleichen Anzahl *Mutatawiyah*-Freiwilligen sowie Hilfsinfanterie, zumeist Bogenschützen, unterstützt wurden.

Die Heere Saladins waren als Folge seiner organisatorischen Maßnahmen wesentlich größer, besser versorgt und mobiler als die Streitkräfte der Kreuzfahrer.

Die Kriegskunst der Moslems

Während die Kreuzfahrer auf Defensive setzten, versuchten die Moslems, sie anzugreifen und so schnell wie möglich zu zerstören. In der Schlacht setzten sie auf die zahlenmäßige Überlegenheit ihrer Kavallerie und das Dauerfeuer mit Pfeilen, um sie niederzuringen und dann einzuschließen und zu vernichten.

Unten: Im Nahkampf der frühen Kreuzzüge hielten sich die Franken für unverwundbar im Angesicht der leichten Pfeile und schwachen Geschütze der Seldschukentürken. Doch sobald ein Reiter isoliert wurde, war sein Pferd dem Pfeilregen schutzlos ausgeliefert. Ohne Pferd wurde ihm die schwere Rüstung zum Verhängnis und er fiel den zahlenmäßig überlegenenen Türken in die Hände.

Die Politik der Kreuzfahrer mit befestigten Burgen und Städten und einem kleinen, aber schwer bewaffneten Heer diktierte auch die Strategie der Moslems. Sie mussten einfach die Kreuzfahrer so oft wie möglich zur Schlacht zwingen, um auf Dauer ihre zahlenmäßige Überlegenheit auszuspielen. Zu Anfang waren die Franken vorsichtig und vermieden die offene Auseinandersetzung, so oft es ging, vor allem nach dem katastrophalen Ausgang der Schlacht vom Blutfeld.

Es war daher ein unglückliches Zusammentreffen, dass zur gleichen Zeit, als Saladin zur Macht gelangte, sich bei den Kreuzfahrern Anführer wie Reynald von Châtillon durchsetzten – äußerlich ein feudaler Kavalier, aber eigensüchtig, dickköpfig und ohne militärische Klugheit. Die Kreuzfahrerstaaten waren durch eine einzige Aktion der Gnade Saladins ausgeliefert, der die Kreuzfahrer bei Hattin in die Schlacht lockte und vernichtete. Vor Saladin hatten die moslemischen Feldherrn, verdrossen über die Verzögerungs- und Vermeidungsstrategie, versucht, die Kreuzfahrer mit zwei Taktiken aus ihren Befestigungen auf das Schlachtfeld zu zwingen: indem sie das Ackerland plünderten und einige der wichtigsten Festungen belagerten.

Die Moslemtruppen operierten ständig im Norden von Syrien und im Süden von Ägypten und Transjordanien aus. Wegen der ausgedehnten Verbindungslinien über die ganze Länge der Kreuzfahrerstaaten pflegten die Feldherrn der verschiedenen Bereiche ihre Strategie nicht zu koordinieren. Dies bedeutete aber, dass die Ziele häufig beschränkt waren und zum Beispiel ein Angriff auf Antiochia nicht von Truppen aus Damaskus unterstützt wurde. Außergewöhnliche Feldherrn wie Nureddin oder Saladin mussten auch geschickte Diplomaten sein, um die Gruppen in den einzelnen Gebieten dazu zu bringen, sie zu unterstützen und dann auch die gesamte Streitmacht im Feld zusammenzuhalten.

Freiwillige waren besonders anfällig dafür, sich zur Erntezeit auf ihre Felder abzusetzen oder zu gehen, wenn es im Winter ungemütlich wurde.

Starrend vor Pfeilen

Die Moslems hatten keine schwer bewaffneten Ritter, die wie Kriegsmaschinen handelten. Statt dessen setzten sie auf ihre – oft erdrückende – zahlenmäßige Übermacht an leichter Kavallerie. Mit Bogen oder leichten Speeren bewaffnet, setzten sie den Franken aus der Distanz zu und schwächten sie mit ihren Geschossen, bevor sie sich in den Nahkampf stürzten. Die leichte Kavallerie konnte ganze Abteilungen von ihrem Nachschub abschneiden oder Nachzügler niedermachen. Wenn die Schlacht begann, schwärmten große Schwadronen gegen den Gegner und vermieden den Nahkampf, versuchten aber stattdessen, den Infanterieschirm zu durchlöchern, der die Ritter deckte, oder diese zur voreiligen Attacke zu verleiten. Manchmal funktionierte dies bei einzelnen Franken, die aus der Reihe ausbrachen, um für ihre Ehre zu kämpfen. Sie wurden von den wartenden Moslems schnell erledigt.

In einem trockenen Land war die Wasserversorgung ein ernstes Problem für beide Seiten, aber hier waren die leicht bewaffneten Moslems und ihre Reittiere besser dran. Bei den christlichen Fremden, die die Hitze nicht gewohnt waren, litten Männer und Tiere bald Durst. Da die Moslems dem Schockangriff der Ritter nur schwer widerstehen konnten, zogen sie es vor, die Franken aus ihrem Infanterieschutz herauszulocken. Sobald das Pferd eines Ritters stürzte, wurde ihm die Rüstung zum Nachteil. Er war in ihr gefangen wie in einem Backofen. Die leichte Kavallerie wurde schnell mit ihm fertig.

Die berittenen Bogenschützen wurden in zwei Gruppen geteilt, die sich an der Front mit eiserner Disziplin abwechselten. Wenn eine Gruppe verschossen hatte, zog sie sich sofort zurück, um der nächsten Platz zum Feuern zu geben, bevor sie wieder an die Front zurückkehrte. Diese Taktik sorgte für einen kontinuierlichen Pfeilhagel. Die Kreuzritter berichteten, wie die Geschosse der Moslem-Bogenschützen „wie schwerer Regen vom Himmel fielen." Der moslemische Chronist Ibn al-Qalanisi schrieb, dass er 1119 nach dem Blutfeld „tote Pferde starrend wie Stachelschweine vor Pfeilen, die in ihnen steckten" sah.

Obwohl die Pfeile leicht waren, fanden sie allein durch ihre Menge ungedeckte Punkte in der Verteidigung des Gegners. Meistens schossen die Bogenschützen zuerst auf die Pferde der Ritter. Ein abgesessener Ritter war mehr als unnütz und praktisch hilflos. Und die mächtigen Schlachtrösser mussten den ganzen Weg aus Europa importiert werden, eine weitere Belastung für die Kreuzfahrer.

Oben: Dieses lebendige mittelalterliche Kirchenfresko zeigt einen Kreuzritter, der mit dem Speer einen türkischen Bogenschützen verfolgt. Der Künstler hat die Pferde gleich groß dargestellt, obwohl die christlichen Streitrosse – *destrier* – um einiges höher waren. Der Bogenschütze lenkt sein Pferd nur mit den Knien, um mit beiden Händen über seine Schulter schießen zu können.

Das byzantinische Heer

Als 1097 die ersten Abteilungen der Kreuzfahrer in Konstantinopel ankamen, hatte Byzanz bereits seit dem achten Jahrhundert „Kreuzzüge“ geführt. Obwohl das Reich durch die Niederlage bei Manzikert geschwächt war, spielte das byzantinische Heer weiterhin eine gewichtige Rolle.

Das byzantinische Heer war 1097 im Niedergang. Was einst ein mächtiges stehendes Heer war, das in der Tradition der römischen Legionen aufgebaut war, bestand jetzt weitgehend aus Söldnern. Auf der Höhe der Macht unter Justinian im sechsten Jahrhundert war das byzantinische Heer die mächtigste Streitmacht im Mittelmeerraum. Justinians General Belisar hatte sogar Italien von den Ostgoten zurückerobert. Die byzantinischen Kriegsschiffe sicherten die Stabilität des ausgreifenden Reiches. Dies alles endete 1071 in Manzikert, und die kleine Streitmacht, die die seldschukische Invasion überlebte, wurde in dem zehnjährigen Machtkampf aufgerieben. Als Alexios Komnenos 1081 den Thron bestieg, musste er die Verteidigung des Reiches neu aufbauen.

Anatolien war die Quelle des Einkommens und das Rekrutierungsfeld der Byzantiner. Als es an die Türken verloren war, musste Alexios auf ausländische Truppen zurückgreifen. Weil es sich um Reguläre mit strenger Disziplin und guter Ausbildung handelte, war es immer noch eine ansehnliche Macht von etwa 20.000 Mann. Sie bestand aus schwerer Kavallerie, leichter Infanterie und kaiserlicher Garde. Das stehende Heer operierte aber nicht mehr wie zuvor im ganzen Reich, sondern jede Provinz sollte sich um sich selbst kümmern und ihre eigene Miliz ausheben.

Auch auf der Ebene der Provinz (des Thema) war die alte römische Heeresorganisation noch sichtbar in der Unterteilung der Provinz, der Organisation der Befehlskette und der Disziplin. Auf der untersten Ebene war der Numerus zu 300–400 Mann in mehrere Gruppen aufgeteilt. Fünf bis acht Numeri bildeten eine Turma, und jedes Thema bestand aus zwei bis drei Turmae. Es war byzantinische Politik, die Anzahl der Bestandteile zu variieren, um dem Feind zu erschweren, die exakte Stärke des Themas abzuschätzen. Obwohl die

Aufgabe des Thema war, die Verteidigung der eigenen Provinz zu garantieren, sollten sie auch das stehende Heer ergänzen.

Die Gesamtstärke des byzantinischen Heeres von 1097 wird auf etwa 70.000 Mann geschätzt. Dabei sind die Versorgungseinheiten nicht mitgerechnet, wie das Personal für Nachschub und der Belagerungstross, die Treiber und Halter der Packtiere, das medizinische und das sehr gut ausgebildete Ingenieurskorps. Letzteres fand man häufig bei den Kreuzfahrern, vor allem zu Beginn, als die „westlichen Barbaren" weder über das Material noch über die Kenntnisse der Byzantiner in der Belagerungstechnik verfügten.

Die Söldner im byzantinischen Heer waren Türken, Russen, Nordmänner, Angelsachsen, Dänen, Franken und Normannen. Die Türken bildeten die leichte Kavallerie, die Franken und Normannen die schwere Kavallerie. Aus nahe liegenden Gründen nahm von ihnen niemand an den Feldzügen im Heiligen Land teil, aber die Türken eskortierten die Kreuzfahrer durch einige Landstriche Anatoliens. Die Eliteeinheit waren die Waräger, die aus Wikingern und Nordmännern bestanden.

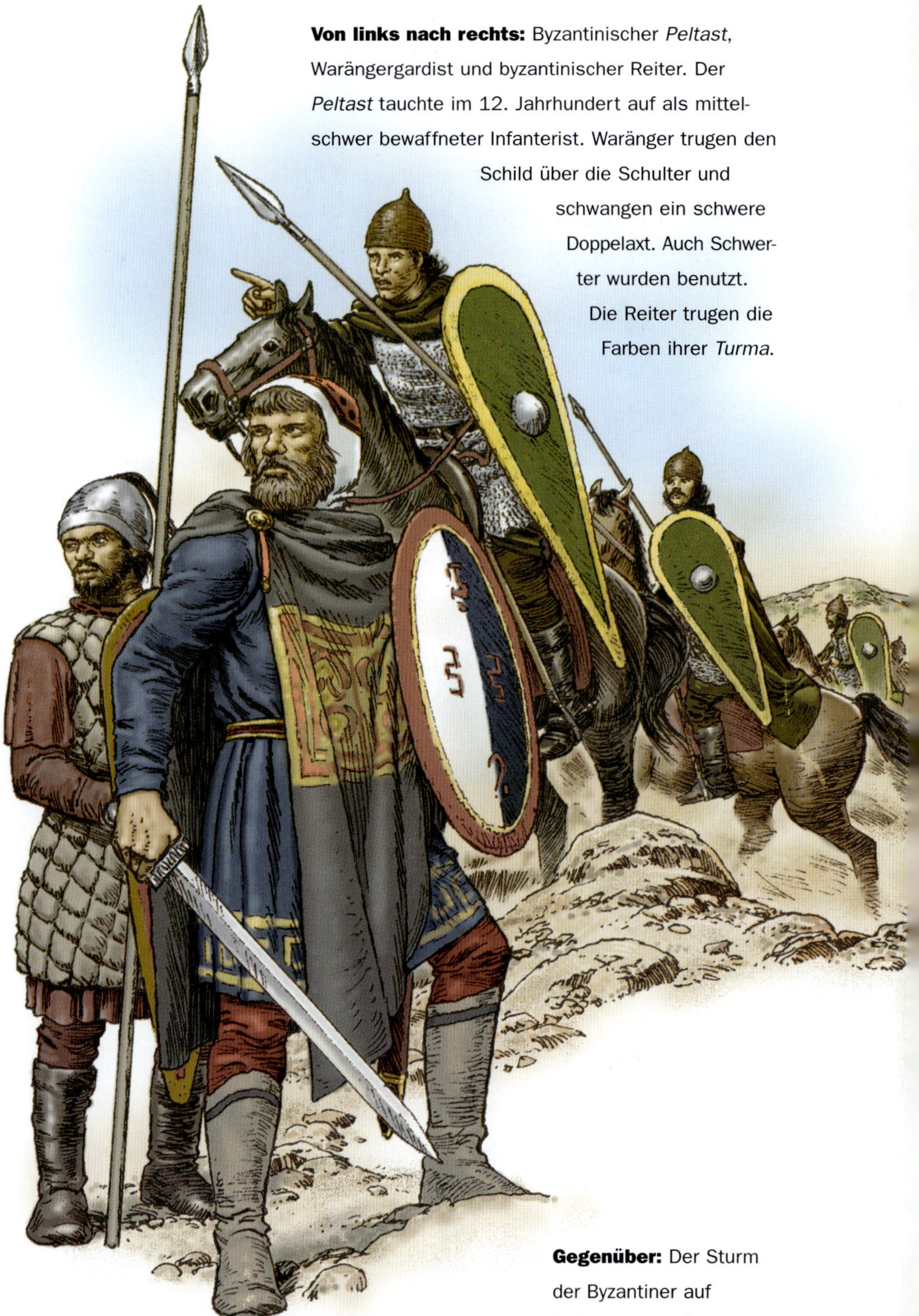

Von links nach rechts: Byzantinischer *Peltast*, Warängergardist und byzantinischer Reiter. Der *Peltast* tauchte im 12. Jahrhundert auf als mittelschwer bewaffneter Infanterist. Waränger trugen den Schild über die Schulter und schwangen ein schwere Doppelaxt. Auch Schwerter wurden benutzt. Die Reiter trugen die Farben ihrer *Turma*.

Sicherer Schutz

Wikinger hatten in der byzantinischen Armee seit der Mitte des neunten Jahrhunderts gedient und 1097 waren sie die am besten bezahlte Einheit. Nordmänner aus ganz Skandinavien und Russland wollten in so großer Zahl in die Garde in Konstantinopel eintreten, dass sie dafür Eintrittsgeld bezahlen mussten. Sie waren berühmt für ihre Loyalität und die Kaiser fühlten sich sicher unter ihrem Schutz – ein Vorteil an einem Hof voller Intrigen. Die Waräger begleiteten Johannes II. Komnenos 1137 nach Antiochia, als der Kaiser beschloss, dass es an der Zeit sei, den Fürsten zur Unterwerfung zu zwingen und von seinen Raubzügen nach Kleinarmenien abzuhalten, das eigentlich zum Reich gehörte. Sie kämpften auch gegen die Kreuzfahrer bei der Eroberung Konstantinopels 1204.

Sprachwissenschaftler wiesen daruf hin, dass der Begriff „Waräger" während der Kreuzzüge eine weitere Bedeutung bekam. Da er von dem Wort Wikinger abhängt, das ursprünglich bedeutete „auf Reisen gehen" wurde es dann wahrscheinlich auf jeden Fremden im Dienst des Kaisers ausgeweitet und dann auf jeden ausländischen Kaufmann oder Pilger. Das byzantinische Heer vereinte seine Kräfte mit denen der Franken in dem Angriff auf den Emir von Schayzar 1138 und hatte Erfolg. 1142 und 1157 rückten die Byzantiner auf Antiochia vor, aber bei dieser Gelegenheit bequmte sich Fürst Reynald von Châtillon, Manuel Komnenos zu huldigen, um den lästigen Kaiser loszuwerden. Franken und Byzantiner taten sich dann wieder für die Feldzüge von 1158/59 zusammen. Das von den Kreuzfahrern so verachtete Heer hielt das Byzantinische Reich noch 400 Jahre lang am Leben, als sie längst abgerückt waren.

Gegenüber: Der Sturm der Byzantiner auf Schayzar, aus der *Histoire d'Outremer*. Kaiser Johannes II. Komnenos führte die vereinten Armeen der Byzantiner und Kreuzfahrer 1138 an. Die Stadt am Ufer des Orontes wurde gerettet, als Zenki, Emir von Aleppo, ein hohes Lösegeld für die Aufhebung der Belagerung anbot.

Byzantiner gegen Kreuzfahrer

Obwohl die beiden Anführer der Christenheit den Kreuzzug beschlossen, um die heiligen Stätten von den Moslems wiederzugewinnen, war dies kein im Himmel geschmiedetes Bündnis. Der byzantinische Kaiser musste den Gastgeber für recht ungezogene Gäste spielen.

Gegenüber: Im 12. und 13. Jahrhundert fertigten arabische Gelehrte Karten von erstaunlicher Genauigkeit an. Für den mittelalterlichen christlichen Geist musste jede *Mapa Mundi* (Weltkarte) Jerusalem als Zentrum aufweisen (und Bethlehem gleich darunter), um zu zeigen, dass die Heilige Stadt das Zentrum des Universums war. Es ist kein Zufall, dass zahlreiche Weltkarten wie die hier abgebildete in der Kreuzfahrerzeit entstanden, so als würden die religiös motivierten Kartenmacher den Gläubigen eine Zielscheibe bieten mit der Aufschrift: Hier kämpfen die Kreuzfahrer!

Konstantinopel war im elften Jahrhundert mit Sicherheit die prächtigste Stadt, die die Kreuzfahrer je gesehen hatten. Hier befand sich auch die größte Sammlung heiliger Reliquien. Darunter waren ein großes Stück des Wahren Kreuzes, Christi Leichentuch, die Nägel und die Heilige Lanze. In westlichen Augen konnte dies nur tiefen Neid erregen und den Wunsch, im Heiligen Land ähnlich machtvolle Reliquien zu finden.

Der Kaiser, dem dies alles gehörte, wurde fast als göttlich verehrt, als Inkarnation Christi. Doch seine Macht war eingeschränkt durch die typisch byzantinische Bürokratie: Schreiber, Spione, Eunuchen, Kammerleute, militärische Ratgeber etc. Korruption war verbreitet und der Dienst in der Verwaltung der Selbstzweck der Reichen. Alexios Komnenos hatte die Macht nach seinen Erfolgen als General errungen und keinen Sinn für korrupte Bürokratie. Im Auftreten rundheraus und ein Militär, war er der Mann, der sich mit den ungehobelten barbarischen Franken herumschlagen musste, die auf seine Hauptstadt zumarschierten.

Die meisten hatte er noch nie getroffen, aber einen kannte er nur zu gut. Jahrelang hatte Alexios Bohemond gegenübergestanden, dessen gierige Augen vom Königreich Sizilien auf die byzantinische Adriaküste gegenüber und das byzantinische Griechenland dahinter starrten. Sie hatten einander mehrere Schlachten geliefert. Es war typisch für Bohemond, dass er dem Kaiser den Treueeid unter der Bedingung schwören wollte, zum Vizekönig von Asien ernannt zu werden. Alexios verweigerte ihm diese Ehre, aber gab seinem alten Feind einen beträchtlichen Schatz mit auf den Weg – alles nur um die Kreuzfahrer über den Bosporus und weg von Konstantinopel zu bekommen.

Diese Episode illustriert das Verhältnis, das sich zwischen den beiden Teilen der Christenheit entwickeln sollte: Die Byzantiner sollten geben, die Kreuzfahrer nehmen, aber Byzanz hatte darin Grenzen. In vieler Hinsicht war die militärische Hilfe unbeschränkt, so zum Beispiel vor Nikäa beim ersten Kreuzzug. Angesichts der großen von den Byzantinern gebauten Mauern der Stadt rief der Graf von Toulouse Alexios um Hilfe an. Die Kreuzfahrer hatten die Stadt auf drei Seiten eingeschlossen, aber an der vierten lag ein See, über den die Stadt ihren Nachschub bezog. Die Byzantiner transportierten mit Wagen eine Flotte über die Berge. Diese übermenschliche Anstrengung zahlte sich aus, die Türken übergaben die Stadt, als der See voller byzantinischer Schiffe war.

Das Verhältnis zum Fürstentum Antiochia war immer gespannt und die Byzantiner griffen es dreimal an. Im Gegensatz dazu waren die Beziehungen zum Königreich Jerusalem freundlicher, wohl weil es im Gegensatz zu Antiochia nicht an Gebiete grenzte, die umstritten waren. 1157 stimmte Manuel Komnenos der Heirat seiner Nichte Theodora mit Balduin III. zu. Sie hatte natürlich politische Gründe. Balduin konnte mit Unterstützung gegen die Türken rechnen und Manuel war frei, Antiochia anzugreifen, ohne dass Balduin dazwischenging. Manuel hatte eine Rechnung mit Reynald von Châtillon, dem Fürsten von Antiochia, offen, der das byzantinische Zypern geplündert hatte.

Bald kniete Châtillon, wenn auch innerlich kochend, vor dem Kaiser. Balduin traf zwei Tage später ein und die beiden Monarchen wurden gute Freunde. Als Balduin vom Pferd fiel und sich den Arm brach, wurde er von Manuel geschient – der Kaiser war stolz auf seine medizinischen Kenntnisse. Die Freundschaft schuf enge Bande zwischen Byzanz und dem Heiligen Land und Balduin hoffte, bald gegen Aleppo vorrücken zu können. Aber Manuel hatte nicht vor, mit den Türken zu kämpfen. Sein Besuch war nur eine Demonstration byzantinischer Stärke vor den Kreuzfahrern und Türken. Er unterzeichnete einen Vertrag mit Nureddin, bevor er nach Hause verschwand, um sich mit Palastangelegenheiten zu befassen.

Dies Auf und Ab der Beziehungen von Byzantinern und Kreuzfahrern ging weiter während des Ersten, Zweiten und Dritten

Kreuzzugs – König Richard Löwenherz folgte Châtillons Beispiel und fiel in Zypern ein, allerdings behielt er die Insel dann für sich. 1204 fand der Zwist sein fatales Ende, als die Anführer des Vierten Kreuzzugs beschlossen, dass bei einem Angriff auf Konstantinopel schnellere und leichtere Beute zu machen sei als in Kairo, Aleppo oder Edessa.

Die Schlacht von Arsuf 1191

Die Schlacht von Arsuf zwischen Richard und Saladin weist alle typischen Komponenten einer Kreuzfahrerschlacht auf. Sie zeigt Stärken und Schwächen beider Seiten und die Art und Weise, wie geübte Befehlshaber damit umgehen, um den Sieg zu erringen. Sie ist daher für eine Fallstudie bestens geeignet.

Nach dem Sieg von Akkon führte Richard sein Heer nach Süden über Cäsarea nach Jaffa und eroberte eine Reihe von Küstenstädten für den König von Jerusalem. Als strenger Befehlshaber achtete er darauf, dass das Heer dichte, gut kontrollierbare Formationen bildete. Der moslemische Geschichtsschreiber Baha ad-Din beschrieb die fränkischen Truppen als „zusammengepackt wie eine Mauer". Die Ritterorden bildeten Vor- und Nachhut. Auf Richards Seite war das Meer, sodass er im Falle eines Angriffs von Saladin eine sichere Flanke hatte.

Die Berichte sind unterschiedlich, aber wahrscheinlich hatte Richard 10- bis 20.000 Mann, darunter 4000 Ritter und 2000 Turkopolen. Der Rest waren Fußsoldaten in Einheiten von etwa 1000 Mann, wobei einer Reihe Armbrustschützen immer eine Reihe Speerträger zugeteilt war, damit sie in der Deckung nachladen könnten.

Sie rückten in langsamem Marschtempo vor, am Vormittag nur etwa 6–7 km. Etwa 25 km nördlich von Jaffa passierten sie das Dorf Arsuf, wo sich etwa 3 km vom Meer entfernt ein Wald befand. Dort lag Saladins Heer auf der Lauer und griff an, sobald Richards Männer an dem Dorf vorbeikamen.

Die genaue Zusammensetzung von Saladins Heer ist unbekannt, aber der Chronist Amboise erwähnt, dass die Infanterie aus Sudanesen und Beduinen bestand, die leichte Kavallerie aus Syrern und Turkmenen und die schwere Kavallerie aus Mameluken und Askarsen; und schließlich gab es noch Saladins Leibgarde.

Die Gesamtstärke betrug 50- bis 80.000 Mann, davon 40.000 Kavalleristen mit mindestens 25.000 berittenen Bogenschützen. Auf jeden Fall waren sie den Kreuzrittern im Verhältnis 3:1 überlegen.

In die Falle gelockt

Richards Heer war in zwölf Divisionen zu fünf Treffen aufgeteilt. Der König befand sich an der Meerseite der Kolonne, gedeckt von einer landwärts marschierenden Linie von Infanterie. Der Tross, bewacht von Speerträgern, befand sich zwischen der Kavallerie und dem Meer. Die Templer bildeten die Vorhut oder das

vordere Treffen, die Johanniter waren am Ende der Kolonne. Es heißt, dass die Ritter so eng marschierten, dass „ein Apfel zwischen ihnen nicht zu Boden fallen konnte, ohne Männer oder Pferde zu berühren".

Leichte Truppen Saladins hatte sie seit einer Woche umschwärmt, aber Richard hatte sie ignoriert. Dieses Mal gewahrte er, dass er es mit einem Angriff in großem Stil zu tun hatte und wandte sich mit seinem Heer landwärts; die Marschordnung wurde zur Schlachtordnung mit der Infanterie als Deckung für die Ritter.

Saladins Hauptstoß war gegen das Treffen der Johanniter gerichtet und sollte sie aus ihrer dichten Formation locken. Über Gebühr gereizt handelten sie gegen Richards Befehl und griffen die Moslems an und gerieten so in Saladins Hinterhalt. Richards Reaktion überraschte diesen jedoch: er befahl eine sofortigen Generalangriff seiner Ritter, bevor der Rest von Saladins Armee außer Reichweite geriet.

Saladin warf seine Reserven gegen die Johanniter und die englischen Ritter um Richards Standarte, aber ein sofortiger Angriff von Richards Reserve trieb die Moslemkavallerie vom Feld. Die Ritter stoppten ihren Angriff am Waldrand und ordneten sich wieder zu ihren Marschformationen.

Richard verlor weniger als 700 Mann, Saladin hingegen mehr als zehnmal so viel. Er lernte, die Macht der fränkischen Kavallerie und die taktischen Fähigkeiten eines Befehlshabers, der mit ihr umzugehen wusste, nicht länger zu unterschätzen.

Oben: Reiter brechen hinter der Infanterie hervor, um gegen die leichte türkische Reiterei zu kämpfen. Darstellung der Eroberung von Antiochia aus dem 15. Jahrhundert.

Gegenüber: Mit erhobenem Schwert bewacht Richard Löwenherz den Palast von Westminster, London.

Ritterorden: Die Soldaten Christi

Die wichtigste Quelle militärischer Verstärkung der Kreuzfahrerstaaten bildeten die Ritterorden. Sie waren nur dem Papst verantwortlich, hatten ihr eigenes Gesetz und wurden zu einer mächtigen, teils unabhängigen Militärgesellschaft im Heiligen Land. Sie waren die unversöhnlichsten Feinde der Moslems.

Gegenüber: Das Refektorium der Johanniter in der St. Johannes-Kirche in Akkon. Die heutige Strenge der kahlen Wände und Decken wurde damals mit Decken, Teppichen, etc. gemildert.

Unten: Das Detail einer Wandmalerei aus dem 12. Jahrhundert in Cressac in Frankreich zeigt einen Ritter des Templerordens zu Pferd. Der Papst erlaubte den Templern 1145, den weißen Kapuzenmantel der Zisterzienser zu tragen. Das rote Kreuz auf der linken Brust und dem Schild wurde nur im Zweiten Kreuzzug verwendet.

Die wichtigsten Ritterorden, der des Tempels (Templer) und der von Hospital des Heiligen Johannes (Johanniter), begannen als Organisationen zur Hilfe für die Pilger und zur Pflege der Kranken. Diese und andere Orden, besonders der Deutsche Ritterorden, funktionierten am Anfang mehr wie Klöster und ihre Mitglieder redeten sich auch gegenseitig mit „Bruder" an. Sie verwandelten religiös motiviert Freiwillige in militärische Ordensleute, die zu einer Hauptstütze der Verteidigung der Kreuzfahrerstaaten wurden.

Sie hielten ihre Unabhängigkeit vom König und anderen Fürsten aufrecht und erhielten häufig Zuwendungen in Form von Land und Festungen sowie finanzielle und juristische Privilegien. 1244 hielten die Johanniter 29 Burgen im Heiligen Land, die Templer hatten ähnliche Besitzungen. Diese Anreize waren notwendig für die Kreuzfahrerstaaten, denn sie hätten ohne die Orden und ihre militärische Schlagkraft kaum überlebt. Beide Orden und etliche andere kleinere Organisationen hatten auch ausgedehnte Ländereien in Europa, die ihnen von dankbaren Stiftern geschenkt wurden. Dies sicherte ihre finanzielle und politische Unabhängigkeit.

Der Templerorden wurde 1115 durch zwei Ritter, die sich ein Pferd als Zeichen der Armut teilten, gegründet, um Pilger im Heiligen Land zu beschützen. Ihr Bild wurde zum Symbol des Ordens. Ursprünglich die „armen Ritter" genannt, gab ihnen ihr erstes Hauptquartier beim Tempel des Salomon den Namen. Die Templer wandten die strengen Regeln des Zisterzienserordens an und gelobten Keuschheit, Armut und Gehorsam.

Ironischerweise wurden die Templer angesichts dieser Askese die größten Finanziers in Europa und der Levante. Diese Rolle erhielten sie, weil sie für ihre skrupulöse Ehrlichkeit weithin geschätzt wurden. Strenge Disziplin, Mut und christlicher Fanatismus machten aus den Templern eine hochgradig gefürchtete Waffe im Arsenal der Kreuzfahrer.

In Hattin dezimiert

In der Schlacht bei Hattin wurde der Orden fast vollständig aufgerieben und ihre Burgen fielen in den Monaten nach der Katastrophe. Er bestand aber bis ins 14. Jahrhundert und behielt seine Ländereien in Europa. Eifersucht von allen Seiten – kirchlichen wie weltlichen – führten zu vorgeschobenen Anzeigen wegen Häresie und Sodomie, und 1307 machte Papst Clemens V. dem Orden den Prozess. Ihre Hochburg wurde umstellt, die Anführer wurden eingekerkert, gefoltert und verbrannt und ihr Land und ihr Besitz konfisziert.

Die Johanniter nannten sich nach einem Hospital in Jerusalem, das bereits vor dem Ersten Kreuzzug existierte. Nach der Einnahme der Stadt wurde es von den Benediktinern betrieben und 1113 erhielt es päpstlichen Schutz und wurde zum „Orden vom Hospital des Heiligen Johannes". 1120 hatte sich dieser vergrößert und betrieb mehrere Hospitäler im Heiligen Land.

Auch wenn die Krankenpflege immer eine wichtige Aufgabe blieb, nahm die Organisation nach und nach einen militärischen Charakter an. 1136 erhielten sie die Burg von Gibelin

(Dschabalah) und der militärische Aspekt nahm im zwölften Jahrhundert stetig zu. Nach Hattin wurden sie als vollgültiger Ritterorden anerkannt und 1206 war die Organisation der Ordensritter, die immer noch Hospitäler betrieb, eine eigene militärische Einheit.

Von den katastrophalen Verlusten bei Hattin, wo fast alle Ordensritter getötet wurden, erholten sie sich im Heiligen Land nie wieder und waren im Niedergang begriffen. Nach dem Fall von Akkon 1291 bezogen die Johanniter eine neues Basis auf Zypern, dann auf Rhodos und wurden schließlich zu einer eigenen Seemacht, die bis 1798 Malta beherrschte.

Der dritte Orden war der Deutsche Orden, der nach der Belagerung von Akkon 1189/90 als Hospital für die deutschen Kreuzfahrer gegründet wurde. 1191 wurde er vom Papst anerkannt und wurde sieben Jahre später zum Ritterorden. Die Deutschordensritter waren im Norden des Heiligen Landes konzentriert, erlitten aber 1210 eine schwere Niederlage. Der dezimierte Orden gründete sich in Akkon neu. Er hielt eine Anzahl bedeutender Burgen, blieb aber im Schatten der Templer und Johanniter, Erst als er in Nordeuropa zur Unterwerfung und Christianisierung der heidnischen Stämme in Preußen eingesetzt wurde, kam er dort durch seine fanatische und skrupellose Eroberungspolitik zu bedeutendem Besitz.

Von links nach rechts:
Reiter der Ritterorden: Templer, Johanniter und Deutschordensritter.

Die Kreuzfahrerburgen: Glaubensbastionen

Die Kreuzfahrer bauten Burgen im gesamten Heiligen Land, um ihre neu erworbenen Besitzungen zu verteidigen. Viele dieser Befestigungen waren eher von byzantinischen als europäischen Einflüssen inspiriert. Sie spielten in der gesamten Kreuzfahrerzeit eine wichtige Rolle.

Gegenüber Mitte: Diese Rekonstruktion von Belvoir in Galiläa zeigt den konzentrischen Grundriss der Burg und die breite byzantinische Brustwehr. Im Inneren liegen die Privatquartiere der Ritter.

Im feudalen Europa war eine Burg nicht nur ein Bollwerk, sondern auch der Sitz der Macht und der Ort, wo das Recht des Königs nicht mehr galt. Im Königreich Jerusalem verhielt es sich etwas anders. In den 80 Jahren nach der Einnahme der Stadt wurden 64 Burgen gebaut, von der nördlichsten in Beirut bis zur südlichsten auf der Île des Graye im Golf von Akaba. Im Norden dienten sie zur Verteidigung des Fürstentums Antiochia und der Grafschaften Tripolis und Edessa. Die Kreuzfahrer passten ihre Befestigungen dem Gelände an und ließen sich von byzantinischen und moslemischen Entwürfen inspirieren.

Bauherren und Ingenieure waren gleichermaßen beeindruckt durch die Verteidigungswerke Konstantinopels, die ausgedehntesten Befestigungen, die sie jemals gesehen hatten. Die Kreuzfahrer beschlossen, diese Form einer gestaffelten Befestigungslinie nachzuahmen. Die Hauptmauer von Konstantinopel wurde verstärkt von einer Reihe massiver Türme und eine innere Mauer mit weiteren Türmen bildete eine zweite Verteidigungslinie. Diese beiden Mauern wurden darüber hinaus von einem niedrigeren äußeren Wall eingefasst, um die Angriffe mit Belagerungsmaschinen zu erschweren. Um diese drei Linien lief ein tiefer Graben mit Pfählen unter der Wasseroberfläche. Konstantinopel galt als uneinnehmbar. Die byzantinische Hauptstadt sollte zwar 1204 von den Kreuzfahrern erobert werden, allerdings von der Seeseite her.

Die besten Kreuzfahrerburgen wurden so gebaut: massive innere Mauern, die von großen Rundtürmen geschützt wurden, umgeben von einem niedrigeren äußeren Wall mit zahlreichen Türmen, das alles von einem trockenen Graben umgeben. Die Verteidiger konnten über den äußeren Wall hinweg schießen und so das Feuer der dort platzierten Soldaten unterstützen.

Flexible Bemannung

Aus Holzmangel hatten die Burgen in den Kreuzfahrerstaaten nicht die zahllosen inneren Stockwerke der europäischen Zitadellen und

Rechts: Krak des Chevaliers von der südwestlichen Ecke mit dem Baibars-Turm (16 im Plan). Der nächstgelegene Turm auf dem Bild ist der Dienstbotenturm (20). Von dieser Seite griff der Mameluken-Emir Baibars 1271 an, als die mächtige Kreuzfahrerburg in moslemische Hände fiel. Der große Eckturm und der quadratische Turm an der Außenmauer wurden später von den Moslems erbaut.

Oben: Die Burg auf der Korallen- oder Pharao-Insel im Golf von Akaba nahe Eilat, Israel, war die südlichste Festung der Kreuzritter. Auf der Hauptroute von Kairo nach Mekka gelegen, stellte sie eine ernst zu nehmende Gefahr für die moslemischen Pilger dar.

mussten niedriger gebaut werden. Sie hatten nach byzantinischer Eigenart breite Festungsmauern, auf denen Wurfmaschinen bewegt werden konnten. Die Befestigungen der Moslems ähnelten denen der Byzantiner, aber Kairo, Aleppo und Damaskus prunkten mit Verteidigungswerken, neben denen sich die der Kreuzfahrer in Tripolis, Antiochia und Akkon winzig ausnahmen. Alle Beteiligten im Nahen Osten kopierten die Bautechniken voneinander.

Die eindrucksvollste Kreuzfahrerburg im Heiligen Land ist Krak des Chevaliers. Es gehörte von 1142 bis 1271 den Johannitern, bevor es endgültig an die Moslems fiel. Ähnliche Entwürfe lagen den Burgen von Beaufort, Latrun und Safed zu Grunde. Die Kreuzfahrer benutzten auch natürliche Deckungen: einen Landsporn im Meer bei Atlit, ein Flussufer bei Sahyun oder Felsböschungen bei der Burg von Kerak des Moabites.

Die Strategie der Kreuzfahrer war um diese Burgen aufgebaut, die es gegen Belagerungen zu verteidigen galt (siehe die folgenden Seiten). Ein Netz von Burgen und Garnisonen, das in Kriegszeiten durch mobile Feldheere verstärkt wurde, bewachte die Kreuzfahrerstaaten. Das größte Problem war der Mangel an Truppen. Die meisten Burgen brauchten eine permanente Garnison, und wenn Not am Mann war, riefen die Könige von Jerusalem die Ritterorden zur Verteidigung der Schlüsselstellungen. Das bedingte in Krisenzeiten eine wechselseitige Knappheit: Eine Niederlage auf dem Schlachtfeld machte die Burgen praktisch unbemannt und unverteidigt – nach der Schlacht von Hattin 1187 fielen die meisten unterbesetzten Burgen an Saladin, ein Schlag, von dem sich die Kreuzritter erst im Dritten Kreuzzug erholten.

Plan von Krak des Chevaliers

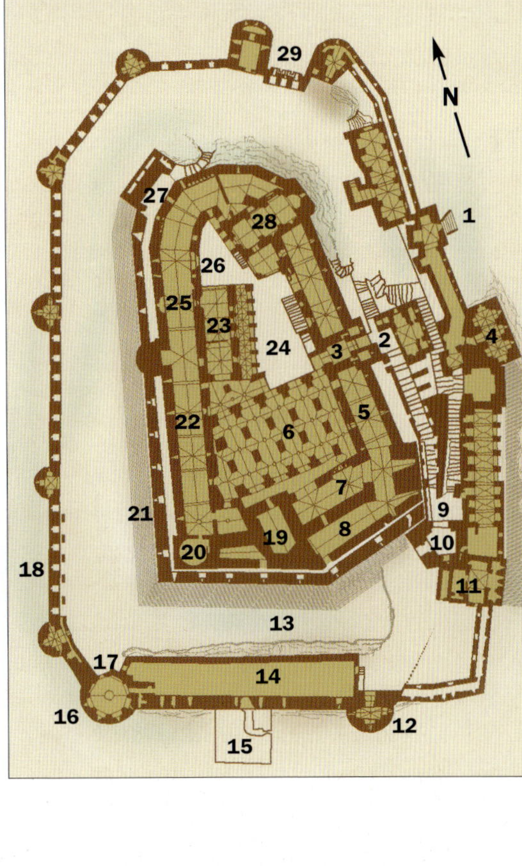

1. Außentor
2. Wachturm für das Innentor
3. Tor zum Bergfried
4. Mamelukenturm
5. Lagerhaus
6. Halle/Refektorium
7. Lager für Olivenöl
8. Lager mit Ölpresse
9. Zugbrücke
10. Eingangsturm
11. Türkisches Bad (*Hamam*)
12. Turm mit Seitentor
13. Wassergraben
14. Baibars-Turm (langer Gewölbesaal)
15. Mamelukenturm, um 1285
16. Turm von Mameluken-Emir Baibars 1271 rekonstruiert
17. Treppe zum Außenbereich
18. Außenwand mit Pechnasen
19. Wohnturm
20. Dienstbotenturm
21. Glacis
22. Lange Gewölbehalle
23. Domkapitel und Kloster
24. Innenhof
25. Lange Gewölbehalle
26. Kleiner Hof
27. Nordwestturm (auch: Turm der Königstochter)
28. Kapelle (später: Moschee)
29. In den Fels geschnittener zweiter Eingang zwischen zwei Türmen

Belagerung und Belagerungstechnik

Die Kriegführung im Heiligen Land war von den Festungen beherrscht und Feldzüge drehten sich um die Einnahme der wichtigsten Burgen und befestigten Städte. Kreuzfahrer und Moslems wurden mit der Belagerungstechnik vertraut, der strategischen Einschließung und dem Ausschalten von Befestigungen.

Rechts: Diese Abbildung aus einer Handschrift des 14. Jahrhunderts zeigt eine belagerte Burg (Chinon) mit einer ungewöhnlich genauen Darstellung eines Gegengewicht-Schleudergeschützes, das ein Soldat mit einem Felsbrocken belädt, um ihn auf die dicht gedrängten Verteidiger an der Brustwehr zu schleudern. Ein Verteidiger gießt Flüssigkeit über die Angreifer: entweder kochendes Wasser oder Öl.

Das Eintreffen der Franken im Nahen Osten löste einen Boom von Festungsbauten aus, als die Kreuzfahrer versuchten, ihre brüchigen Grenzen gegen feindliche Moslemstaaten zu verteidigen. Sie zogen ihren Vorteil aus der Vielzahl gut befestigter Plätze, darunter auch existierender Moslem-festungen und der Verfügbarkeit von Stein.

Als der erste Kreuzzug vor Antiochia eintraf, war es wegen ihre Größe schwer, die Stadt einzuschließen. Es musste ein großes Ingenieurkorps entwickelt werden, das Belagerungsmaschinen baute. Bis dahin verließen sich die Kreuzfahrer glücklich auf Verrat als wirksamere Waffe. Vor Jerusalem wurde 1099 ein Tross von rudimentären Belagerungstürmen und Katapulten (S. 73) gebaut, mit deren Hilfe die Kreuzfahrer die Stadt einnehmen konnten, nachdem beide Seiten mit großem Aufwand ein Ingenieurskorps geschaffen hatten.

Für die Belagerungen wurden neue Strategien entwickelt, die sich von denen in Europa oder Asien unterschieden. Eine Kreuzfahrerburg hatte eine permanente Garnison, verstärkt von Söldnern wie den Turkopolen, die sich laufend in Alarmbereitschaft befand und eine in Europa unbekannte Professionalität aufwies. Die Burgen der Ritterorden waren die Ausnahme: Sie waren Basen für größere Einheiten. Im Kriegsfall wurden die Besatzungen als Verstärkung für das Feldheer abgezogen.

Maschinen und Türme

Bei der Belagerung einer Burg versuchte man es zuerst mit Diplomatie, bevor man zu Waffengewalt überging: Entweder man verhandelte mit

den Verteidigern über freies Geleit bei der Übergabe oder man versuchte direkt, irgendwelche bekannten Elemente in der Burg zu bestechen; sowohl Christen wie Moslems hatten zahllose Spione im anderen Lager. Wenn die Aufforderung zur Übergabe gegen freies Geleit zurückgewiesen wurde, hatten die Angreifer das Recht, die Insassen zu töten, sobald die Burg oder die Stadt fiel.

Die moslemischen Feldherrn begannen die Belagerungen so früh wie möglich im Jahr, um Zeit zu haben, bevor sich ihre Armeen zur Erntesaison zerstreuten. Da die einfachste Methode darin bestand, die Verteidiger auszuhungern, durfte ihnen keine Zeit gegeben werden, von außen Verpflegung zu besorgen. Diese einfache Methode hatte wiederum den Nachteil, dass das Risiko eines Entsatzangriffes umso größer wurde, je länger die Belagerer vor der Mauer lagen.

Die harte Methode war ein Sturmangriff auf die Mauern. Wenn verfügbar, wurden Belagerungsmaschinen benutzt, um die schwachen Teile der Mauern oder der Tore einzureißen. Wenn sich eine Bresche öffnete, wurde gestürmt, im Allgemeinen mit hohen Verlusten auf beiden Seiten. Belagerungstürme kamen schneller zum Ziel, wenn genügend Holz vorhanden war, was in vielen Teilen des Heiligen Landes nicht der Fall war. Auf diesen großen mobilen Plattformen konnten die Angreifer auf gleicher Höhe wie die Verteidiger kämpfen. Nasse Häute sollten verhindern, dass die Verteidiger die Türme in Brand setzten, aber sie konnten auch von der Artillerie auf den Mauern zerstört werden. Bei der Belagerung von Akkon montierten die Kreuzfahrer sogar Belagerungstürme auf Flößen, um die Stadt von der Seeseite aus angzureifen. Wenn die Angreifer einen Halt auf der Mauer gewonnen hatten, dann zählte die numerische Übermacht – wobei normalerweise die Angreifer den Verteidigern überlegen waren. Der mittelalterliche Soldat kannte wenig Erbarmen für den Verlierer, und wer als letzter in die Stadt kam, bekam am wenigsten zum Plündern ab. Es wurde kein Gedanke an Gnade verschwendet und Verteidiger wurden in einer solchen Situation fast unweigerlich abgeschlachtet. Die Professionalisierung der Belagerungstechnik im Heiligen Land bewirkte jedoch, dass, sobald eine Bresche geschlagen worden war, der Ehre Genüge geschehen war. Wenn den Verteidigern dann noch eine Chance zur Übergabe eingeräumt wurde, wurde diese im Allgemeinen akzeptiert. Nur die Ritterorden kämpften bis zum bitteren Ende. Diese von Christen wie Moslems gleichermaßen gepflegten Techniken und Rituale wurden normale Belagerungspraxis in Europa und Asien.

Links: Das Drehkatapult wurde verwendet, um Stadt- oder Burgmauern zu durchbrechen. Die Maschine verwendet einen eingedrehten Seilstrang, um den Wurfarm zu beschleunigen. Das Katapult hatte eine flachere Wurfbahn als das Schleudergeschütz und musste näher an sein Ziel herangeführt werden, weshalb die Soldaten, die es bedienten, gut gedeckt werden mussten.

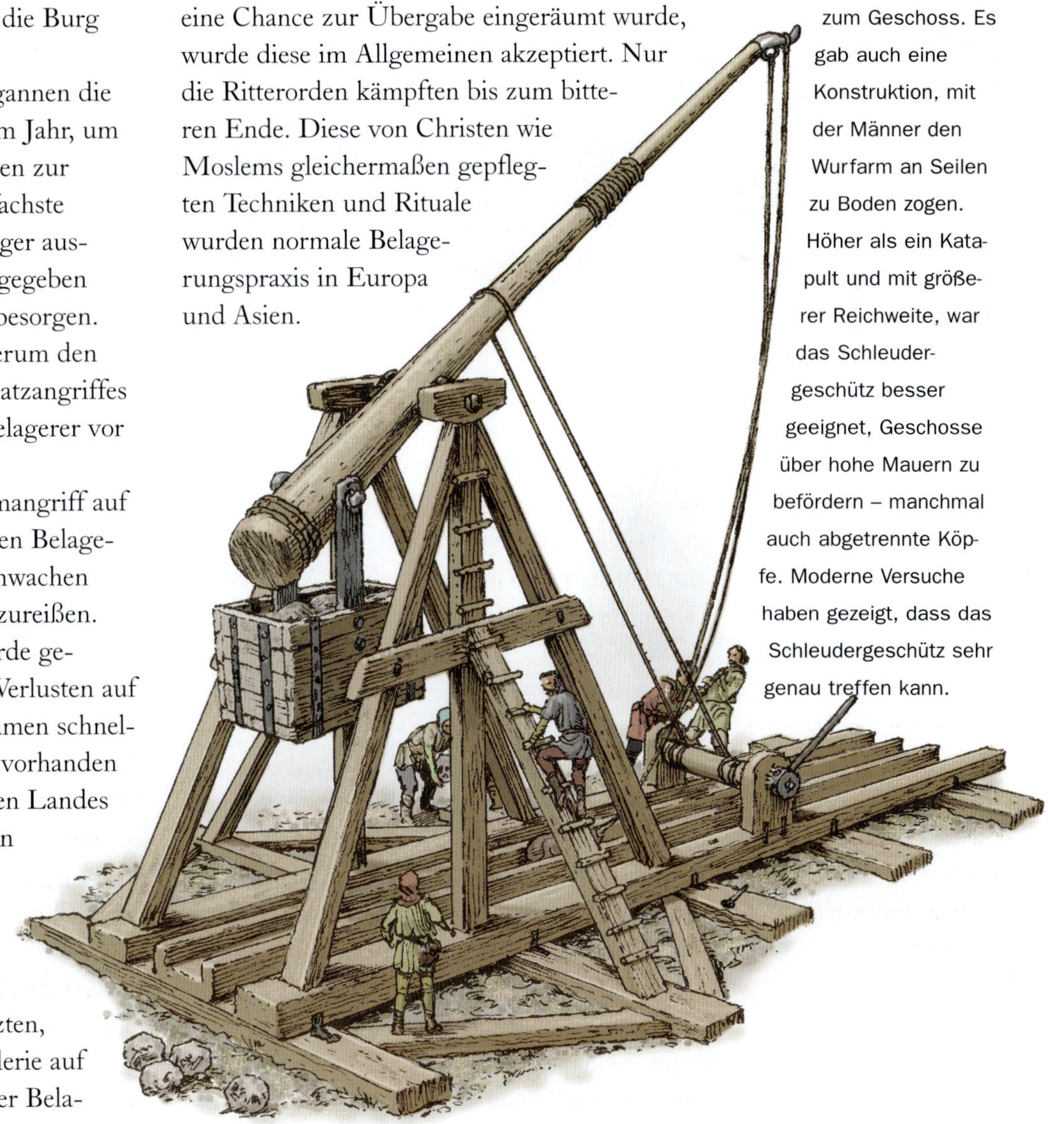

Unten: Das Gegengewicht-Schleudergeschütz verwendete eine mit Erde und Steinen gefüllte Kiste als Gegengewicht zum Geschoss. Es gab auch eine Konstruktion, mit der Männer den Wurfarm an Seilen zu Boden zogen. Höher als ein Katapult und mit größerer Reichweite, war das Schleudergeschütz besser geeignet, Geschosse über hohe Mauern zu befördern – manchmal auch abgetrennte Köpfe. Moderne Versuche haben gezeigt, dass das Schleudergeschütz sehr genau treffen kann.

Das Byzantinische Reich 1203, am Vorabend des Vierten Kreuzzuges

Nicht alle Kreuzfahrer, die am Vierten Kreuzzug teilnahmen, verweigerten dem Papst den Gehorsam und griffen Konstantinopel an. Simon von Montfort verließ hinter Zara die Hauptflotte und segelte nach Akkon, um sich Walter von Autun und Johannes von Nesle anzuschließen.

Im Rückblick markieren die Todesdaten Sultan Saladins (1193) und König Richards (1199) das Ende der idealistischen Epoche der Kreuzzüge, in der Religion und die Regeln der Ritterlichkeit galten. Fünf Jahre nach Richards Tod nahm der Vierte Kreuzzug eine würdelose Wendung: die Einnahme und Plünderung der christlichen Stadt Konstantinopel. 1204 erlebten die Byzantiner, die lange genug die Kreuzfahrerbewegung gefördert hatten, die Folgen einer ein Jahrhundert dauernden ökonomischen und politischen Rivalität mit den Kreuzfahrerstaaten.

Das byzantinische Reich hatte sich von der katastrophalen Niederlage in Manzikert erholt und gewann nach und nach Teile seines verlorenen Territoriums in Kleinasien und im Landesinneren von Anatolien zurück, während die Moslems durch die Geschehnisse im Heiligen Land abgelenkt waren. Im zwölften Jahrhundert unterhielten eine Reihe byzantinischer Kaiser enge Beziehungen zu den Herrschern der Kreuzfahrerstaaten und boten selbst dann Unterstützung an, wenn sie selbst knapp waren.

Ein halbes Jahrhundert Krieg zwischen Türken und Byzantinern in Kleinasien endete 1195 und es schien, als könnte das Reich einen relativen Frieden und Wohlstand genießen. Stattdessen wurde es wieder von neuen Wellen interner Dispute und politischer Manöver erschüttert, als Papst Innozenz III. zum Vierten Kreuzzug aufrief. Statt eines Angriffs auf den Islam forder-

KAPITEL 8

Der Vierte Kreuzzug

ten die Venezianer und der Deutsche Kaiser jetzt einen auf die Christen im Osten, ein Entschluss, der mehr mit ökonomischer und politischer Rivalität als der Religion zu tun hatte. Obwohl der Vierte Kreuzzug als Kampf um die Wiedervereinigung der Kirche dargestellt wurde, war er eine Annexion, die von den Spaltungen des byzantinischen Staates ermuntert wurde. Der Verlust von Konstantinopel war ein tödlicher Schlag für die Byzantiner, und obwohl sie die Stadt 1261 zurückeroberten, blieb das Reich ein Schatten seines früheren Selbst.

KAPITEL 8 – DER VIERTE KREUZZUG

Der Niedergang von Byzanz

Im zwölften Jahrhundert erholte sich das Byzantinische Reich von den vergangenen Katastrophen und gewann einen Teil seiner früheren Größe zurück. Obwohl sich die militärische Situation verbesserte, unterminierten politische Spaltungen und äußere Bedrohungen die Stabilität.

Unten: Die Ruinen einer Seldschukenbrücke überspannen den Fluss Eurymedon bei Aspendos in der Türkei (siehe Karte). Erbaut im 12.–13. Jahrhundert, zeigen die Bögen die mittelalterliche Ingenieurskunst der Moslems und die Bedeutung, die die Seldschuken kommerziellen und militärischen Verbindungswegen beimaßen.

Unter Kaiser Alexios Komnenos rüsteten die Byzantiner Teilnehmer des Ersten Kreuzzugs aus, vermieden ernste Auseinandersetzungen mit ihren fränkischen Kollegen und lenkten sie auf ihre moslemischen Nachbarn. Ein großer Teil der verlorenen Gebiete in Kleinasien wurde wiedergewonnen; der innere Teil verblieb in türkischen Händen und wurde zum Sultanat Rum, einem halb unabhängigen türkischen Staat.

Die Beziehungen zwischen den Kreuzfahrerstaaten und dem byzantinischen Reich waren komplex und wurden mit Bündnissen durch Heirat sowie Handels- und Militärabkommen geschmiedet. Sie gingen auf und nieder und spiegelten die politischen Veränderungen der Höfe von Konstantinopel und Jerusalem. In der Mitte des elften Jahrhunderts, beim Fall der Grafschaft Edessa, brauchten die Fürsten von Antiochia einen Verbündeten: Als Gegenleistung für die Anerkennung der Oberhoheit des byzantinischen Kaisers erhielten sie seinen militärischen Schutz.

Unter Kaiser Johannes II. Komnenos (r. 1118–1143) fanden weitere Einfälle in das Gebiet der Seldschuken in Anatolien und sogar Syrien statt. Sein Sohn Manuel Komnenos (r. 1143–1180) folgte ihm und sah sich sogleich mit einem möglichen Einfall der Kreuzfahrer während des Zweiten Kreuzzugs konfrontiert. Er kam zu dem Schluss, dass die Kreuzfahrer eine ernstere Bedrohung für sein Reich waren als die Türken. Er schloss mit dem Religionsfeind Sultan Kilidsch Arslan von Rum einen

Waffenstillstand, der ihm erlaubte, seine Kräfte auf die Kreuzfahrer zu konzentrieren.

Die militärische Katastrophe des Zweiten Kreuzzugs und eine päpstlich-byzantinische Allianz bannten jede unmittelbare Gefahr durch die Kreuzfahrer, aber Manuels Feldzüge gegen den König von Sizilien vergrößerten die italienischen Vorbehalte gegen die Byzantiner. Ähnliche Vorstöße auf dem Balkan auf Kosten der Ungarn beunruhigten die Europäer und die andauernden Feldzüge des Kaisers leerten die Staatskasse, während der Adel am Hof hinter seinem Rücken intrigierte.

1176, nach einer Periode von Erfolgen in Anatolien, wurde das byzantinische Heer von den Türken geschlagen. Statt seinen Vorteil auszunutzen, vereinbarte Sultan Kilidsch Arslan einen zweiten Friedensvertrag. Für den Krieg mit seldschukischen Rivalen brauchte er Zeit und den Frieden mit Byzanz.

Oben: Goldmünze von Johannes I. Komnenos. Münzen waren im mittelalterlichen Europa selten. Im orientalischen Raum prägte das Bild des Herrschers das alltägliche Leben. Byzantinische Kaiser wurden als Inkarnationen Christi angesehen. Hier wird Johannes Komnenos von Christus gesegnet.

Erfahrung gegen Jugend

Manuel starb vier Jahre später. Im Reich gab es Frieden und die üblichen politischen Intrigen. Johannes und Manuel hatten die byzantinische Macht vergrößert, aber vergessen, im Ostteil für Ordnung zu sorgen. Manuel war ein fähiger Herrscher und sein Verlust sollte sich bald schmerzlich bemerkbar machen.

Der minderjährige Kaiser Alexios II. Komnenos (r. 1181–1183) wurde von seiner Mutter Maria von Antiochia mit einer zwölfjährigen französischen Prinzessin verheiratet. Konservative Elemente am byzantinischen Hof fürchteten eine zunehmende „Verwestlichung“, und so unterstützten viele den Staatsstreich des Cousins des verstorbenen Kaisers, Andronikos Komnenos (r. 1183–1185). Der 64-Jährige griff nicht nur nach der Krone und tötete den Kaiser und dessen Mutter, sondern nahm sich auch die junge Braut. Der neue Kaiser entfesselte umgehend eine Verfolgung und ein Massaker an westlichen Ausländern, das eine Flut von Flüchtlingen hervorrief, die in Italien und Ungarn Hilfe suchten.

Wilhelm II. von Messina landete 1185 in Durazzo in der Hoffnung, Gegner des Tyrannen Andronikos anzuziehen. Der folgende Aufstand war etwas zu erfolgreich für Wilhelm; Andronikos wurde von einer Menschenmenge erschlagen und sein Neffe wurde Kaiser Isaak II. Angelos (r. 1185–1195). Ein verjüngtes byzantinisches Heer warf die Sizilianer zurück.

Die Familie der Angeloi beherschte das Reich 19 Jahre lang, erst Isaak, dann Alexios III. und Alexios IV. Währenddessen ging Zypern an den byzantinischen Kriegsherrn Isaak Komnenos (S. 123) verloren, der Hof versank in Korruption. Die Schwäche des Reiches wurde im Dritten Kreuzzug offenkundig.

Während die Pläne für einen Vierten Kreuzzug gegen Ägypten geschmiedet wurden, hatten einige in Italien bereits beschlossen, dass Konstantinopel ein ansprechenderes Ziel war.

Die venezianische Seemacht

Im elften Jahrhundert entwickelte sich der Inselstaat Venedig zu einem der blühendsten Handelszentren des Mittelmeers. Es verdrängte die Handelsflotten seiner italienischen Rivalen und unterhielt ein Handelsmonopol mit den Byzantinern. Als dieses Monopol aufgehoben wurde, sann Venedig auf Rache.

Die Stadt Venedig am nördlichen Ende der Adria monopolisierte die reichen Märkte Norditaliens und Deutschlands und die Seeverbindungen im Mittelmeer mit ihrem Zugang zur Seidenstraße und dem Fernen Osten. Venedig begann als byzantinischer Hafen und Handelsplatz, wurde aber politisch praktisch unabhängig. Im zehnten Jahrhundert hatten die venezianischen Kaufleute Handelsverbindungen mit den Byzantinern entwickelt und bildeten die Hauptseeverbindung zwischen Byzanz und den fränkischen Königreichen.

Pisa und in kleinerem Maßstab Genua wurden zu dieser Zeit ebenfalls bedeutende Seehandelsmächte. Pisa erlangte die Kontrolle über Sardinien und Korsika. Dies war der Beginn eines mittelmeerischen Handelsreiches, das die Stadt in direkten Konflikt mit Genua brachte; der Kampf um die Vorherrschaft sollte bis ins 14. Jahrhundert andauern. Diese Rivalität auf der anderen Seite Italiens half Venedig, selbst zur führenden Seemacht aufzusteigen.

Venedig vertrieb nicht nur kostbare Seide und Gewürze, sondern produzierte auch Schiffe, Glas und Eisenwaren und war eine der produktivsten Industriestädte. Mit dem Blick eher auf Byzanz als auf den Rest Italiens gerichtet, handelte es mit Osteuropa und moslemischen Häfen, die für seine Rivalen geschlossen waren.

Venedig war eine Republik und wurde von einem Großen Rat oder Rat der Zehn regiert,

Die Seidenstraße zwischen China, Indien und dem Mittelmeerraum, um 1200

Die Seidenstraße, benannt nach der kostbaren Seide, die persische Händler aus China in das alte Rom brachten und dort verkauften, existiert seit mindestens 100 v. Chr. Tatsächlich handelte es sich um ein Netz von Handelsrouten über ganz Asien.
Im Mittelalter wurde Venedig durch das Monopol auf das westliche Ende der Seidenstraße enorm reich. Es war eine Handelsverbindung, auf die Venedig nicht verzichten konnte – doch genau das drohte einzutreten, als Byzanz Venedig 1183 die Handelsrechte entzog.

dem ein Doge (von lateinisch Dux) vorsaß. Der Doge war auf Lebenszeit gewählt, der Rest des Rates aber für eine beschränkte Periode, obwohl die Kandidatur auf den Adel beschränkt war. Dennoch war Venedig eine Rarität in Europa – ein unabhängiger, nicht feudaler Staat, frei von politischen Bindungen an den Papst oder den Deutschen Kaiser.

Venedig erzürnt ...

Der Große Rat überwachte die Verwaltung der Stadt, den Handelsverkehr und die Justiz und vereinbarte die Handelsverträge mit anderen Städten und Staaten. So unterhielten der Rat und der Doge im zwölften Jahrhundert Handelsverbindungen mit den Byzantinern, den Kreuzfahrerstaaten, den Deutschen, den Moslemstaaten Nordafrikas und verschiedenen italienischen Städten. Die Beziehungen zu den Kreuzfahrern waren besonders eng; Venedig bot Schiffe und Nachschub als Gegenleistung für Handelsprivilegien mit dem Königreich von Jerusalem.

Nach der Zerstörung der ägyptischen Flotte 1123 errang Venedig eine maritime Vormachtstellung und erfreute sich ihrer auch den Rest des Jahrhunderts, trotz der Konkurrenz Genuas und Pisas. Geheime Handelsabkommen mit den Ägyptern und den Emiren in Nordafrika zeigten, dass bei den venezianischen Kaufleuten finanzielle Überlegungen religiöse Vorbehalte überwogen. So wurde Venedig Europas Tor in den Orient. Seine Schiffe brachten Luxusgüter und Gewürze, während seine Rivalen den weniger lukrativen Pilgerverkehr übernahmen.

Die einzige Schranke für Venedigs Handel war Byzanz, und obwohl es sich guter Beziehungen zum Reich erfreute und sogar seine Schiffe baute und bemannte, hatten die byzantinischen Kaufleute doch Vorbehalte. Als der Kaiser Andronikos Komnenos 1183 die Macht ergriff, widerrief er das Handelsabkommen mit Venedig. Mit dem Ausschluss venezianischer Schiffe aus byzantinischen Häfen stand seine Vormachtstellung im Mittelmeerhandel auf dem Spiel.

Als sich 1201 die päpstlichen Gesandten an den Dogen Enrico Dandolo mit der Bitte um Unterstützung des Transports von Männern und Nachschub für den Vierten Kreuzzug wandten, beriet der Rat der Zehn über den Vorschlag und stimmte zu, aber zu einem exorbitanten Preis. Er verlangte außerdem die Hälfte alles dessen, was zu See oder zu Land erobert wurde. Das Ziel der Kreuzfahrer, Alexandria in Ägypten, war für ihn nicht akzeptabel, da Venedigs Handel mit dem Orient unterbrochen würde. Stattdessen brachte der verschlagene Doge eine Alternative ins Spiel. Byzanz sollte bald mit dem Zorn Venedigs und den neuen Verbündeten der Republik, den Kreuzfahrern, Bekanntschaft schließen.

Gegenüber: Diese Illustration aus einem Manuskript des 14. Jahrhunderts zeigt den „Rat der Zehn". Der Doge und neun andere Ratsmitglieder beraten sich, während vier Schreiber davor sitzen und sich Notizen machen.

Raubkreuzfahrer

Der Doge von Venedig benutzte den Vierten Kreuzzug eher für die Interessen seiner Stadt als für die Christenheit. Trotz der Missbilligung des Papstes beteiligten sich die Kreuzfahrer am Kampf gegen andere Christen.

Papst Innozenz III. (p. 1198–1216) war einer der erfolgreichsten Päpste bei dem Versuch, das Amt des Papstes aus dem weltlichen Streit mit dem Heiligen Römischen Reich herauszuhalten, das die Kirche das ganze zwölfte Jahrhundert über in Atem hielt. Er war auch verantwortlich für den Vierten Kreuzzug, der gegen Ägypten gehen sollte, aber mit dem Kampf von Christen gegen Christen endete.

Innozenz beschloss, nicht die europäischen Fürsten um Hilfe anzugehen, um Fragen nach seiner Autorität zu vermeiden. Er wollte, dass dieser Kreuzzug sorgfältig kontrolliert wurde und bestand darauf, dass die europäischen Könige ihre Macht an sechs päpstliche Legaten delegierten. Diese verhandelten dann mit Venedig über den Transport und riefen das Heer dorthin zur Einschiffung.

Der Vertrag mit dem Dogen Enrico Dandolo enthielt eine bedeutende finanzielle Gegenleistung für die Benutzung der venezianischen Schiffe. Eine Eskorte von 50 Galeeren sicherte den Transport und den Einfluss des Dogen auf das Unternehmen. 1202 fanden sich etwa 11.000 Kreuzfahrer unter der militärischen Führung des Markgrafen Bonifatius von Montferrat in Venedig ein. Sie konnten aber den Venezianern nicht die volle vereinbarte Summe auszahlen und blieben erst einmal im Lager, ohne die Reise fortzusetzen. Im Spätsommer unterbreitete Dandolo den Gesandten einen Vorschlag. Der ungarische König hatte vor kurzem die venezianische Stadt Zara an der Adria eingenommen. Da Dandolo nicht über die Militärmacht verfügte, sie zurück zu erobern, bot er den Kreuzfahrern an, die ausstehende Summe mit ihrer Unterstützung im Kampf um Zara zu verrechnen. Viele Kreuzfahrer wandten sich heftig dagegen, da auch der König von Ungarn ein früherer Kreuzfahrer war. Dandolo nahm selbst das Kreuz und nach langen Verhandlungen sahen sich die Legaten und führenden Kreuzfahrer gewungen, seinem Vorschlag zuzustimmen. Da auch Tausende von Venezianern an dem Kreuzzug teilnahmen, wurde klar, dass ihn nicht der Papst, sondern der Doge unternahm.

Bestochen für fremde Ziele

Die Teilnehmer verließen Venedig im Oktober 1202 und ihre Schiffe erschienen am 10. November vor Zara. Der Abt von Veaux wurde das Gewissen der Kreuzfahrer und wedelte mit Befehlen des Papstes, der den Angriff verbot, „denn die Leute dort sind Christen und Ihr tragt das Zeichen des Kreuzes." Er wurde nicht gehört. Die Sperre vor dem Hafen wurde durchbrochen und die nächsten zwei Wochen beschossen die Belagerungsmaschinen die Stadt von Land und von See aus. Schließlich ergab sich Zara, die venezianische Flagge wurde über den Mauern gehisst und die Beute geteilt.

Die Kreuzfahrer überwinterten in Zara, wo sie die Nachricht des Papst erreichte, dass die gesamte Expedition exkommuniziert sei. Gesuche wurden nach Rom gesandt mit der Ausrede, dass die Kreuzfahrer von den Venezianern erpresst wurden. Die Exkommunikationen wurden daraufhin für die Kreuzfahrer aufgehoben, nicht aber für Dandolo und sein Gefolge

Inzwischen war in Konstantinopel Kaiser Isaak von seinem Bruder geblendet und eingekerkert worden, der als Alexios III. (r. 1195 bis 1204) den Thron bestieg. Isaaks Sohn, ein weiterer Alexios, reiste nach Zara und machte unglaubliche Versprechungen, wenn die Kreuzfahrer ihm zu seinem rechtmäßigen Thron verhelfen würden: die Rückführung der byzantinischen Kirche unter die Autorität Roms, eine gewaltige finanzielle Zuwendung und sogar 10.000 Soldaten für den Kreuzzug nach Ägypten. Der Abt von Veaux erhob erneut Einspruch gegen einen weiteren Angriff auf einen christlichen Staat, aber die Mehrheit der Venezianer und Kreuzfahrer nahmen das Angebot an. Das Ziel wurde geändert und man setzte Segel in Richtung auf die byzantinische Hauptstadt.

Gegenüber: Lotario d'Anagni, Papst Innozenz III., spielte mit der Macht. Er krönte einen Deutschen Kaiser und versuchte dann, ihn abzusetzen. Er opponierte gegen die Heirat von Philipp II. von Frankreich und die Weigerung des englischen Königs Johannes, die päpstliche Autorität anzuerkennen. Beide Länder wurden exkommuniziert, bis sich ihre Könige der Autorität der Heiligen Stuhls unterwarfen.

Unten: Diese mittelalterliche Galeere ist ein typisches Schiff der venezianischen Flotte. Grabrelief im Kreuzfahrerhafen Aigues Mortes, Frankreich.

Die Plünderung Konstantinopels

Konstantinopel war die größte und reichste Stadt Europas und des Nahen Ostens, eine Versuchung, der die Venezianer und ihre Verbündeten nicht widerstehen konnten. Die Erstürmung und Plünderung der Stadt war eine der beschämendsten Episoden der gesamten Kreuzfahrerära.

Als die Kreuzfahrer am 24. Juni 1203 vor Konstantinopel erschienen, schauten viele von ihnen „gespannt auf die Stadt, da sie sich nie vorgestellt hatten, dass es einen solchen Platz überhaupt in der Welt gäbe". Die Bürger waren von ihrer Ankunft ebenso überrascht. Der Usurpator Alexios III. sah die venezianischen Galeeren mit Prinz Alexios an Bord an den Mauern vorbeirudern und hörte die Menge den Bürgern von Konstantinopel zurufen: „Hier ist euer wahrer Herr." Die Kreuzfahrer eroberten die Vorstadt von Galata und durchbrachen die Sperre, die den inneren Hafen, das Goldene Horn, abriegelte. Am 17. Juli unternahm man einen gleichzeitigen Land- und Seeangriff gegen die Stadt, der von der Warägergarde abgeschlagen wurde. Trotz dieses Erfolges bekam Alexios III. es mit der Angst zu tun und floh in derselben Nacht aus der Stadt.

Führende Byzantiner befreiten den blinden Isaak und setzten ihn auf den Thron. Er teilte die Herrschaft mit seinem Sohn, in der Hoffnung, die Unruhe der Kreuzfahrer so zu beschwichtigen. Es war keine beneidenswerte Aufgabe, denn die Kreuzfahrer blieben hart. Ein päpstlicher Bote drängte Isaak und Alexios zur Erfüllung ihrer Vereinbarung. Der Hof wartete auf Geld und Truppen und Alexios reiste im Land umher, um unter den wachsamen Augen einer Eskorte von Kreuzrittern Kontributionen einzutreiben.

Im Januar 1204 hatte die Stimmung gegen die Kreuzfahrer in Konstantinopel ihren Siedepunkt erreicht und ein Brand, verursacht von

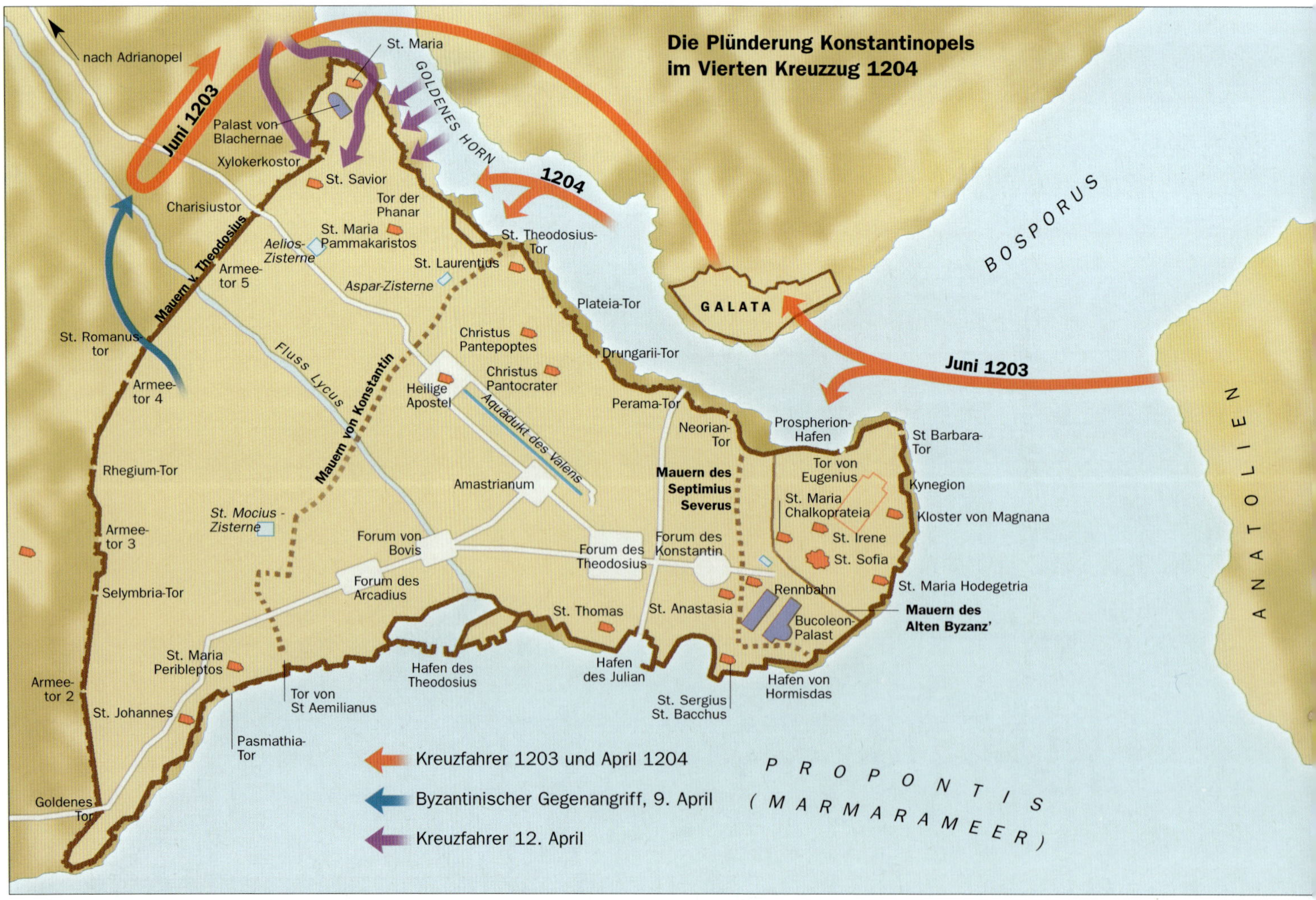

einem französische Kreuzritter, schürte den Hass weiter. Die Bürger rebellierten, Isaak und Alexios wurden ermordet und durch die antiwestliche Gallionsfigur Alexios V. Dukas Murzuphlos (r. 1204) ersetzt. Er wollte nichts mit den Kreuzfahrern zu tun haben und begann die Verteidigung der Stadt zu organisieren.

Schweigende Zustimmung

Die Venezianer hatten genug gesehen. Sie schrieen Verrat und überzeugten die anderen Kreuzfahrer, dass das einzige Mittel ein Angriff auf Konstantinopel sei. Die Priester rechtfertigten dies als Beitrag zur Vereinigung der Kirche und dass den getöteten Kriegern ihre Sünden vergeben würden. Dass sich auch Papst Innozenz dem Angriff nicht entgegenstellte, konnte man als seinen Segen interpetieren. Im März beschlossen die Kreuzfahrer anzugreifen.

Der erste Angriff am 9. April war ein Fiasko, weil ein ungünstiger Wind die Angreifer von der Seemauer fern hielt und die byzantinische Artillerie die venezianischen Schiffe mit Steinen beschoss. Der gleichzeitige Landangriff wurde ebenfalls abgeschlagen. Ein zweiter Angriff erfolgte am 12. April, ebenfalls gleichzeitig zu Wasser und zu Lande. Die Venezianer banden ihre Schiffe zusammen und schützten sie durch hölzerne Schilde gegen die Artillerie. Diesmal half der Wind den Kreuzfahrern und die riesigen Schiffe Pellegrino und Paradiso prallten gegen die Seemauer der Stadt. Der venezianische Soldat Pietro Alberti enterte als Erster einen Turm, und während er die Verteidiger bekämpfte, halfen ihm zwei französische Ritter, den Halt zu verteidigen. Ein kleines Tor wurde entdeckt und geöffnet und eine Flut von Angreifern brach ein. Bei Einbruch der Nacht war der Kaiser geflohen und Konstantinopel in der Hand der Kreuzfahrer.

Das Morden, Vergewaltigen und Plündern dauerte drei Tage, danach feierten die Kreuzfahrer einen Dankgottesdienst. Die Beute war immens. Heilige Reliquien sollten jetzt die Kirchen Westeuropas schmücken. Viele kehrten mit ihrer Beute heim, aber Tausende bleiben, um über das neu erworbene Lateinische Reich zu herrschen.

Unten: Die unbezwingbaren Mauern von Theodosius II. mussten sich nie dem Feind stellen: Die Kreuzfahrer fanden ein offenes Tor – das genügte. Die Mauern Konstantinopels zeigen deutlich das rasche Wachstum der ursprünglichen Stadt. Die Mauern des Römischen Kaisers Septimius Severus (siehe Karte) wurden um 200 v. Chr. erbaut. Valens vergrößerte den Bereich durch seine Mauern um 370, und Theodosius II. fügte seine Mauern um 430 hinzu.

Die Kreuzfahrerstaaten in der Ägäis

Nach der Plünderung von Konstantinopel brach das Byzantinische Reich zusammen und wurde durch eine Kette kleiner, halb autonomer griechischer und lateinischer Provinzen ersetzt. Im Vierten Kreuzzug verfiel das Kreuzfahrerideal und ein politisches Vakuum entstand, durch das der Islam nach Europa hereinbrechen konnte.

Balduin von Flandern wurde zum Anführer der neuen Regierung in Konstantinopel ernannt und so zum ersten Lateinischen Kaiser. Sein offizieller Titel war der des Kaisers von Romania, der neue lateinische Name für das ehemalige Byzantinische Reich, der die Oberhoheit der römischen Kirche über ihre griechische Rivalin bekräftigte. Für die Venezianer, die die Mehrheit des Wahlgremiums bildeten, schien er der ideale Kandidat, da er weder über Macht noch Einfluss verfügte, um sich ihrer stückweisen Aneignung des byzantinischen Territoriums zu widersetzen. Die Venezianer wollten mehr als nur byzantinisches Gebiet.

In den nächsten Jahren wurden die europäischen Märkte überschwemmt mit den geplünderten Schätzen Konstantinopels und des Byzantinischen Reiches. Die offizielle Höhe der Beute wurde auf 900.000 Silbermark geschätzt und das meiste davon war den Venezianern zugefallen. Venedig beanspruchte auch das Hinterland von Konstantinopel, die griechische Adriaküste und fast alle fruchtbaren Inseln der Ägäis; dort waren einige Kreuzritter regionale Marionettenverwalter. Die Inseln Andros und Naxos wurden zum Herzogtum Archipelagos, der Provinz eines venezianischen Adligen. Kreta wurde ebenfalls venezianische Kolonie und während der nächsten zwanzig Jahre siedelten sich über fünf Prozent der venezianischen Bevölkerung dort an.

Zwar waren alle neuen Provinzen dem Dogen von Venedig unterstellt, tatsächlich aber unabhängig. Das neue Kaiserreich Romania war nur das gemeinsame Forum und gab der Region ihre Gesetze und eine Verfassung. Die griechische Ägäisküste wurde von Kreuzfahrern aus Nordwesteuropa übernommen: Der Herzog von Athen war Burgunder und Wilhelm von Champlitte wurde Fürst von Achaea.

Das alte Reich lebt weiter

Die spärlichen Überreste der ehemaligen byzantinischen Herrschaft wurden zu Brennpunkten des Widerstands gegen die lateinische Vorherrschaft. Das Reich von Trapezunt an der Schwarzmeerküste, das Reich von Nikäa in Westanatolien und das Despotat von Epirus in Nordwestgriechenland blieben in der Hand byzantinischer Provinzgouverneure, bis sie im späten 13. Jahrhundert im neu erstandenen Byzantinischen Reich aufgingen. Die Wiederauferstehung wurde möglich durch das Weiterleben dieser isolierten

Unten: Die Eroberung von Trapezunt, gemalt von einem unbekannten Florentiner Künstler um 1461. Der kleinste der byzantinischen Splitterstaaten war Trapezunt: ein wohlhabendes christliches Handelszentrum am Schwarzen Meer, bis die osmanischen Türken es kurz vor der Eroberung Konstantinopels einnahmen.

Herrschaften. Da die Lateiner sie nicht beseitigten, schufen sie die Basis für ihr eigenes Ende.

Der Vierte Kreuzzug versäumte es nicht nur, den Christen im Heiligen Land zu Hilfe zu kommen, sondern trug auch dazu bei, ihren Nachschub an kämpfenden Männer weiter zu drosseln. Romania bot Rittern und niederen Adligen aus den Kreuzfahrerstaaten wie auch

Westeuropas attraktive Aussichten, die soziale Leiter der Feudalgesellschaft ein paar Stufen emporzusteigen. Das Heilige Land hatte nach dem Tod Saladins eine bisher nicht da gewesene Friedensperiode erlebt. Das hieß, dass es für die Ritter wenig zu tun, aber auch wenige Aufstiegschancen gab. Und trotzdem war die Randlage dieses Streifens von Kreuzfahrerstützpunkten am Rande eines islamischen Kontinents unheimlich. Romania wirkte stabiler und so verließen die Ritter ihre Besitzungen im Heiligen Land und zogen nach Griechenland.

Die eigentliche Schwäche der lateinischen Staaten in Griechenland bestand in der Übernahme des europäischen feudalen Modells. Sogar die Republik Venedig adaptierte es für Romania, ein schlechter Ersatz für das alte kaiserliche System der Regionalregierungen. Das Lateinische Reich wurde nach und nach von den Byzantinern zersetzt, obwohl auch das wiedererstandene Reich in einzelne Inseln ohne territoriale Einheit zerfiel.

Die wirklichen Gewinner waren die Serben, die ihre Südgrenzen bis nach Thessalien ausdehnten – bis die osmanischen Türken ihnen aus der anderen Richtung entgegen kamen.

Byzanz überlebt

Die Bevölkerung lehnte die fränkischen Herrscher von Griechenland ab und sehnte sich nach der Stabilität und Prosperität des byzantinischen Reiches zurück. Die isolierten Zentren vereinigten ihre Kräfte zu einem wiederbelebten Byzanz, dessen Feinde die Christen waren, die die ehemalige Hauptstadt besetzt hielten.

Die überlebenden byzantinischen Herrschaften von Nikaia und Trapezunt in Anatolien und Epirus in Griechenland waren die Anlaufpunkte für diejenigen, die nicht unter der lateinischen Herrschaft leben wollten. Das 1204 gegründete Reich von Trapezunt war zu abgelegen, um einen wirklichen Einfluss auf die weiteren Ereignisse zu haben und lebte an der Schwarzmeerküste ruhig vor sich hin.

Michael Komnenos Dukas gründete 1204 das Despotat von Epirus. 1244 eroberte sein Halbbruder Theodor Thessalien von den Franken und gründete das Reich von Thessalonike. Dies unterbrach die Landverbindung zwischen Konstantinopel und dem Rest des Lateinischen Reiches. 1230 wurde der Kaiser von Epirus von Zar Johannes I. Asen von Bulgarien geschlagen und Thessalonike ein bulgarischer Marionettenstaat. So lag die Zukunft von Byzanz in der Hand des Reiches von Nikäa. 1208 erhielt Theodor Laskaris, der Schwiegersohn Alexios III., den Kaisertitel. Er wurde vom Kaiser der Lateiner, Balduin, angegriffen, doch die Franken kämpften zugleich mit bulgarischen Attacken und ihr weiteres Vordringen war abgewendet.

Oben: Auf den Mauern der Kata Panaghia in Arta aus der Mitte des 13. Jahrhunderts sind Griechische Buchstaben und byzantinische Muster zu sehen. Arta war eines der Hauptzentren des Despotats von Epirus.

1214 unterzeichneten der lateinische und der byzantinische Kaiser einen Friedensvertrag, dank dem die Franken die Bulgaren bekämpfen und die Byzantiner sich ausruhen konnten. Der erste Kaiser von Nikäa, der sich zum byzantinischen Kaiser ernannte, war Johannes III. Dukas Vatatzes (r. 1222–1254), der ins Feld zog, um den alten Kaisersitz wiederzugewinnen.

1235 traten die Bulgaren zur orthodoxen Kirche über und unterzeichneten einen Friedensvertrag mit den Nikäern. Sie brauchten eine ruhige Grenze im Rücken, um einer drohenden Mongoleninvasion entgegenzutreten. Diese drangen auch in Kleinasien ein, zogen sich aber zurück, nachdem die Türken sie geschlagen hatten. So waren die Byzantiner sicher vor Angriffen aus dem Osten und konnten sich darauf konzentrieren, die lateinischen Besatzer Griechenlands und Konstantinopels zu bekämpfen.

Die Rückkehr der Byzantiner

Mit dem nachlassenden Schwung der Kreuzzüge zerfiel auch das Lateinische Reich in eine Vielzahl eifersüchtiger Lokalherrschaften, obwohl es noch an isolierten Besitzungen in der Ägäis festhielt. Zar Johannes starb – die Region war frei von bulgarischem Druck und der Kaiser von Nikäa wurde als Oberherr von Thessalonike anerkannt. 1249 verhandelte Kaiser Johannes einen Friedensvertrag mit Epirus, das sich von Thessalonike abgespalten hatte.

Die Byzantiner waren bereit zum Comeback. Der Gründer einer neuen Dynastie, Michael VIII. Palaiologos (r. 1258–1282), wurde in Nikäa gekrönt und erklärte sofort den Krieg. Die fränkischen und byzantinischen Heere trafen in Thessalien aufeinander und die lateinische Niederlage besiegelte das Schicksal Konstantinopels. Um Venedig auszuschalten, schloss Michael einen Pakt mit Genua: als Gegenleistung für freien Handel im Schwarzen Meer hielt die genuesische Flotte die Venezianer in Schach. Konstantinopel war von jedem Entsatz abgeschnitten und Michael nahm die Stadt im Juli 1261 wieder in byzantinischen Besitz.

In den nächsten Jahren festigten die Byzantiner ihre Erwerbungen und gerieten unter zunehmenden Druck der neu belebten türkischen Osmanen. Das Byzantinische Reich war nun auf Westanatolien, Nordgriechenland und Teile des Balkans beschränkt. Trotz der politischen Erholung war Byzanz nur eine Regionalmacht und keine mediterrane Großmacht mehr.

Das Reich überlebte noch 200 Jahre als fast vergessenes politisches Reservat an der Grenze zwischen Moslems und Franken. Ein Kaiserreich war es nur dem Namen nach und erlangte seine einstige Größe nie wieder. Seine definitive Zerstörung durch die osmanischen Türken war die unvermeidliche Konsequenz der Plünderung Konstantinopels durch die Kreuzfahrer zweieinhalb Jahrhunderte früher.

Unten: Der Fall Konstantinopels, gemalt von einem unbekannten türkischen Künstler. Die Osmanen versammelten ihre Streitkräfte im April 1453 auf der Landzunge, die Konstantinopel mit Europa verband. Der letzte byzantinische Kaiser, der passenderweise Konstantin XI. hieß, (r. 1448–1453), traf auf Mehmet II. (r. 1451 bis 1481), den türkischen Sultan, der das gesamte restliche Byzantinische Reich erobert hatte. Nach einem Sturmangriff am Morgen des 29. Mai nahmen die Türken Konstantinopel ein und beendeten ein Reich, das den Untergang Roms um tausend Jahre überlebt hatte.

KAPITEL 9

Die letzten Kreuzfahrer

Nach dem Vierten Kreuzzug schien die Kreuzfahrerbewegung ihren Schwung verloren zu haben. Ironischerweise hatten sich die Kreuzfahrer selber die Landverbindung blockiert und sich in den Byzantinern einen unversöhnlichen Feind geschaffen. Alle weiteren Expeditionen mussten den Seeweg nehmen. Dies erklärt mehr als jeder religiöse Beweggrund, warum im 13. Jahrhundert Ägypten zum bevorzugten Ziel wurde. Die Kreuzfahrerstaaten waren weitgehend auf sich selbst gestellt.

Der Fünfte und Sechste Kreuzzug waren nichts weiter als eine Reihe von Vorstößen im Außenbereich der moslemischen Mächte. Der Fünfte (1218–1221) war ebenso ein Fiasko wie der Kinderkreuzzug, der nur die arabischen Sklavenmärkte füllte.

Im 13. Jahrhundert gab es wechselnde Allianzen zwischen Ost und West, weil Islam wie Christenheit den Angriffen der Mongolen ausgesetzt und beide gezwungen waren, die „Geißel Gottes“ zu bekämpfen. Daraus entstand ein Geist von Zusammenarbeit und 1229 wurde Jerusalem den Kreuzfahrern durch Vertrag zurückzugeben; nach der Mongoleninvasion von Persien und Anatolien schlossen die Syrer mit den Kreuzfahrern sogar ein militärisches Bündnis. Der Sechste Kreuzzug Ludwigs IX. von Frankreich war eine weitere Invasion Ägyptens, die nicht nur fehlschlug, sondern mit der Gefangennahme des Königs endete.

Gerade als es schien, als seien die Mongolen durch das Moslemheer nicht zu besiegen, entwickelten sich die ägyptischen Mameluken zu einer Streitmacht, die die Eindringlinge aus den Steppen aufhalten konnte. 1260 endete die Entscheidungsschlacht mit einem Sieg der Moslems und der Islam war gerettet. Die Geschichte des Christentums im Heiligen Land verlief jedoch anders.

In den nächsten zehn Jahren wandten die Mameluken ihre Aufmerksamkeit den Kreuzfahrerstaaten zu und trotz eines letzten größeren auswärtigen Kreuzzuges 1271/72 waren sie nicht aufzuhalten. Seldschuken und Kreuzfahrer unterlagen gleichermaßen der neuen Macht im Nahen Osten und 1291 fiel mit Akkon der letzte Kreuzfahrerstützpunkt im Heiligen Land.

Der Fall von Tripolis und Akkon beendete die Kreuzzüge und das Heilige Land erfreute sich erstmals wieder eines wirklichen Friedens, seit Papst Urban II. den Fürsten und Herren Europas ihre Gelübde abgenommen hatte.

Kayseri
(Cäsarea)
Mongolische Invasionen 1231–1260
Murat
Konya
(Iconium)
TAURUSGEBIRGE
Tigris
Eregli
(Herakleia)
Mara
Edessa
Adana
KILIKIEN
Tarsus
Qalat al'Rum
an die Mameluken
1292
Göksu
anya
Seleukia
Baghras 1268
Antiochia
1268
Aleppo
an die Mongolen,
1259/60
KÖNIGREICH ZYPERN
Euphrat
Orontes
Mongoloische Invasionen 1231–1260
Latakia 1287
Jabala
Nikosia
Famagusta
Margat 1289
Hama
Tortosa 1291
Zypern
Ruad 1301
Limassol
Homs
Krak des Chevaliers 1271
Tripolis 1289
Botron 1289
Jubail
Beirut 1289
Die Insel Ruad war die letzte Kreuzfahrerfestung im Heiligen Land, die an die Moslems fiel. Sie wurde 1301 von den Mameluken eingenommen.
Sidon 1291
Damaskus an die Mongolen,
1260
Tyre 1291
Beaufort 1268
Montfort 1271
Toron 1266
Akkon 1291
Safed 1266
Caiphas (Haifa) 1265
Château Pèlerin 1291
Ain Jalut
1260
Cäsarea 1265
Jaffa 1268
Jordan
Nach ihrer Vertreibung aus Akkon 1291 verbrachten die Johanniter einige Jahre auf Zypern, bevor sie 1310 die Insel Rhodos einnahmen. Der Orden entwickelte sich zu einer ernst zu nehmenden Gefahr für die Türken, bis zur Eroberung der Insel durch die Osmanen 1522. Nun ließ sich der Orden auf der Insel Malta nieder und blieb dort von 1530 bis 1798 eine letzte Bastion der Kreuzfahrerbewegung.
Jerusalem
Askalon
Kerak
Nach der Zerstörung der zentralen Herrschaft von Byzanz nach dem Vierten Kreuzzug konnte sich Kleinarmenien nicht gegen die mongolischen Einfälle wehren und wurde ein Vasallenstaat. Zur gleichen Zeit wurde auch das Seldschukensultanat von Rum, nun ohne Unterstützung der Mameluken, ein mongolischer Vasallenstaat. Das Sultanat zerfiel in zahlreiche türkische Kleinstaaten, von denen einer – der Osmanenstaat – bald die Politik des Nahen Ostens und Europas mitbestimmen würde.
Der Nahe Osten im Jahr 1263
Mameluken-Sultanat
Seldschuken-Sultanat von Rum
Mongolisches Il-Khanat
Reich von Nikäa
Mamelukische Eroberungen von den Kreuzfahrern und Mongolen 1263–1292
1263–1271
1285–1290
1291/92
Burg

Die Kreuzfahrer im 13. Jahrhundert

Obwohl Richard Löwenherz die Kreuzfahrerstaaten gerettet und ihre Grenzen im Dritten Kreuzzug erweitert hatte, waren sie keineswegs sicher. Sie blieben durch politische, dynastische und kommerzielle Rivalitäten zumeist gespalten.

Unten: Im 13. Jahrhundert schreckte ein neuer Feind Christen und Moslems: Die Mongolen.

Nach dem Text des Friedensvertrags zwischen Richard Löwenherz und Saladin kontrollierten die Kreuzfahrer einen Küstenstreifen von Tyros bis Jaffa sowie die nördlichen Enklaven Tripolis und Antiochia, die die Moslems nicht hatten erobern können. König Guy von Jerusalem verlor die Unterstützung seines Adels, wurde aus dem Amt entfernt und erhielt zum Trost Zypern. Seine Schwägerin Isabella war dem Titel nach die neue Königin der Kreuzfahrerstaaten. Auch wenn sie ihren Sitz in Jerusalem verloren hatte, war der Rest ihres Königreichs doch relativ sicher.

Seit 1219 gerieten die Moslems unter wachsenden Druck der Mongolen im Norden und Osten, als Dschingis Khan (1167–1227) die türkischen Gebiete des Schahs von Chorasan eroberte. Dieser große Moslemstaat zwischen dem Kaspischen Meer und Persien war von der Mongolenhorde vier Jahre vorher überrannt worden. Sie war jetzt die größte Bedrohung des Islam; die Kreuzfahrer waren großteils befriedet und die militärischen Anstrengungen der Aijubiden gingen jetzt nach Osten.

In den 60 Jahren nach der Abreise König Richards gab es nicht weniger als sieben Kreuzzüge, und der Tod des deutschen Kaisers Heinrich VI. (r. 1191–1197) führte zur Aufgabe eines weiteren Projektes. Der Vierte Kreuzzug Innozenz' III. berührte den Islam nicht einmal, doch auf ihn folgte ein „Dauerkreuzzug" mit sukzessiven Wellen von Kreuzfahrern. Der Fünfte Kreuzzug war militärisch ein Misserfolg, aber diplomatisch ein Triumph, weil das Königreich Jerusalem seine Hauptstadt durch Verhandlungen zurückerlangte. Obwohl Saladins Neffe al-Kamil dafür kritisierte wurde, konnte er jetzt seine Mittel für den entscheidenderen Kampf gegen die Mongolen einsetzen.

Flickenteppich von Staaten

Auch der nächste Kreuzfahrer, der König von Navarra, benutzte die Diplomatie. Er gewann einen Großteil des ehemaligen Territoriums des Königreichs von Jerusalem westlich des Jordan zurück. Er wäre in der Lage gewesen, diese Gebiete zu verteidigen. Stattdessen suchten es dieselben Querelen heim, die bereits im zwölften Jahrhundert zum Zusammenbruch geführt hatten.

1240 beherrschte Fürst Bohemond V. (r. 1233–1251) Antiochia und Tripolis, jetzt ein

Links: Darstellung eines Kaufmanns mit Waage aus dem 14. Jahrhundert. Die Kreuzfahrerära war nicht nur eine Zeit von Rittern und ungläubigen Kriegern, die um die Heiligen Plätze kämpften; im Mittelalter florierte auch der Handel: Er bestand zwischen Ägypten und Europa schon vor dem Fünften und Sechsten Kreuzzug. Die Handelsbeziehungen zwischen Ägypten und Italien wurden durch die großen militärischen Ereignisse nur geringfügig unterbrochen, trotz der erwarteten Feindschaft zwischen Christen und Moslems. Tatsächlich waren die Kreuzfahrerstaaten nicht die wichtigsten Handelspartner für europäische Kaufleute, weil sie keine stabilen wirtschaftlichen Einheiten bildeten.

vereinigter, aber unabhängiger Staat nördlich des Königreichs Jerusalem. Verschiedene Mitglieder der Ibelinendynastie herrschten über die Küstenstädte Jaffa, Haifa und Arsuf und ihr Hinterland.

Die Handelsniederlassungen von Venedig, Genua und Pisa kontrollierten Akkon mit gewählten Beamten, wodurch seine Staatsform den freien Städten Norditaliens im 13. Jahrhundert ähnlich war. Philipp von Montfort herrschte in Tyros und zögerte, die Souveränität Jerusalems anzuerkennen. Die Orden der Templer und Johanniter beherrschten unabhängige Besitzungen, darunter eine Kette von Festungen und Burgen. Beide waren eifersüchtig aufeinander und auf jeden Herrscher, der ihre Macht zu untergraben drohte.

Die Kreuzfahrerstaaten waren ein unzusammenhängendes Flickwerk von Staaten und der König von Jerusalem, Johannes von Brienne, war normalerweise abwesend und nicht in der Lage, seine Autorität durchzusetzen. Nach der Abreise Friedrichs II. nach Europa mussten sich die Herren des Heiligen Landes, so gut sie konnten, selbst regieren. Die dynastischen Rivalitäten vertieften sich noch durch den Streit zwischen Kaiser und Papst. Richard, der Earl von Cornwall, der Bruder Heinrichs III., machte einige diplomatische Fortschritte, aber die Gesamtsituation blieb unverändert.

Der Wendepunkt kam 1244, als Jerusalem durch ein ägyptisches Heer fiel und Philipp von Montfort und Graf Walter von Jaffa ein großes Kreuzfahrerheer anführten, um das verlorene Gebiet zurückzufordern. Sultan as-Salih Aijub vernichtete die Kreuzfahrer bei La Forbie in der Nähe von Gaza in einer Schlacht, die als „zweites Hattin" bezeichnet wurde. Von nun an waren die Kreuzfahrerstaaten in der Defensive und lebten nur noch auf geborgte Zeit.

Der Kinderkreuzzug

Ein zwölfjähriger französischer Schäferjunge hatte eine Vision: Die Moslems könnten durch einen Kreuzzug, der nur aus Kindern bestünde, beschämt und so bewegt werden, das Heilige Land wieder in rechtmäßige christliche Hände zu geben. Man müsste nur dorthin gelangen.

Obwohl Peter der Eremit predigte, dass auch die unteren Stände an den Kreuzzügen teilnehmen könnten, gab es doch seit Beginn des zwölften Jahrhunderts keine entsprechende Volksbewegung mehr, oder besser gesagt, es wurde keine mehr gestattet. Kreuzzüge und die damit verbundene Erlösung waren ein christliches Adelsprivileg.

Dies änderte sich 1212, als ein zwölfjähriger Schäferjunge (nach anderen Quellen war er 15) aus Cloyes bei Orléans behauptete, er habe Christus getroffen, der ihn aufforderte, einen „Kinderkreuzzug, der Erfolg haben würde, wo die Macht versagt habe“ anzuführen. Stephan der Hirte wurde der Prophet und ging nach Paris, um seine Sache zu predigen. Seine Anhänger hießen die „Kinderpropheten“ und ihre Zahl erreichte binnen kurzem mehrere Tausend. Der König schickte den Jungen weg und befahl den Kindern, zu ihren Eltern zurückzukehren. Dies erwies sich als unmöglich, weil die Bewegung nach Deutschland übergriff, wo ein zehnjähriger Junge aus der Gegend von Köln namens Nikolaus als Anlaufpunkt für die deutsche Abteilung diente.

Es ist heute schwer zu verstehen, wie diese Bewegung solche Dimensionen annehmen konnte. Ein Grund war die Armut. Mit der Überbevölkerung, der Rodung der Wälder und dem Wachstum der Städte verschlechterte auch die sich ausbreitende Lohnarbeit das Los der Landbevölkerung. Ein anderer Grund lag in dem wachsenden Glauben daran, dass „dem Demütigen die Welt untertan sei“. Aus nahe

liegenden Gründen war dies einer der unter den Armen beliebteren Bibelsätze, aber es wurde auch eine Art Mantra des Klerus, der daran verzweifelte, die immer weniger Demütigen an ihrem Platz zu halten. Die Auffassung, dass Bauernkinder, die demütigsten von allen, das Kreuz nehmen sollten, war eine logische Folgerung. Zum ersten Mal seit dem späten elften Jahrhundert erhoben sich die Armen, um heilige Gelübde auf sich zu nehmen – eine Folge von Volksfrömmigkeit und nicht eines päpstlichen Anstoßes.

Ein elendes Schicksal

Im Juni 1212 war Stephan der Prophet in Vendôme in der Nähe seines Geburtsortes, wo sich die jugendlichen Kreuzfahrer sammelten. Als 9.000 beisammen waren, führte er sie unter der Begleitung von Priestern nach Marseilles. Außer einer minderjährigen Leibwache für Stephan trug niemand Waffen – denn sie hofften die Moslems mit ihrer Unschuld zu überzeugen und nicht mit ihren Fähigkeiten mit dem Schwert. In Marseille wurde klar, dass Stephan keine Vorstellung hatte, wie es weitergehen sollte. Man vermutet, er habe auf ein Wunder gewartet, wie dass sich das Meer teilen möge.

Als Kaufleute im Ort anboten, die Kinder in sieben Schiffen ins Heilige Land zu bringen, sah es so aus, als wären ihre Gebete erhört worden. Bald nach dem Ablegen geriet die Flotte in einen Sturm. Zwei der Fahrzeuge erlitten Schiffbruch und die Kinder ertranken. Als sich der Sturm verzog, teilten sich die verbliebenen Schiffe in zwei Gruppen: zwei segelten zum Sklavenmarkt von Bougie in Nordafrika, die anderen verkauften ihre menschliche Fracht den Sklavenhändlern in Alexandria.

Während die Kinder aus Frankreich auf den Sklavenmärkten in Nordafrika angeboten wurden, erreichten die Deutschen unter Nikolaus Norditalien. Die meisten stammten aus dem Rheinland, den Niederlanden und Lothringen. Angeblich bettelte eine „unendliche Menge“ dieser Kinder (wahrscheinlich waren es jedoch höchstens 7.000, da viele in den unwirtlichen Alpen gestorben waren) um Essen in Genua, bevor sie nach Rom und weiter nach Süden strömten.

Sie wurden meist nicht beachtet, das Opfer von Kriminellen oder zu billiger Arbeit gepresst. Viele kehrten nach Hause zurück. Einige versuchten beim Papst eine Audienz zu erbetteln, aber Innozenz III. war mit den Vorbereitungen eines richtigen Kreuzzuges beschäftigt und weigerte sich, sie zu empfangen.

Schließlich hatte die verbleibenden wenigen hundert Kinder Brindisi erreicht und ein norwegischer Händler namens Friso nahm sie unter seine Fittiche. Dies hieß unvermeidlich, dass sie in die Bordelle und Sklavenmärkte des Mittelmeers verschifft wurden. Die wenigen, die das Heilige Land erreichten, in dem sie sich Pilgergruppen anschlossen, machten keinerlei besonderen Eindruck auf die Moslems in Jerusalem. Wie die christlichen Händler sahen sie in ihnen nur eine willkommene Handelsware.

Der Fünfte Kreuzzug: Sturm auf Ägypten

Papst Innozenz III. wollte die Scharte des Vierten Kreuzzugs auswetzen und rief 1213 zu einem neuen Unternehmen auf. Der Eifer des einfachen Volkes, der zum Kinderkreuzzug geführt hatte, wurde jetzt ebenso gut bewaffnet eingesetzt wie die adlige Militärmacht. Das neue Ziel war Ägypten.

Unten: Eine Abbildung aus dem 15. Jahrhundert zeigt den päpstlichen Legaten Pelagius, der vor Damiette mit Belagerungstruppen von Bord geht.

Die Plünderung Konstantinopels war ein Schock für Papst Innozenz III. und er wagte einen neuen Versuch. Die Fürsten der Kreuzfahrerstaaten waren wenig darüber erfreut, einen neuen Schub Kreuzfahrer am Hals zu haben. Nach einer Missernte herrschte Hunger und Neuankömmlinge waren in Akkon nur willkommen, wenn ihre Schiffe voller Getreidenachschub waren und sie sich selbst versorgen konnten. Glücklicherweise herrschte gerade Friede mit den Aijubiden. Sultan al-Kamil hatte den Handel mit Europa angekurbelt und über 3.000 italienische Kaufleute waren in Alexandria aktiv.

Nach Jahren des Patts zwischen Christen und Moslems war man überzeugt, dass Damiette im Nildelta der Schlüssel zum Erfolg sei. So schrieb Wilhelm von Chartres, der Großmeister der Templer, an den Papst: „Wir haben beschlossen, einen Zug zu See und zu Land nach Ägypten zu unternehmen, und wenn wir die Stadt Damiette zerstören, werden wir den Weg nach Jerusalem beherrschen." Damiette, umgeben von den Sümpfen des ausgedehnten Nildeltas, war allerdings mit seinen tropischen Fieberdünsten der letzte Platz, den europäische Soldaten gewöhnt waren. Und warum Damiette nun den Schlüssel für Jerusalem bereit halten sollte, war ein Rätsel, aber bezeichnend für diesen Kreuzzug.

Der Heilige Stuhl war einverstanden. Diesmal erweiterte der Papst die geistlichen Segnungen des Kreuzzugs auch auf einfache Leute, angesichts seiner Unterstützung im Volk. So bestand das Heer im Unterschied zu früheren zu einem großen Teil aus unerfahrenen bäuerlichen Fußsodaten.

Eine verpasste Gelegenheit

Aber es gab natürlich auch die Hochgeborenen. 1215 nahm der deutsche Kaiser Friedrich II. von Hohenstaufen (r. 1211–1250) das Kreuz.

Viele französische Adlige taten es ihm gleich, jedoch verzögerte der jüngst vergangene Krieg mit England den Aufbruch der Franzosen. Im Spätsommer 1217 sammelten sich die ersten Truppen in Akkon und im November stand eine mächtige Armee unter König Andreas II. von Ungarn, Bohemond IV. von Antiochia und Hugo von Zypern in Transjordanien im Feld. Das Moslemheer zog sich nach Damaskus zurück und auch die Kreuzfahrer zogen ab, weil sie im Winter keine Belagerung riskieren wollten. Enttäuscht zog der ungarische König nach Hause. Sein plötzlicher Abfall verbreitete Unmut in den gesamten Kreuzfahrerstaaten, der im April zum Teil verflog, als französische und deutsche Kontingente in Akkon landeten, auch wenn Friedrich II. Deutschland noch nicht verlassen hatte.

Im Mai 1218 segelte eine große Flotte nach Damiette und hinterließ die Deutschen als Besatzung im Heiligen Land. Als ersten Erfolg nahmen sie eine kleine Festung bei der Stadt ein, dann wurde Damiette selbst belagert. Der Papst schickte Kardinal Pelagius als seinen Legaten.

Obwohl er kein Soldat war, übernahm er sofort das Kommando. Dann schlug das Delta zurück und die Truppen starben an Krankheiten. Dennoch boten die Moslems gegen den Abbruch des Angriffs Frieden an, die Rückgabe von Jerusalem und das Wahre Kreuz. Pelagius weigerte sich, wahrscheinlich weil sowohl der Papst als auch die italienischen Kaufleute ihn überzeugt hatten, dass Ägypten der wahre Schlüssel zum Heiligen Land war, ungeachtet aller früheren Ziele.

Als am 15. August die Zitadelle von Damiette fiel, erfolgte ein zweites großzügigeres Angebot für einem 30-jährigen Frieden, aber der Kardinal blieb hart. Die Belagerung dauerte noch ein Jahr. Die Moslems schleiften sogar die Mauern Jerusalems, um es zu übergeben; als der Handel fehlschlug, bauten sie sie wieder auf. Damiette fiel schließlich im November

1219 und gab Pelagius freie Hand für den Vormarsch auf Kairo.

Im Juli 1220 rückten die Kreuzfahrer, von Kriegsschiffen unterstützt, den Nil aufwärts vor. Aber die Verzögerungen hatten Al-Kamil viel Zeit gegegeben, seine Verteidigung zu organisieren. Er kreiste das vorrückende Heer ein und seine Seestreitkräfte schnitten es von Damiette ab. Pelagius entkam zu Schiff, aber der Rest des Heeres musste sich nach Verhandlungen ergeben. Im nächsten Jahr räumten die Kreuzfahrer Damiette und kehrten mit ihrem gescheiterten Traum von einer leichten Eroberung Ägyptens nach Akkon zurück.

Oben: Eine andere Darstellung zeigt christliche Soldaten, die im Laufe des Fünften Kreuzzuges Damiette einnehmen.

Stupor Mundi

Der Angriff auf Ägypten war ein neuerliches Fiasko. Die Mutlosigkeit wich, als endlich der Sechste Kreuzzug unter dem deutschen Kaiser Friedrich II. eintraf. Seine Entschlossenheit, Jerusalem wiederzugewinnen, beleuchtet, wie sehr sich die Kreuzfahrer inzwischen von ihren Idealen entfernt hatten.

Oben: Vorderansicht einer Goldmünze Kaisers Friedrich II. Der Mann, der durch seine Taten „die Welt erstaunte", erhob den Anspruch, der Vizekönig von Alexander dem Großen und Christus zu sein. Tatsächlich war seine Herrschaft chaotisch und eher impulsiv als logisch. Nach seinem Tod brach die deutsche Dynastie der Hohenstaufen zusammen.

Die Stadt Damiette und ein generöses Friedensangebot gingen durch die Torheit des päpstlichen Legaten verloren, der den Fünften Kreuzzug führte. 1220 war die alte Begeisterung längst dem Zynismus gewichen. Die Kreuzfahrer fühlten sich durch die Kirche mehr ausgenutzt, als dass für den Ruhm Gottes kämpften.

Friedrich II., der neue Kaiser des Heiligen Römischen Reiches, erschien als der letzte wirkliche Anhänger der Bewegung. 1215 nahm er das Kreuz. Er wurde in Deutschland aufgehalten, in Italien durch eine Krankheit gezwungen, seine Reise zu unterbrechen und erreichte Akkon erst 1228, acht Jahre nach dem Debakel von Damiette. Der neu gewählte Papst Gregor IX. (p. 1227–1241) hatte ihn bereits wegen Nichteinlösung des Kreuzfahrergelübdes exkommuniziert. Die alte päpstlich-kaiserliche Kontroverse erreichte wieder einmal das Heilige Land. Friedrich ignorierte Gregor und führte den Kreuzzug ohne Rücksicht auf kirchliche Wünsche durch.

Für viele Zeitgenossen war Friedrich der *Stupor mundi* (das Erstaunen der Welt): ein Monarch, der behauptete, der Vizekönig Christi zu sein, Gottes Werk im Orient zu tun und der den Papst bei jeder Gelegenheit herausforderte. Er war anders als die Kreuzfahrer vor ihm und mit Isabella, der Tochter des Königs von Jerusalem, Johannes von Brienne, verheiratet. Im Heiligen Land machte er schnell klar, wer jetzt hier das Kommando hatte. Er nahm sofort Verhandlungen mit Sultan al-Kamil über Jerusalem auf, das die Moslems bereits zum Tausch angeboten hatten.

Sowohl Friedrich wie al-Kamil waren besorgt wegen der religiösen Extremisten in ihren Reihen und so arrangierten sie einen scheinbaren Feldzug, um die Kritiker zu beschwichtigen. Friedrich zog an der Spitze einer mächtigen Armee gegen Jerusalem und al-Kamil eröffnete formelle Verhandlungen und übergab Friedrich die Stadt für zehn Jahre zur Pacht. Am 18. Januar 1229 wurde der Vertag von Jaffa unterzeichnet und Jerusalem kehrt ohne Blutvergießen unter christliche Herrschaft zurück.

Kaiser und Antichrist

Friedrich sollte eigentlich der Held der Christenheit sein, aber seine Fehde mit dem Papst überschattete seinen Sieg. Der Kaiser des Heiligen Römischen Reiches erklärte sich anstelle des Papstes zum Stellvertreter Gottes auf Erden. Der Patriarch von Jerusalem bezeichnete Friedrich daraufhin als Antichrist und die Kreuzfahrerstaaten teilten sich in die Anhänger des Papstes und des Kaisers. Dieser Zwist hätte sich zur Katastrophe auswachsen können, wenn nicht in der moslemischen Welt ein Bürgerkrieg ausgebrochen wäre. Die Maskerade von Sultan und Kaiser hatte nicht alle täuschen können und der Verlust Jerusalems galt als Verrat des Sultans.

Friedrich kehrte 1229 unter dem Kirchenbann nach Hause zurück. Statt einem Triumph sah er einem Krieg mit dem Heiligen Stuhl ins Auge. Der Zorn des Papstes stürzte Deutschland, Italien und besonders Sizilien in einen zwanzigjährigen Konflikt. Nichts konnte besser verdeutlichen, wie sehr die Kreuzfahrerbewegung zu einem politischen Mittel geworden war: Der Papst hatte zu einem Kreuzzug gegen den Kreuzfahrer ausgerufen, der das Heilige Grab für die Christenheit zurück gewonnen hatte.

Der Rest Europas und der Kreuzfahrerstaaten wurden gewahr, dass eine einstmals vornehme Bewegung zu dem Werkzeug einer intoleranten und herrschsüchtigen Kirche geworden war. 1234 machte Gregor den letzten Versuch, einen von Rom kontrollierten Kreuzzug zu organisieren. Unter König Tibald von Navarra erreichte der Siebente Kreuzzug im September 1239 Akkon, aber der erneuerte Konflikt führte zum Verlust Jerusalems und der Niederlage des Herzogs von Burgund bei Gaza. Sultan al-Kamil war gerade gestorben und zwischen den ägyptischen und syrischen Familienmitgliedern entspann sich ein Krieg um die Nachfolge Mit der gespaltenen Moslemwelt konnte Tibald die Rückgabe Jerusalems aushandeln, eine gelungenes Ende eines ansonsten glanzlosen Unternehmens. Der König von Navarra kehrte nach Hause zurück und hinterließ die Kreuzfahrerstaaten geographisch größer, aber politisch gespalten wie immer. Der Fünfte, Sechste und Siebente Kreuzzug waren eine kontinuierliche Welle militärischer Macht.

Am Ende wurden die Gewinne mit Diplomatie erzielt und die Niederlagen waren ein Vorgeschmack späterer Katastrophen.

Unten: Im 13. Jahrhundert verbrachten Christen und Moslems fast genau so viel Zeit mit inneren Streitigkeiten wie mit dem Kampf gegeneinander. Bürgerkriege schwächten die Ajjubiden, und häufige regionale Streitigkeiten im Heiligen Land führten zu Kriegen von Christen gegen Christen, wie in dieser Buchillustration aus dem 14. Jahrhundert.

Mongolen und Mameluken

1219 fielen die Mongolen in die islamischen Staaten südlich des Kaspischen Meeres ein und begannen damit eine Reihe von Eroberungen, die sie schließlich nach Bagdad, Damaskus und Aleppo führen sollte. Die einzige Kraft in der islamischen Welt, die sie aufhalten konnte, waren die mamelukischen Elitetruppen Ägyptens.

Gegenüber: Ein Mamelukenreiter tötet ein Wildschwein, aus einem Lehrbuch der Kavallerie; Mitte des 14. Jahrhunderts. Bewaffnete moslemische Krieger unterschieden sich in einigen Punkten von ihren christlichen Gegenspielern: Kreuzritter kamen aus der feudalen Elite – die Moslems setzten bezahlte Söldner ein. Der mittelalterliche Ritter war meist ein eher untrainierter Kämpfer, während die moslemische Kavallerie ständig übte – auch durch Jagd. In Europa wären jagende Bürger oder Söldner gehängt worden, da das ein Privileg des Adels war.

Die mongolischen Invasionen in Europa und im Nahen Osten hießen „die Geißel Gottes“. Unter der Führung von Temudschin, genannt Dschingis Khan (1162–1227) wurden die wilden Nomaden der asiatischen Steppen zu einer beachtlichen Reiterarmee, die Peking einnahm und in China und Südwestasien ein Mongolenreich errichtete. 1219 hatten diese Truppen das Reich des Schahs von Chorasan erobert und bis 1222 die gesamte islamische Welt östlich des fruchtbaren Halbmonds.

Dschingis Khan zog nach Russland weiter, aber 1238–1242 kehrten die Mongolen zurück, fielen in Osteuropa ein und schlugen die persischen Gebiete ihrem Reich, dem Il-Khanat zu. Die seldschukischen Türken und die aijubidischen Ägypter vereinigten ihre Kräfte mit den verbliebenen des Schahs von Chorasan, um sich der gemeinsamen Bedrohung zu stellen, und die Mongolen wurden kurz vor Bagdad aufgehalten. Die Bereitschaft, den Kreuzrittern Jerusalem zu überlassen, spricht für den Ernst der Lage; man musste alle Reserven des Islam mobilisieren, um weitere mongolische Siege zu verhindern.

1213 wurde Schah Dschalaleddin besiegt und der Islam verlor seinen Pufferstaat. Aserbeidschan wurde besetzt, aber erst 1242 fielen die Mongolen in Armenien ein und besiegten die ihnen entgegengesandte seldschukische Armee. Das Seldschukensultanat von Rum wurde ein Klientelstaat des Il-Khanats, wie auch das byzantinische Reich von Trapezunt und das Königreich Armenien.

Regiert von ehemaligen Sklaven

Die Mongolen brauchten zehn Jahre, um ihre neuen Territorien zu organisieren, aber dann nahmen sie 1255 ihre Angriffe wieder auf. Hulagu überrannte die Stützpunkte der Assassinen in den Bergen am Kaspischen Meer und wandte sich dann gegen das Abbasidenkalifat, das immer noch das Hinterland von Bagdad und die arabische Halbinsel kontrollierte. Bagdad fiel 1258, der Kalif und der Großteil der Bevölkerung wurden umgebracht und die islamische Welt war aufs Höchste alarmiert.

Rechts: Mongolen und Türken stammten beide aus den Steppen nördlich von China, aber diese beiden Rassen hatten wenig Liebe füreinander übrig. Als sie westwärts zogen, übernahmen die Mongolen viele Legenden der Orte, die sie eroberten. Diese mongolische Abbildung (um 1310) zeigt Alexander im Kampf mit einem Drachen.

Da jedes gegen die Mongolen gesandte türkische Heer aufgerieben wurde, konnten nur noch die Mameluken ihren Siegeszug aufhalten. Dieses Freigelassenenkorps war lange das militärische Herz des ägyptischen Heeres. Im 13. Jahrhundert hatten sie hohe Machtpositionen errungen, aber ihr System beruhte immer noch auf der Rekrutierung junger Sklaven und nahm keine Einheimischen auf.

Sultan as-Salih Aijub (r. 1240–1249) war der letzte Herrscher der von Saladin begründeten Aijubidendynastie in Ägypten. Vor dem Zug König Ludwigs IX. vergrößerte er das Heer der Mameluken bedeutend. Sie erhielten die Kontrolle über ihre eigenen Angelegenheiten und wurden zu einer eigenständigen Streitmacht. As-Salihs kurzzeitiger Nachfolger Turanschah versuchte sie zu zügeln, erregte aber dadurch nur den Zorn eines brillanten jungen Befehlshabers, Rukn ad-Din Baibars. Nach der Gefangennahme König Ludwigs IX. erschlug Baibars Turanschah und stürzte die Aijubiden. So entstand eine außerordentliche neue Macht: das Mamelukensultanat. Die Mamelukenherrscher waren immer noch die aus Sklaven rekrutierten Soldaten, Männer von der niedrigsten Stufe der Gesellschaft, die aber zu mächtigen Fürsten wurden. Es war die moslemische Version des „dem Demütigen gehört die Welt".

Emir Baibars, einer der Rädelsführer des Putsches, kontrollierte die mamelukische Kriegsmaschine, aber die Mameluken wählten Emir Kutuz ibn Abdullah zum neuen Sultan.

In den nächsten 130 Jahren gab es keine Dynastie im Sinne familiärer Erbfolge, sondern die Sultane wurden gewöhnlich aus den führenden Emiren der Mamelukenarmee gewählt, die Ägypten als Militärelite regierten. Diese islamische Streitmacht sollte sich der Mongolenhorde in einem Kampf auf Leben und Tod stellen.

Der Kreuzzug des Heiligen Ludwig

Nach der Eroberung Jerusalems durch die Moslems nahm König Ludwig IX. von Frankreich das Kreuz. Er landete 1248 in Damiette und führte ein Heer nach Kairo, womit er dem Fünften Kreuzzug folgte. Sein Unternehmen geriet zu einem noch größeren Fiasko.

Gegenüber: Die Handschrift *Speculum Majus* aus dem 15. Jahrhundert zeigt die Eroberung von Damiette durch König Ludwig IX.: Der französische König nimmt triumphierend die Unterwerfung der Ägypter an, als seine Armee sich anschickt, die Stadt kurz nach dem Zusammenbruch des aijubidischen Widerstandes einzunehmen.

Ludwig IX. von Frankreich (r. 1226–1270) war ein frommer Mann. Ihm war zwar bewusst, dass die Bewegung vom Weg abgewichen war, aber er betrachtete es als seine Pflicht, die Ungläubigen zu strafen. Er hatte die Macht der französischen Krone durch Ausweitung der Krondomäne vergrößert. Als er auf Kreuzzug ging, erstreckte sich sein Reich vom Ärmelkanal bis zum Mittelmeer. Ludwig brauchte vier Jahre, um seine Expedition zu planen und auszurüsten, erst im August 1248 war er bereit loszusegeln.

Papst Innozenz IV. (p. 1243–1254) unterstützte seine Bemühungen eher moralisch, da er in die Auseinandersetzungen mit dem deutschen Kaiser verstrickt war. Ludwig verwarf einen direkten Angriff auf die Heilige Stadt, weil die Kreuzfahrerstaaten immer noch unter den Nachwehen der Katastrophe von La Forbie litten. Sein Ziel war Ägypten, das Herzland der Aijubidendynastie. Mit der Besetzung bedeutender Städte in Ägypten glaubte Ludwig sich Pfänder für einen Handel um Jerusalem verschaffen zu können.

Die Flotte überwinterte in Zypern. Ludwig wollte den Fehler des Fünften Kreuzzugs nicht wiederholen und ließ kleine Landungsboote bauen, die man auch auf dem Nil benutzen konnte. Dennoch entschied er sich für Damiette als erstes Ziel. Die wohl organisierte amphibische Landung verlief glatt und Ludwig konnte seine Reiterei und Belagerungsmaschinen sicher an Land bringen. Nach einem kurzen Scharmützel gaben die Verteidiger am 6. Juni 1249 die Stadt auf, als die Kreuzfahrer gerade erst angefangen hatten, sie einzuschließen. Der lebenswichtige Hafen, der den Kreuzfahrern 1219/20 über ein Jahr widerstanden hatte, fiel jetzt binnen weniger Tage.

Ein fataler Irrtum

Die Franzosen blieben zwei Monate in Damiette und warteten, dass sich die Nilflut zurückzog. Dann marschierten sie Ende November nach Kairo, unterstützt von einer Flottille mit dem Nachschub. Nördlich der Festungsstadt El Mansurah lag ein bedeutendes Hindernis,

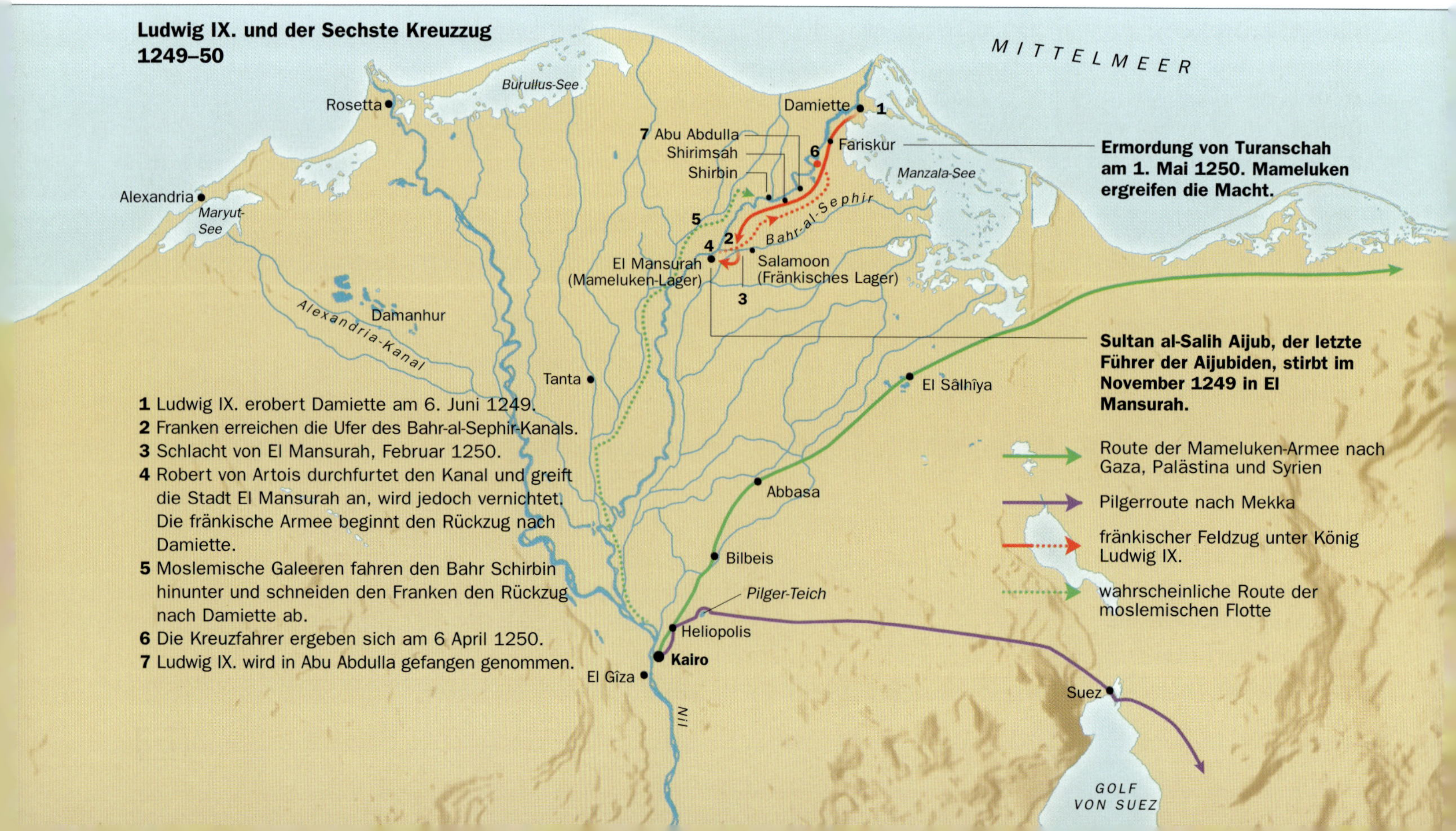

der Bahr-al-Sephir-Kanal. Eine ägyptische Streitmacht unter dem ehemaligen Statthalter von Damiette, Fakhr ad-Din, verhinderte zwei Monate lang jeden weiteren Vorstoß, bis ein Einwohner den Franken eine Furt verriet.

Eine Vorhut unter Robert, dem Bruder des Königs, überquerte die Furt und sollte die Verteidiger gegenüber dem Hauptheer angreifen. Statt dessen griffen sie El Mansurah selbst an. An den Mauern wurden sie von Pfeilen empfangen und von zwei Mamelukenregimentern angegriffen. Die Vorhut kam um, mit ihr der Bruder des Königs.

Inzwischen führte Ludwig die Hauptmacht über den Kanal gegen die ägyptischen Verteidigungsstellungen. Er gewann einen Brückenkopf, wurde aber gezwungen, sich wieder zurückzuziehen. Anstatt nach Damiette zurückzukehren, blieb Ludwig am Kanal, in der Hoffnung, sein Geschick noch zu wenden. Doch die Ägypter sandten eine mächtige Flotte nilabwärts und schnitten ihn von seinem Nachschub ab.

Eine Krankheit wütete im fränkischen Lager und schließlich wich Ludwig doch nach Norden zurück. Obwohl er ernsthaft geschwächt war, befehligte er seine Nachhut, konnte die Isolierung und Einschließung seines Heers jedoch nicht verhindern. Im April 1250 ergab er sich. Er war nicht der einzige leidende Herrscher. Ungefähr um dieselbe Zeit wurde der junge Sultan Turanschah von seiner eigenen Mameluken-Leibgarde ermordet. Ludwig war Zeuge und musste um sein eigenes Leben fürchten.

Am nächsten Tag wurde er mit wenigen Getreuen zu den Verhandlungen mit den neuen Machthabern, Rukn ad-Din Baibars und Kutuz ibn Abdullah, entlassen. Der Handel erlaubte Ludwig den freien Abzug mit all seinen Rittern und Soldaten, Belagerungsmaschinen und ihrer Verpflegung. Als Gegenleistung musste er Damiette übergeben und ein hohes Lösegeld zahlen. Anfang Mai 1250 setzte der immer noch unpässliche König die Segel nach Akkon.

Unten: Nach der Niederlage von El Mansurah gestatteten die neuen Mamelukenführer Ludwig, mit seinen Schiffen und Männern Damiette zu verlassen. Abbildung aus: *Vie et Miracles de Saint Louis* von Guillaume de Saint Pathus, um 1330.

Ain Jalut: Die Schlacht um das Heilige Land

Die Mongoleninvasion des Nahen Ostens bedrohte den Islam. Das Vordringen der Barbaren löschte die Moslems nahezu aus und zerstörte Syrien und den fruchtbaren Halbmond, bevor es das Mamelukensultanat erreichte. Eine dramatische Schlacht sollte über das Schicksal des Islam und der Kreuzfahrerstaaten entscheiden.

Unten: Diese Landschaft bei Nazareth war Schauplatz einer der blutigsten Schlachten des 13. Jahrhunderts, in der die Mameluken-Armee von Baibars die Mongolenhorden bei Ain Jalut vernichtete.

Als die Mongolen 1255 die Stützpunkte der Assassinen zerstörten, schien es undenkbar, dass diese nomadischen Reiter eine Bedrohung für Bagdad sein könnten, die damals größte Stadt des Nahen Ostens. 1257 ritt eine Mongolenhorde ostwärts auf den fruchtbaren Tigris zu und belagerte Bagdad. Die Nomaden zeigten, dass sie ihre Lektionen in Sachen Belagerungskrieg gelernt hatten, und nach einer Woche der

Beschießung fiel die Stadt im Januar 1258. Das Morden dauerte 40 Tage und moslemische Chronisten sprechen von über 80.000 Toten. Arabischer Überlieferung zufolge wurde der Kalif in seiner Schatzkammer eingeschlossen und verhungerte mitten unter seinem Gold.

Diese Nachrichten schockten die Moslemwelt, aber die Kreuzfahrerstaaten sahen die Mongolen als Retter und bemühten sogar die Legende des Priesterkönigs Johannes, nach der ein verlorenes christliches Volk zur Rettung ihrer Glaubensbrüder eilen sollte. Die Mongolen waren zwar keine verlorenen Christen, aber sie lockerten unbeabsichtigt den Druck auf die Kreuzfahrer, als deren Reich praktisch unverteidigt war. Die Adligen und Kaufleute waren in einen Streit zwischen Venedig und Genua und zwischen Kaiser und Papst verwickelt und hofften, dass die Geißel der Mongolen an ihnen vorüberziehe. Diese erkannten die Bedeutung möglicher christlicher Verbündeter und ließen die armenischen Kirchen in Bagdad unangetastet.

Der König von Armenien war beeindruckt und nach dem Prinzip „der Feind meines Feindes ist mein Freund" schloss er ein Bündnis mit ihnen. Sie hatten Mossul im fruchtbaren Halbmond gestürmt und Ende 1259 belagerte das armenisch-mongolische Heer Aleppo. Ein Angebot zur Übergabe wurde nicht akzeptiert. Nach einer weiteren Woche Beschuss durch die mongolischen Belagerungsmaschinen wurde die Stadt gestürmt und es folgte ein sechstägiges Massaker. Wieder wurden die christlichen Viertel geschont und die Armenier besetzten die Stadt. Wie das Sultanat von Rum waren sie jetzt ein Vasallenstaat des mongolischen Il-Khanats.

Beuge dich oder gehe unter

Die Mongolen wandten sich gegen Süden nach Syrien. Angesichts der sicheren Vernichtung floh die Bevölkerung von Homs und Damaskus nach Ägypten – sogar Sultan Nasir von Damaskus suchte den Schutz der Mameluken. Die Mongolen besuchten auf ihrem Weg Antiochia, die große Kreuzfahrerstadt, die vom Zorn Saladins verschont geblieben war. Fürst Bohemond wusste, dass Widerstand zwecklos war und unterwarf sich dem Mongolenherrscher

Hulagu; mit dieser Geste endete die souveräne Herrschaft der Kreuzfahrer über die erste Stadt, die sie eingenommen hatten.

Mit der Einnahme von Damaskus 1260 wurde Syrien eine mongolische Provinz. Nur noch die Mameluken standen zwischen den nomadischen Reitern und den Reichtümern Ägyptens. Sie forderten den Mamelukensultan auf, „sich dem Khan zu beugen oder unterzugehen". Allerdings war Mongke Khan (r. 1241–1259) gerade gestorben und die Mongolen brauchten einen Nachfolger. In diesem Augenblick traf das Mamelukenheer auf die Mongolenhorde.

Sie begegneten sich am 3. September 1260 in der Nähe von Nazareth, bei Ain Jalut („Goliathquelle", wo David der Bibel zufolge die Philister besiegt haben soll). Das mongolische Heer bestand aus 10.000 Reitern, und ihren armenischen Verbündeten. Das Heer der 12.000 Mameluken wurde von Baibars befehligt und hatte seine Kräfte aufgeteilt. Er lockte die Mongolen durch einen fingierten Rückzug in einen Hinterhalt und schlug sie vernichtend.

Die Bedrohung des Islams hatte ein Ende. Bei der Verfolgung eroberte Baibars Damaskus und Aleppo und drängte die Mongolen über den Euphrat zurück. Im Glanz seines Sieges ergriff Baibars jetzt auch die Macht und tötete Sultan Kutuz. Er kontrollierte ein Reich, das die Kreuzfahrerstaaten umgab.

Wie Saladin stand Baibars jetzt an der Spitze eines vereinigten moslemischen Reiches. Der Zusammenbruch der Kreuzfarerstaaten war nur noch eine Frage der Zeit.

Oben: Kämpfende mongolische Krieger. Malerei der Persischen Schule aus dem frühen 15. Jahrhundert.

Der Zusammenbruch

Seit 1260 waren die Kreuzfahrerstaaten von einem mächtigen islamischen Staat umgeben. Der Mameluken-sultan begann 1263 einen systematischen Eroberungs-feldzug, während sich die Kreuzfahrer wegen interner Streitigkeiten nicht verteidigen konnten. 1291 waren nur noch Akkon und ein paar kleinere Städte von dem einstmals stolzen Königreich Jerusalem übrig.

Nach der Niederlage der Mongolen festigte Sultan Rukn ad-Din Baibars seine Macht über sein neues Reich. Die Verbindung von Armeniern und Mongolen war nach der Schlacht von Ain Jalut zerbrochen und diese waren keine Bedrohung mehr. In den nächsten Jahren traten viele mongolische Herrscher Armeniens, Persiens und des Irak zum Islam über.

1263 richtete Baibars seinen ersten Angriff gegen die Kreuzfahrerstaaten – als Probe für Akkon. Er nahm 1265 Cäsarea ein und schleifte die Befestigungen, dann wiederholte er das in Haifa. Die überlebende Bevölkerung wurde jeweils umgebracht; die Verteidiger von Arsuf baten vergeblich um Gande – die lateinische Bevölkerung wurde getötet.

Im Jahr darauf nahmen die Mameluken die strategisch wichtige Templerburg von Safed nördlich des Sees Tiberias ein. Wieder gab es keine Gefangenen. Gleichzeitig unternahm ein anderes Mamelukenheer ein Strafexpedition ins Kilikische Armenien. Es besiegte ein armenisches Heer, bevor es die Hauptstadt einnahm und zerstörte. 40.000 Einwohner wurden in Ketten nach Süden geführt. Am Ende des Jahres blieb südlich von Akkon nur noch Jaffa in den Händen der Kreuzfahrer.

Die beschränkten militärischem Reserven erschwerten eine Verteidigung – in den Küstenstädten tobte immer noch der Machtkampf zwischen Venedig und Genua. Ein Mamelukenangriff auf Akkon schlug fehl, da ihnen das Belagerungsgerät fehlte. Christliche Friedensangebote wurden zurückgewiesen und unbarmherzig ging die moslemische Eroberung weiter.

Der Fall von Akkon im Mai 1291

Akkon fällt

Baibars war 1268 anscheinend überall. Nach dem Tod des Herrschers von Beirut, Johann von Ibelin, lief ein Vertrag zwischen den Mameluken und dem lateinischen Herrscher von Jaffa aus. Die Mameluken stürmten die Stadt und bauten die Zitadelle ab, deren Steine sie in einer Gedenkmoschee in Kairo verbauten. Als Nächstes

wurde der Templerstützpunkt Beaufort belagert und eingenommen, bevor Baibars gen Antiochia marschierte. Er rächte sich an den Christen, die sich mit den Mongolen verbündet hatten: Als die Stadt fiel, wurden alle Bewohner versklavt oder getötet. Die reichste Stadt des Heiligen Landes wurde geplündert: „Es gab so viele Münzen, dass sie in Schüsseln verteilt wurden“.

König Ludwig war nach seinem Unglück in Ägypten in Akkon eingetroffen. Trotz dringender Gründe für seine Rückkehr nach Frankreich beschloss er zu bleiben und sich nützlich zu machen. Zur Verteidigung der Stadt kam auch Prinz Edward von England. Das Eintreffen frischer englischer Kreuzfahrer veranlasste Baibars, einen zehnjährigen Waffenstillstand anzubieten, der das Unvermeidliche hinausschob. 1274 setzte Ludwig IX. Segel nach Frankreich.

Er war der letzte europäische Monarch auf einem Kreuzzug und sein Scheitern markierte das Ende der groß angelegten Kreuzzugsunternehmungen Europas im Nahen Osten. Ludwig wurde 20 Jahre später auf einem weiteren Kreuzzug in Tunis getötet und 1297 heilig gesprochen. Als die Unterstützung für einen neuen Kreuzzug nachließ, fuhren die Adligen fort zu streiten. 1277 wurde der König von Sizilien, Karl von Anjou, neuer König von Akkon, ein Mann mit mächtigen Verbündeten in Europa. Baibars starb im gleichen Jahr und die Mameluken warteten auf ihre Chance. Nach Karls Tod 1285 folgte ihm Heinrich II. von Zypern (r. 1285 bis 1324), ein Herrscher mit wenig Unterstützung in Europa oder den Kreuzfahrerstaaten. Die Fehde in Italien ging weiter und der neue Mamelukensultan Qalawun ergriff die Gelegenheit. Er sammelte ein überlegenes Heer und eroberte 1287 Latakia.

Tripolis fiel zwei Jahre später. 1291 stand sein 100.000-Mann-Heer vor Akkon. Bitten um Hilfe in Europa stießen auf taube Ohren. Am 18. Mai 1291 fiel Akkon nach sechs Wochen Belagerung und zwei Angriffen. Die Verteidiger erkauften sich Zeit, sodass die Bevölkerung zu Schiff fliehen konnte, aber schließlich wurde jeder, der in der Stadt blieb, umgebracht.

Tyros, Sidon und Beirut und die wenigen übrigen Kreuzfahrerstädte fielen in schneller Folge. So endeten zwei Jahrhunderte der Kreuzfahrerherrschaft im Heiligen Land. Obwohl einige abgelegene christliche Enklaven ein paar Jahre länger im östlichen Mittelmeer ausharrten, waren die Kreuzzüge im Hafen von Akkon zu Ende.

Oben: Luftaufnahme des heutigen Akkon: Die Umrisse der alten Kreuzfahrerstadt sind noch zu erkennen: die Templerburg im Vordergrund und die Linie der alten Stadtmauern an der Montmusard-Straße.

Die Nachwirkungen der Kreuzzüge

Was außer einer fortdauernden religiösen Intoleranz haben uns die Kreuzfahrer hinterlassen?

Gegenüber: Das Osttor der Kreuzfahrerfestung von Cäsarea bei Sonnenuntergang.

In der Weltgeschichte erreichten die Kreuzzüge relativ wenig. Der Einsatz an Menschenleben und Geld war hoch, die Ergebnisse gering. Die italienischen Stadtstaaten waren vermutlich die Einzigen, die von dem Unternehmen profitierten: Sie strichen die Gewinne aus Handel und Transport ein, solange die fränkischen Staaten existierten, und setzten auch danach ihren Orienthandel fort.

Manche Historiker werfen den Kreuzzügen vor, die kulturelle Entwicklung Europas behindert und es in einen fruchtlosen Streit um die religiöse Vorherrschaft über einen anderen Kontinent verwickelt zu haben. Andere sehen eine Erweiterung des europäischen Bewusstseins nach der Phase der kulturellen Stagnation in den so genannten Dunklen Jahrhunderten. Noch immer wirken die damaligen Ereignisse nach – auch heute kämpfen rivalisierende Religionen um das Heilige Land.

Die Kreuzfahrerbewegung dauerte auch nach dem Fall von Akkon fort, aber es war nicht länger eine Sache der Fürsten. Die Ritterorden organisierten sich neu und ließen sich in der Ägäis nieder. Die angeschlagenen Templer behielten ihre Ländereien in Zypern und übernahmen die Rolle von Bankiers in ganz Europa, bis zur ihrer Auflösung und Enteignung durch missgünstige Prälaten und Fürsten 1302–1312.

Der Niedergang der Johanniter

Die Johanniter suchten Zuflucht in ihren Stützpunkten Kolossos und Limassol auf Zypern. Im Unterschied zu den Templern konnten sie sich nicht auf finanzielle Aktivitäten verlegen, sondern entwickelten sich zu einer Seemacht auf den Inseln. 1301 gab es bei ihnen das neue Amt des Admirals. Das Ausgreifen nach Rhodos begann 1306, 1307 war die Vertreibung der Moslems vollendet mit Ausnahme der Stadt Rhodos, die zwei Jahre später fiel.

Von diesem Stützpunkt aus schlugen sie sich mit moslemischen Korsaren in der Ägäis. Smyrna wurde eingenommen und bis zum Mongolensturm 1402 gehalten. Die Johanniter unterstützten die zypriotischen Feldzüge gegen Ägypten nach 1390, aber kümmerten sich hauptsächlich um Angriffe auf die osmanischen Türken.

Rhodos wurde der letzte Außenposten der Christenheit nach dem Fall Konstantinopels 1453. Die Beziehungen zwischen den Rittern und den osmanischen Sultanen verschlechterten sich und Rhodos wurde 1480 belagert. Dieses Mal konnten die Christen die Moslems noch vertreiben, aber die zweite Belagerung 1522 endete nach Monaten von Angriffen und Zermürbung mit der Übergabe der Insel. Die Johanniter fügten sich ins Unvermeidliche und ließen sich auf Malta nieder, wo sie die Geißel der moslemischen Piraten vor der nordafrikanischen Barbarenküste wurden. Die Osmanen belagerten im Juli 1565 die Insel, bis sie Anfang September vor einem spanischen Entsatzheer flohen.

Von da an verlor der Johanniterorden seine militärische Bedeutung. Reichtum, Dekadenz und interne Streitigkeiten der verschiedenen Waffengattungen erschöpften die Johanniter und 1798 ergaben sie sich nach einer zweitägigen Belagerung Napoleon Bonaparte.

Die Kreuzfahrerstaaten hielten nur zwei Jahrhunderte, aber auch andere, die das Heilige Land für sich beanspruchten, wurden damit nicht froh. Die osmanischen Türken vereinten die islamische Welt in einem Staat, der die Macht Napoleons herausforderte, bevor er auf den Schlachtfeldern des Ersten Weltkriegs unterging. Dann wurden Briten und Franzosen zeitweise zu Herren der Region, bevor ihr Rückzug aus den Kolonien die Rolle des Aufpassers vakant ließ.

1948 entstand der neue Staat Israel und fand sich sofort von feindlichen islamischen Nachbarn umgeben. Zu der Situation der Kreuzfahrerstaaten können durchaus Parallelen gezogen werden, aber nur die Zeit wird zeigen, inwieweit der moderne jüdische Staat die historische Entwicklung des alten christlichen Reiches widerspiegelt.

Wenn das einzige bleibende Vermächtnis der Kreuzfahrer religiöser Hass ist, haben wir wenig aus den Fehlern unserer Vorfahren gelernt.

Zeittafel der Kreuzfahrer

64 v. Chr. Der Untergang des Reichs der Seleukiden erzeugt ein Machtvakuum im Nahen Osten
6 n. Chr. Palästina wird von den Römern annektiert.
50 Ausbreitung des Christentums
66 Jüdischer Aufstand in Judaea gegen die Römer
313 Das Christentum wird römische Staatsreligion.
527 Das Byzantinische Reich bildet sich unter Kaiser Justinian in Konstantinopel.
622 Flucht Mohammeds und seiner Anhänger aus Mekka
628 Mohammed erobert Mekka.
634 Kalif Abu Bakr erobert Jerusalem.
um 634 Das Byzantinische Reich verliert den Großteil seiner Gebiete im Nahen Osten an die Araber.
640 Die Araber in Nordafrika
644 Kalif Othman begründet die Omaijadendynastie.
661 Ermordung von Mohammeds Schwiegersohn Ali – der Islam spaltet sich in Sunna und Schia.
692 Bau des Felsendoms in Jerusalem
um 715 Die Moslems erobern Spanien von den Westgoten.
732 Der Einfall der Mauren ins Frankenreich endet mit der Niederlage von Tours.
um 750 Frieden zwischen Moslems und Christen in Kleinasien
750 Ende der Omaijaden, der erste Abbasidenkalif regiert.
777 Die ersten arabischen regionalen Dynastien entstehen.
823 Die Araber erobern Sizilien von den Byzantinern.
969 Die schiitischen Fatimiden ergreifen die Mach in Ägypten.
974 Die Byzantiner erobern Nordpalästina und Syrien.
987 Mit der Wahl Hugos gelangen die Kapetinger auf den französischen Thron.
1009 Al-Hakim zerstört das Heilige Grab in Jerusalem.
1051 Die Abbasiden werden von den seldschukischen Türken ersetzt.
1054 Das große Schisma zwischen katholischer und orthodoxer Kirche
1055 Die Seldschuken erobern Bagdad und erweitern ihr Reich nach Westen.
1059 Die Fatimiden kontrollieren Bagdad.
1070 Die spanischen Christen, darunter Raymond von Toulouse beginnen mit der sog. *Reconquista* gegen die Mauren.
1071 Byzantinische Niederlage bei Manzikert und Verlust von Anatolien
1075 Kirchenbann Papst Gregors VII. gegen Kaiser Heinrich IV.
1081 Handelsabkommen zwischen Venedig und Byzanz
1088 Urban II. wird Papst.
1091 Die Normannen, darunter Bohemond von Tarent, erobern das maurische Sizilien.
1094/95 Der byzantinische Kaiser Alexios bitte um Hilfe gegen die Türken.
1095 27. November: Papst Urban ruft zum Kreuzzug ins Heilige Land auf.
1096 Der Bauernkreuzzug unter Peter dem Eremiten endet mit dem Untergang der Pilger.
1096/97 Die Kreuzfahrerheere ereichen Konstantinopel.
1098 Die Kreuzfahrer nehmen Antiochia ein, das Tor zum Heiligen Land.
1099 Die Kreuzfahrer erreichen am 7. Juni den Hügel Montjoie gegenüber von Jerusalem.
1099 Die Belagerung Jerusalems beginnt am 8. Juni, am 15. Juli fällt die Heilige Stadt.
1099 August: Ein fatimidisches Heer wird bei Askalon geschlagen.
um 1100 Französisches Feudalsystem als Vorbild für die Kreuzfahrerstaaten
1100 Balduin von Edessa wird König von Jerusalem, dem führenden Kreuzfahrerstaat.
1113 Der Johanniterorden wird als Orden des Hospitals des Heiligen Johannes gegründet.
1115 Der Templerorden, ursprünglich „die armen Ritter", wird gegründet.
1119 Ein vereintes Heer aus Aleppo und Damskus vernichtet eine fränkische Streitmacht in der Schlacht am Blutfeld.
1119 Roger von Salerno wird getötet, als er Antiochia in der Schlacht am Blutfeld verteidigt.
1122 Ein Aufstand des Grafen Pons von Tripolis gegen die Herrschaft König Balduins II. wird niedergeworfen.
1123/24 Balduin II. Gefangener der Seldschuken unter Balak
1126 Bohemond II. von Antiochia heiratet die Tochter Balduins II. von Jerusalem für ein Bündnis der beiden Städte.

1137 Der türkische Emir Zenki belagert Fulk V. von Jerusalem in der Burg Montferrand und erpresst ein Lösegeld.
1144 Joscelin II. von Edessa verliert die Stadt an die Seldschuken unter Zenki.
1146 Abt Bernhard von Clairvaux verbreitet den Aufruf Papst Eugens III. zum Zweiten Kreuzzug
1148 Französische und deutsche Kreuzfahrer landen in Konstantinopel und Akkon.
1148 Ludwig IV. von Frankreich versucht vergeblich, Damaskus zu erobern.
1154 Nureddin erobert Damaskus.
1161–75 Reynald von Châtillon ist Gefangener der Türken. Er verliert Antiochia, aber gewinnt durch Heirat Transjordanien.
1163 Tod Balduins III., sein jüngerer Bruder Amalrich folgt ihm.
1164 Nureddin fällt in Antiochia ein, um den Zug Amalrichs gegen Ägypten zu verhindern.
1167 Ein vereintes fatimidisch-seldschukisches Heer verteidigt Ägypten gegen die Kreuzfahrer.
1169 Tod General Schirkuhs. Saladin wird Wesir von Ägypten
1174 Tod Nureddins und Amalrichs, Saladin ergreift in Damaskus die Macht.
1180 Balduin IV. schließt Frieden mit Saladin.
1181–83 Reynald von Châtillon greift die Moslems an und bricht den Frieden.
1186 Auf Balduin V. folgt sein Stiefvater Guy von Lusignan.
1187 Das Kreuzfahrerheer wird bei Hattin vernichtet. Saladin beginnt die Kreuzfahrerstaaten zu erobern.
1187 2. Oktober: Saladin nimmt Jerusalem ein.
1190 Richard I. Löwenherz und Philipp II. von Frankreich rüsten zum Dritten Kreuzzug.
1190 Am 10. Juli ertrinkt Kaiser Friedrich Barbarossa auf dem Weg nach Antiochia.
1191 Richard Löwenherz und Guy von Lusignan erobern Akkon.
1192 Am 5. August wird Saladin von Richard bei Jaffa geschlagen. Ein dreijähriger Friede wird vereinbart.
1193 Saladin stirbt im März.
1199 Papst Innozenz III. ruft zum Vierten Kreuzzug auf.
1201 Vierter Kreuzzug: Die Venezianer stellen die Schiffe und leiten den Kreuzzug von Alexandria nach Konstantinopel um.
1202 Die Kreuzfahrer erobern Zara. Daraufhin werden die Venezianer exkommuniziert.
1203 Der Angriff der Kreuzfahrer auf Konstantinopel wird im Juli zurückgeschlagen.
1204 Im April nehmen die Kreuzfahrer Konstantinopel ein. Balduin von Flandern wird Kaiser von Romania.
1212 Stephan der Prophet führt den Kinderkreuzzug an.
1217 Der Fünfte Kreuzzug trifft in Akkon ein und führt Krieg in Transjordanien.
1218 Belagerung Damiettes, Kardinal Pelagius weist das Friedensangebot zurück.
1219 Die Moslemstaaten werden von den Mongolen angegriffen.
1220 Der Angriff der Kreuzfahrer am Nil endet mit ihrer Niederlage gegen die ägyptische Flotte.
1221 Rückzug der Kreuzfahrer aus Damiette nach Akkon
1228 Ankunft des exkommunizierten deutschen Kaisers Friedrich II. in Akkon
1229 Am 18. Februar übergibt al-Kamil Jerusalem für zehn Jahre an Friedrich.
1231 Mongoleninvasion im Iran und in Armenien
1239 Der Kreuzzug unter Tibald von Navarra endet mit dem Tod des Herzogs von Burgund und dem zeitweiligen Verlust Jerusalems.
1244 Ein ägyptisches Heer nimmt Jerusalem ein.
1249 Im Sechsten Kreuzzug erobert Ludwig IX. von Frankreich Damiette.
1250 Ludwig wird nach seinem gescheiterten Angriff auf Ägypten gegen ein Lösegeld freigelassen.
1258 Der Kalif und die Bevölkerung von Bagdad werden von den Mongolen getötet.
1260 Die Mongolen werden bei Ain Jalut von den Mameluken unter Baibars geschlagen.
1261 Kaiser Michael VIII. Palaiologos und seine Armee erobert Konstantinopel für das Byzantinische Reich zurück.
1263 Die Mameluken beginnen die Kreuzfahrerstaaten zu erobern.
1268 Nach der Eroberung Antiochias wirde der achte Kreuzzug ausgerufen. Baibars bietet einen Waffenstillstand an
1291 Die Mameluken unter Sultan Qalawun erobern Akkon: Die Zeit der Kreuzfahrerstaaten ist zu Ende.

Glossar und Stammtafeln

Abbasiden: Sunnitische Dynastie zuerst in Bagdad (750–1262), dann in Kairo (1262–1517).
Aijubiden: von Saladin begründete Herrscherdynastie in Ägypten und Mesopotamien 1169–1252.
Almoraviden: Herrscherdynastie der Berber in Nordwestafrika und Spanien (1056–1147).
Anatolien: Kleinasien, das Gebiet der heutigen Türkei.
Atabeg: Autonomer Staathalter in einem islamischen Staat, der nur dem Sultan verantwortlich ist.
Bauernkreuzzug: Inoffizieller Kreuzzug des einfachen Volkes unter Peter dem Eremiten.
Belagerungsmaschinen: Artillerie und Gerätschaften zum Stürmen und Schleifen von Festungen.
Benefizsystem: Landzuteilung als Gegenleistung für Heeresfolge. Vorläufer des Feudalsystems.
Byzanz: ursprünglicher Name von Konstantinopel, der Hauptstadt des Byzantinischen Reiches (Istanbul).
Chorasan: Gebiet in Zentralasien am Fluss Oxus.
Deutscher Orden: Orden der Ritter vom Hospital der Heiligen Maria in Jerusalem, ursprünglich gegründet zur Hilfe für deutsche Ritter und Pilger. Spielte später eine wichtige Rolle in Nordosteuropa.
Drusen: schiitische (s. d.) Sekte, vorwiegend im Libanon und Palästina angesiedelt.
Dschihad: Religiös motivierter Kampf gegen das Böse, häufig für „Heiliger Krieg" benutzt.
Dschizya: Kopfsteuer für Nicht-Moslems in Moslemstaaten.
Emir: weltlicher Herrscher eines islamischen Staates (Emirat).
Fatimiden: schiitische Kalifendynastie in Kairo.
Feudalsystem: Gesellschaftsordnung, die auf dem Lehnswesen beruht, ursprünglich einem pyramidal aufgebauten System zur Landesverteidigung.
Fruchtbarer Halbmond: Gebiet zwischen Südpalästina, Jordanien, Syrien, Mesopotamien (südöstliche Türkei und Irak) und dem Persischen Golf mit günstigen Bedingungen für die Landwirtschaft.
Gegenpapst: Ein Papst, der bei Streitigkeiten gegen den gewählten eingesetzt wurde, etwa von Heinrich IV. gegen Gregor VII.
Ghulams: Sklaven, die für den Heersdienst aufgeboten werden; s. *Mameluken*.
Heilige Lanze: Waffe, mit der Christi Seitenwunde am Kreuz göffnet wurde.
Heiliges Römisches Reich: Deutsches Kaiserreich, dessen Herrscher von den deutschen Kurfürsten gewählt wurde.
Heiliger Stuhl: Sitz der römisch-katholischen Kirche in Rom; s. Kirchenstaat.
Ifrandsch: Arabischer Begriff für westliche Ausländer, „Franken".
Il-Khanat: Mongolische Dynastie in Persien (1256–1353).
Imam: moslemischer geistlicher Führer, ursprünglich gewählter Ausleger des Korans und Mohammeds Nachfolger.
Johanniter: Orden der Ritter vom Hospital des Heiligen Johannes.
Kalif: Nachfolger Mohammeds, politisches und geistliches Haupt der Moslems.
Katapult: Schleudergeschütz, funktioniert nach dem Prinzip einer Wippe; geringere Reichweite als ein Gegengewicht-Schleudergeschütz.
Kilikien: armenisches Königreich an der Südküste Kleinasiens.
Kirchenstaat: Gebiet in Mittelitalien, das direkt dem Heiligen Stuhl untersteht. Heute beschränkt auf die Vatikanstadt.
Legat: Gesandter des Papstes.
Lehen: königliche Landzuteilung an einen Ritter, aus dem er und sein Gefolge ihr Einkommen beziehen.
Malteserorden: s. *Johanniterorden*.
Mameluk: türkischer Sklave, der in Ägypten als Berufssoldat rekrutiert wird.
Mameluken: Dynastie in Ägypten und Syrien (1252–1517) aus den Reihen des Mamelukenheeres.
Mauren: Bezeichnung der Berber und omaijadischen Moslems Nordafrikas und Spaniens, später auch der Almoraviden- und Almohadendynastie.
Mongolen: Nomadenstämme aus dem südlichen Zentralasien, unter Dschingis Khan vereint.
Mutatawiyah: Religiös motivierte Freiwillige im moslemischen Heer.
Omaijaden: erste arabische Kalifendynastie, auch Kalifen von Damaskus.
Osmanen: Türkische Dynastie, begründet von Sultan Osman.
Oströmisches Reich: Ostteil des römischen Reiches, überlebte die Westhälfte und wurde unter Kaiser

Justinian zum Byzantinischen Reich.
Outremer: (frz.) „Übersee", die Kreuzfahrerstaaten in der Levante.
Patriarch von Jerusalem: ranghöchster orthodoxer Kleriker im Heiligen Land.
Reconquista: Feldzüge der christlichen Könige zur „Rück"-eroberung Spaniens von den Mauren.
Rum: von „Rom"; Bezeichnung der seldschukischen Türken für das ehemals oströmische Anatolien.
Sarazenen: ursprünglich Bezeichnung für einen syrischen Stamm, dann allgemein für Araber und Moslems.
Schiiten: Jener Teil der Moslems, die Mohammeds Schwiegersohn Ali für den rechtmäßigen Nachfolger des Propheten halten.
Schleudergeschütz: Geschütz mit Gegengewicht.
Seldschuken: Türkischer Stamm, der Teile des Vorderen Orients eroberte (1040–1194; 1048–1307 die Rum-Seldschuken).
Sultan: moslemischer Herrscher.
Sunnit: Jener Teil der Moslems, der die Kalifen für die rechtmäßigen Nachfolger des Propheten hält; darunter die Omaijaden.
Templer: Orden der Ritter vom Heiligen Tempel in Jerusalem.
Turkopolen: Moslemische leichte Kavallerie, die nach dem Übertritt zum christlichen Galuben für die Kreuzfahrer kämpfte.
Verteidiger des Heiligen Grabes: Titel der Herrscher von Jerusalem; seit Wahl Balduins I. durch den Königstitel ersetzt.
Warägergarde: byzantinische Eliteeinheit, vorwiegend aus Nordeuropäern, vor allem aus Skandinaviern, rekrutiert.
Wesir oder **Wezier:** ranghoher moslemischer Regierungsbeamter oder Minister.

Vereinfachte Aijubiden-Dynastie

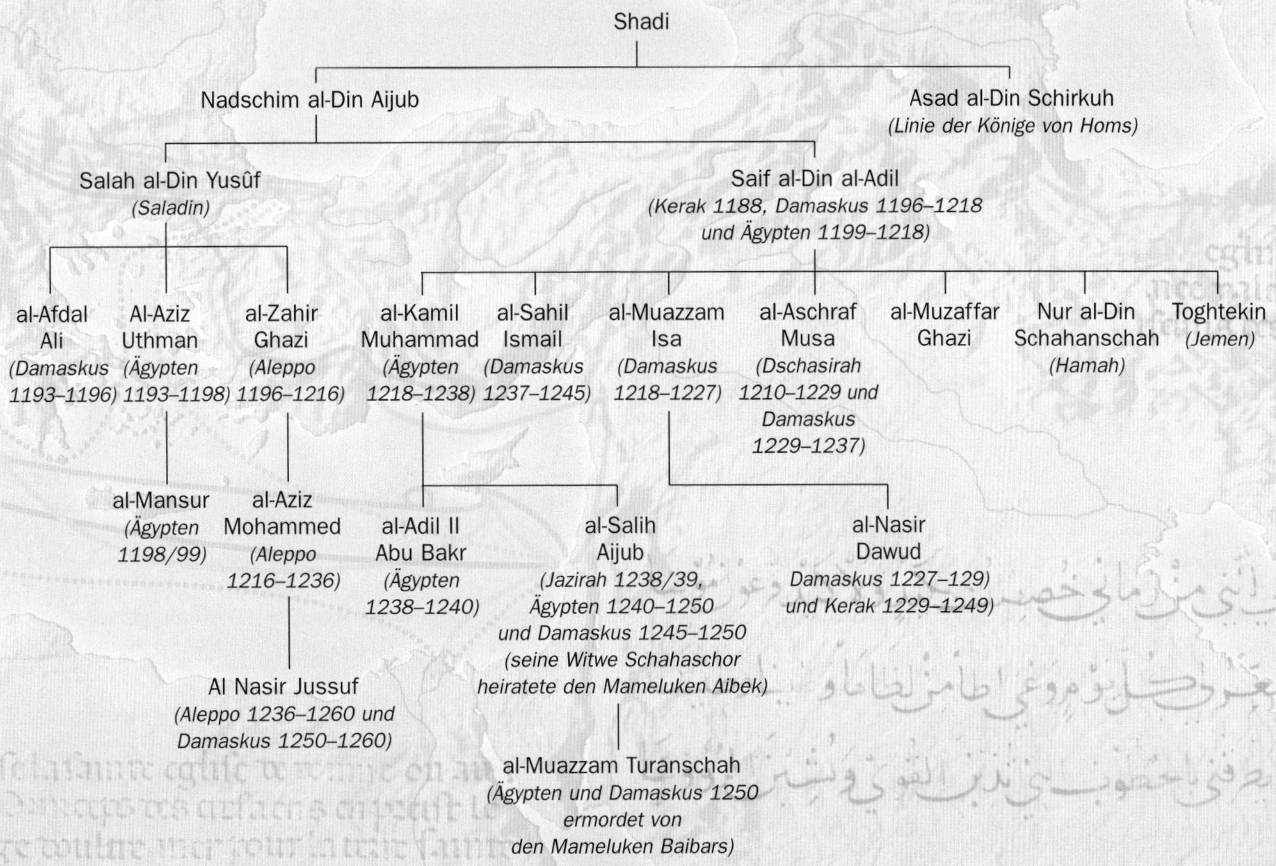

Fürsten von Antiochia

*Regierende Fürsten sind **fett** gedruckt*

Robert Guiscard

- **Bohemond**
  - **Bohemond II.** ∞ *Alice von Jerusalem*
    - Konstanze ∞ *1* **Raymond von Poitiers** ∞ *2* **Reynald von Châtillon**
      - **Bohemond III.** ∞ *2 Orguilleuse von Harenc*
        - Raymond ∞ *1 Alice von Armenien*
          - **Raymond Rupin**
            - Maria ∞ *Philip von Montfort*
        - **Bohemond IV.** *Graf von Tripoli* ∞ *Melisande von Lusignan*
          - Raymond
          - **Bohemond V.** ∞ *1 Alice von Champagne* ∞ *2 Lucia von Segni*
            - **Bohemond VI.** ∞ *Sibylle von Armenien*
              - **Bohemond VII.**
              - Lucia
          - Philip ∞ *Isabella von Armenien*
          - Heinrich ∞ *Isabella von Lusignan*
            - Hugo III.
          - Maria *Anwärterin auf den Thron von Jerusalem*
      - Maria ∞ *Manuel Komnenos*
- Emma ∞ *Eudes der Gute*
  - **Tankred** ∞ *Cäcilie von Frankreich*
  - Richard
    - **Roger von Salerno**

Der Thron von Jerusalem

*Regierende Könige sind **fett** gedruckt*

- Eustachius, Graf von Boulogne ∞ *Ida von Niederlothringen*
  - **Godfrey**
  - **Balduin I.**
  - Eustachius
- Melisande ∞ *Hugo I. von Rethel*
  - **Balduin II. von Bourg**
    - Melisande ∞ **Fulk von Anjou**
      - **Balduin III.**
      - **Amalrich** ∞ *1 Agnes von Courtenay* ∞ *2 Maria Komnena*
        - **Balduin IV.**
        - Sibylla ∞ *1 Wilhelm von Montfort* ∞ *2 Guy von Lusignan*
          - **Balduin V.**
        - Isabella ∞ *1 Humphrey von Toron* ∞ *2* **Konrad von Montferrat** ∞ *3* **Heinrich v. Champagne** ∞ *4* **Aimery von Lusignan**
          - Maria ∞ *Johannes von Brienne*
            - Isabella ∞ **Friedrich II.**
              - **Konrad IV.**
                - Konradin
          - Alice ∞ *1 Hugh I. von Lusignan* ∞ *2 Ralph von Soissons*
            - Heinrich I.
              - Hugo II.
            - Isabella ∞ *Heinrich*
              - **Hugo III.**
                - Johann
                - **Heinrich II.**
                - Guy
                - Amalrich
                - Aimery
          - Melisande ∞ *Bohemond IV.*
            - Maria (*tritt Rechte ab an* **Karl von Anjou**)
    - Alice ∞ *Bohemond II.*
    - Hodierna ∞ *Raymond II.*
    - Joetta *Äbtissin*

Grafen von Tripolis (Haus von Toulouse)

*Regierende Grafen sind **fett** gedruckt*

Pons, Graf von Toulouse ∞ Almut

- Wilhelm IV.
- **Raymond von St. Giles**
  - **Bertrand**
    - **Pons** ∞ *Cäcilie von Frankreich*
      - **Raymond II.** ∞ *Hodierna von Jerusalem*
        - **Raymond III.** ∞ *Eschiva von Tiberias* *Adoptivsohn von Bohemond III.*
        - **Melisande**
  - Alfons Jordan
    - Bertrand *(unehelich)*

Raingarde (Schwester von Almut)

- Adelheid ∞ *Wilhelm Raymond, Graf von Cerdagne*
  - **Wilhelm Jordan**

REGISTER